U0886565

主　审：黄　藤　闵小平

主　编：第五太卓

副主编：刘亚杰　杨永庚　申亚民

高校思想政治工作研究文库

教育部思想政治工作司 组编

新时代高校德育体系的转型与重构

——基于西安外事学院立德树人教育教学实践

第五太卓◎编著

人民出版社

目　　录

前言

德育涉及“培养什么人”“为谁培养人”“怎样培养人”的核心问题，不可避免具有政治性、时代性和民族性。新时代的德育朝什么方向去?习近平总书记提出“要以培养担当民族复兴大任的时代新人”作为大学人才培养的目标，要贯彻践行我国高校的根本宗旨——“立德树人”。

当前我国经济科技快速发展、在多媒体信息传播以及全球化和国际化的影响下，我国高校德育教育陷入困境，传统的德育目标、内容、手段已经不适应时代的要求，德育在理念、内容、形式和方法上都在不断地更新、变化，德育已经成为一项系统工程。人既是发展的第一主角，又是发展的终极目标。德育要实现这样的目标，必须超越传统德育的理念、内容、形式和方法，重构新的理念、内容和模式，即新时代新德育。为此，本书分析当前高校德育困境，认为德育教育体系必须实现三个转变：行政型向文化型转变；被动型向主体性转变；知识型向生活型转变。新时代新德育就是指适应中国进入新时代需要的学校德育，是区别于传统的行政型、知识型、被动型的德育，它是文化型、生活型、主体性的有机统一的新德育教育。

本书基于西安外事学院德育实践，但又不拘泥于西安外事学院的德育实践，在我国高校德育的历史与现实的联系中，坚持继承传统与变革创新方法相统一，对新时代新德育进行全方位探索，构建了具有西安外事学院特色的“12520”大学德育体系，从理论角度对我国高校德育工作进行了新分析、新概括。

西安外事学院通过营造“鱼化龙”的校园文化氛围，创设学生主动发展的德育空间，探索艺术育人新方式，并且把中国优秀传统文化的因素融入高校德育之中，搭建了“书院+学院”的文化型主体德育模式，以博雅教育为支撑与载体，充分发挥博雅教育的优势，通过历史文化以及我国传统思想的智慧熏陶、指引学生。与此同时，努力强化德育主阵地，推行文化型主体德育的课堂教学改革，促使主渠道德育优化升级；在新德育的探索过程中，始终坚持育人者先育之，重视教师素质的提升，打造德育教师铁军；推进新时代新德育的保障体制，构建科学评价体系和有效的管理体制。

总之，本书以西安外事学院构建“鱼化龙”的大学精神，凝练“化鱼成龙”的大学文化为实践基础，围绕“立德树人”的大学主题，按照培养“可靠接班人”和“合格建设者”的要求，以践行“三全育人”为目标，探索高校德育新途径，创新高校德育新形式，开创高校德育新局面。

第一章
传统德育：当代大学德育的困惑

改革开放以来，我国社会转型不仅给经济领域带来了巨大变革，也使人们的生活方式、思维模式、价值观念、道德观念发生了历史性的变化。我国已经进入到努力实现中国梦的新时代，在我们所面临的众多挑战中，最大的挑战无疑是人们自身道德水准的挑战。其中，青少年德育问题尤为严峻。当代大学生的道德价值观主流是积极向上的、健康的，但也存在着一些不容忽视的问题，比如大学生集体主义、社会主义、共产主义观念日趋淡薄，而个人利益正逐渐成为他们关心的主要内容，并在一定程度上出现了人文精神的弱化和道德底线的滑坡等社会现象。这充分说明，传统德育已经陷入困境，面临着诸多挑战，迫切需要加以研究和解决。

第一节　当代大学德育的困惑

在从农业社会向工业社会转型的过程中，必然会出现社会经济、政治、文化形态的嬗变，进而会引发人们价值观的动荡，为人们带来伦理道德的困惑。当代中国社会的转型给大学德育教育造成的诸多困惑，主要有德育认同的困惑、知行不一的困惑等。

一、大学德育认同的困惑

（一）德育认同的含义及其意义

对“认同”一词，学界有不同的理解，《辞海》中对“认同”的解释是：一是在心理学上，指认识与情感的一致性；二是在社会学上，泛指个人与他人有共同的想法①。本书讲的“认同”首先是指个体认同，主要是指学生对学校传授的思想观念、政治观点、道德规范以及范例行为所代表的思想、政治、道德观点的确认与接受。其次是指学校管理者对学校德育教育及德育工作的认可与贯彻落实。

人的思想品德的形成是一个极其复杂的过程。简单地说，这一过程是受教育者作为接受主体，在主客体相互作用的积极活动中，接受外界的影响，通过自身的内化作用，逐步生成了一定的思想品德。所谓内化，就是受教育者将教育者所“传达”的内容转化为自我思想品德的过程。由此可见，认同是内化的关键，只有受教育者认同的德育内容，才能将德育内容内化为个体的人格品质，进而外化为行为。所以，德育认同在高校德育教育过程中有着极其重要的作用与意义。

（二）高校受教育者的德育认同危机

德育认同在高校德育教育中有着十分重要的作用，但从目前高校德育的实际状况看，普遍存在着对德育的抵触和排挤现象，学生们对德育的认同度较低。学生普遍不喜欢、有的甚至反感思想政治理论课，厌烦学校的德育管理。在参加德育活动时，一些学生表现出厌烦、敷衍和漫不经心，甚至与老师发生冲撞。在班级里，经常受老师表扬的同学会被孤立；受到老师批评的

---

① 辞海编辑委员会编：《辞海》（上），上海辞书出版社 1989 年版，第 1004 页。

同学，往往会得到其他同学的声援和支持。一些同学在老师在场时表现出认真学习、积极劳动、是非分明的一面；可老师一离开，立即表现出自私懒惰、贪图享受、畏惧困难、不愿吃苦的一面。一些同学看到别人的错误、缺点和不足就批评指责；看到自己的缺点、错误和不足却得过且过。还有一些同学认为，冠冕堂皇的话是说给别人听的，根本没有人能真正做到，德育只是在教人说假话、大话、空话。在一定程度上出现了对主流意识的不认同甚至怀疑，即认同危机。

1. 大学生对马克思主义信仰的偏离化、功利化和不确定化

社会主义市场经济在中国的确立与发展，改革开放的深入，使部分大学生认为马克思主义已经不灵了，解决不了中国社会的实际问题了；也有些同学认为共产主义遥不可及，只是一个美丽的传说，对马克思主义信仰发生了偏离和动摇，具体表现在以下四个方面。

第一，信仰的偏离化。2013 年，范玲在对沈阳师范大学学生进行的问卷调查结果显示，在对问题“您认为当代大学生接受马克思主义思想的障碍是什么?”的回答中，有 11%的大学生认为“马克思主义的指导意义已不重要”。在对问题“您认为马克思主义理论对您的实际生活帮助大吗?”的回答中，有 15%的大学生认为“没有帮助”。① 我们在对大学生进行思想现状调查时，也发现了类似情况。我们在平时的课堂教学、与学生的接触交流中，也能感受到大学生的类似认识与思想，认为马克思主义已经过时，在实际工作中并没有什么用处。

第二，信仰不确定化。范玲在对沈阳师范大学学生进行的问卷调查结果显示，在对问题“您入党的最初想法是什么?”的回答中，“随大流”的占 5%，“说不清”的占 16%。② 这部分大学生对入党原因、意义缺乏理性思考，只是在跟随着别人的脚步走。在对问题“您认为人必须要有信仰吗?”

---

① 范玲：《当代大学生马克思主义信仰问题研究》，沈阳师范大学硕士学位论文，2013 年。

② 范玲：《当代大学生马克思主义信仰问题研究》，沈阳师范大学硕士学位论文，2013 年。

的回答中，认为“可有可无”的大学生占总人数的24%。来自广东三所高校的调查结果也显示：选择信仰共产主义、社会主义的大学生占60.8%；选择没有信仰的大学生占20.3%；选择说不清楚自己信仰什么的占11.8%①。在问及“您认为信仰重要吗?”这一问题时，有66.7%的大学生认为“信仰重要”，18.1%的大学生认为“信仰不重要”，15.2%的大学生认为“无所谓”。这说明他们对马克思主义信仰缺乏确定性。有的大学生处于信仰上的矛盾之中，科学信仰与非科学信仰并存。

第三，信仰世俗化、功利化。范玲在对沈阳师范大学学生进行的问卷调查结果显示，在对问题“您想入党的最初想法是什么?”的回答中，有38%学生回答是“为了找到好工作”。来自广州三所高校的调查结果显示，有39.1%的人选择入党的目的是为了方便毕业求职。当这些大学生入党动机不再纯粹，不是发自内心地想成为共产党的一员，为共产主义事业奉献自己的一生，而是为毕业后找更好的工作提供方便时，马克思主义信仰成了他们谋取利益的工具，而不再是精神上的最高追求，这部分大学生对马克思主义的初衷发生了偏离，价值取向功利化。在大学生看来，市场经济条件下，人和人之间通过相互利用的利益联系在一起，在实际生活中谋取更多的利益更胜于信仰马克思主义。他们信仰权力、崇拜权力，认为权即是钱；他们信仰金钱，认为金钱更现实、更直观，注重物质利益与享受，不断去满足他们自身的欲望，把精神性的信仰变成了物质化的追求。

第四，信仰多元化。改革开放以来，人们的思想获得了空前的解放，价值体系由一元主导向多元并存转变。范玲在对沈阳师范大学学生进行的问卷调查结果显示，在对问题“人是应该有信仰的，如果您有信仰，您信仰的是什么?”的回答中，回答信仰马克思主义理论的大学生占总人数的34%；信仰宗教的占15%；信仰拜金主义的占5%；信仰享乐主义的占9%；信仰

① 郭华鸿：《大学生中国特色社会主义认同：实质、问题及其提升》，《社科纵横》2016年第1期。

个人主义的占13%；信仰“其他”的占8%；“没有信仰”的占16%。可见，大学生的信仰呈现多元化态势。

2. 大学生对中国特色社会主义认同表象化、功利化和边缘化

为了调查当代大学生对于中国特色社会主义的认同状况，广东白云学院郭华鸿于2015年在对广州三所高校进行的问卷调查分析表明：由于国内外各种因素影响以及大学生自身因素的制约，确实有部分学生不信仰马克思主义，对中国特色社会主义道路、理论、制度和文化表面上似乎比较认同，但在思想上、情感上、行为上并不完全认同。

第一，对中国特色社会主义认同表象化。表象化认同，是指学生对中国特色社会主义基本理论、观点、道路有一定的认识与了解，但在深层次的理论问题或实践问题上表现出模糊、质疑、认同弱化乃至于偏离的现象。对于“您认同中国特色社会主义道路吗?”这一问题时，有74%的同学选择认同或比较认同。对于“您认同中国特色社会主义理论对中国改革与发展具有重要的指导意义这种观点吗?”这一问题时，有近65%的同学选择认同或比较认同。① 在思想政治理论课的考试或党校考试时，大多数学生对中国特色社会主义道路的选择过程、中国特色社会主义理论体系的逻辑演进与中国特色社会主义制度有了较为基础的认识，也基本认同这一发展与历史选择。在问及“如果条件允许，您将来选择在国内发展还是在国外发展?”这一问题时，有32%的学生选择会在国外发展；当问及他们选择在国外发展的具体原因时，有30%的同学认为“国外更加民主自由，机会更多”。这充分说明部分大学生对当前中国特色社会主义认识还只是停留在表面层次，或者说表示认同的同学也只是口头认同，实际并不认同。在一定程度上说，这也可能与我们灌输的教育有关，学生只是死记硬背一些概念，没有从内心、从情感上理解认同。这种状况使大学生在面临现实问题时，很容易对中国特色社会

---

① 郭华鸿：《大学生中国特色社会主义认同的实质、问题及其提升》，《社科纵横》2016年第1期。

主义产生动摇、质疑与疏离。

第二，对中国特色社会主义认同功利化。郭华鸿的调查结果显示，学校党员占全体学生比例总体不断上升，这似乎表明大学生对中国特色社会主义、对中国共产党的认同度在不断提高。然而在具体问及党员和入党积极分子“您申请入党的原因是什么?”时，选择“信仰共产主义”的占24.7%；选择“为了他人和社会服务”的占25.9%；选择“受他人影响”的占10.3%；选择为了“毕业求职”的占39.1%，这说明大学生入党的真实动机更多是出于求职就业的功利考虑。这种功利化认同的现象导致某些学生党员的言行不一、表里不一，严重影响大学生对中国共产党的认同度，进而影响对中国特色社会主义的认同度。

第三，对中国特色社会主义认同边缘化。边缘化认同是指一些大学生对中国特色社会主义持疏离、漠视、无所谓的态度。在这些学生眼中，中国特色社会主义处于个人生活的边缘，与其本人似乎没有任何关系。在对“您认为中国特色社会主义制度前途怎么样”的调查中，有35.9%的大学生对目前的经济制度和政治制度充满信心并且认为经济、政治制度的发展方向是对的，但也有15.9%的大学生选择不发表意见。这说明有一些学生不关心政治，在座谈中甚至有学生称“我与政治绝缘”。这种边缘化认同最终导致学生只注重个人而漠视社会，只注重眼前利益而忽视社会长远利益，也严重影响了学生人格素质和身心全面健康发展。

3. 大学生对社会主义核心价值观认同存在着理性和情感的不足

2016年，曾俊、吴先群对江西高校学生社会主义核心价值观认同现状进行的调查结果显示，学生在学习和实践社会主义核心价值观的过程中还存在对其内容和内涵认识不够、认同度不高、在实践中表现出功利主义倾向等问题。①

---

① 曾俊、吴先群:《高校学生对社会主义核心价值观认同的现状及对策》,《青年时代》2016年第4期。

第一，内涵认识不够。调查结果表明，虽然有95%以上的大学生表示在一定程度上了解社会主义核心价值观的内容，实际上却有超过一半以上的学生对社会主义核心价值观的内容根本不熟悉。内涵认知是认同的前提。由此可见，在大学生对社会主义核心价值观内涵缺乏认知的情况下，对社会主义核心价值观的认同就根本无从谈起。

第二，认同度不高。调查发现，有近18%的受访者认为树立社会主义核心价值观“一般重要”和“不重要”；有86.12%的受访者对高校传播社会主义核心价值观的重要途径之一的思想政治课程表示“不感兴趣”和“一般”；有超过15%的受访者对考试作弊、拖欠学费等不诚信行为表示“无所谓”和“可以理解”。可见，大学生对社会主义核心价值观认同度不高。①

从上述调查数据看，大学生对德育的基本内容存在着一定程度的不认同。其实大家都知道，大学生对德育不认同的真实程度，要比上述数据反映的情况还要严重得多。根据笔者在高校几十年的工作实践中的观察，大学生对德育教育的认同度低的问题还是相当严峻的。

第三，在实践中表现出功利主义倾向。固然，当代大学生普遍认同社会主义核心价值观的基本内容，能够树立远大的理想信念，对基本的政治问题有正确的认识和判断，绝大多数大学生有较强的社会责任感与社会公德意识。但仍有少部分大学生意志信念薄弱，“一切向钱看”，学习文化知识只为了获得个人利益最大化，尤其在集体利益与个人利益发生矛盾的时候，往往忽视集体利益，只强调个人得失，在具体实践中表现出功利主义倾向。另外，有很大一部分大学生是独生子女，由于家长对他们过分溺爱，导致这些学生不懂得体谅他人，遇到困难时怨天尤人，在团队中缺乏合作精神与团队协作能力，当个人利益与他人利益出现冲突时，他们更多地表现出利己主义倾向。

---

① 曾俊、吴先群：《高校学生对社会主义核心价值观认同的现状及对策》，《青年时代》2016年第4期。

（三）高校管理者的德育认同危机

重视德育教育，是我党的优良传统。中国共产党自成立之日起，就十分重视对人民群众进行以反帝、反封建、反官僚资本主义为主要内容的思想政治教育和道德教育，把反对帝国主义、反对封建主义、反对官僚资本主义的政治思想教育放在了对人民群众进行教育的首要地位。在整个新民主主义革命时期，中国共产党以政治为主要内容的政治思想教育和道德教育发挥了军事上难以实现的重要作用，显示出了独特的魅力。在社会主义革命和建设时期，中国共产党继承了战争年代形成的这种优良的思想政治教育传统，以政治教育和思想教育为主要内容的德育教育自然地就被放在了各类教育的突出地位，用以培养具有共产主义思想道德的社会主义新人。特别是毛泽东主席在1957年提出“应该使受教育者在德育、智育、体育几方面都得到发展，成为有社会主义觉悟的有文化的劳动者”的教育方针后，党和国家的几代中央领导人都强调了德育的重要地位。

党的十一届三中全会以后，中国共产党决定把全党工作的重点转移到社会主义现代化建设上来。在改革开放的浪潮中，各种社会思潮涌入国门。针对这种现象，1978年邓小平在全国教育工作会议上的讲话中明确指出：“毫无疑问，学校应该永远把坚定正确的政治方向放在第一位。”① 1980年，教育部、共青团中央印发《关于加强高等学校学生思想政治工作的意见》指出，学校的思想政治工作必须紧密结合为“四化”培养人才这个中心来进行。1985年，中共中央颁布的《关于教育体制改革的决定》提出了“教育必须为社会主义建设服务，社会主义建设必须依靠教育”的指导方针，明确指出：“教育体制改革的根本目的是提高民族素质，多出人才、出好人才。”1986年5月，中共中央、国务院批转的《国家教委关于加强高等学校思想政治工作的决定》中指出，高等学校必须从我国的实际出发，面向现

① 《邓小平文选》第二卷，人民出版社1994年版，第104页。

代化、面向世界、面向未来，确定培养目标，高等学校培养的学生都应当有理想、有道德、有文化、有纪律，成为高校德育目标确立的根本性指导方针。进入20世纪90年代后，针对新时期德育工作存在的问题，1994年，中共中央又出台了《中共中央关于进一步加强和改进学校德育工作的若干意见》，明确指明了新时期德育工作的重要性，并对学校德育工作提出了明确要求。

进入21世纪后，针对学校德育工作，2004年，中共中央、国务院又颁布了《中共中央 国务院关于进一步加强和改进未成年人思想道德建设的若干意见》和《中共中央 国务院关于进一步加强和改进大学生思想政治教育的意见》。

2016年12月，习近平总书记在全国高校思想政治工作会议上指出："要用好课堂教学这个主渠道，思想政治理论课要坚持在改进中加强，提升思想政治教育亲和力和针对性，满足学生成长发展需求和期待"①。

2019年3月18日，习近平主持召开了学校思想政治理论课教师座谈会，指出"办好思想政治理论课是立德树人的关键，事关党和民族的千秋伟业，必须旗帜鲜明、毫不含糊"。为此要求："各级党委要把思想政治理论课建设摆上重要议程，抓住制约思政课建设的突出问题，在工作格局、队伍建设、支持保障等方面采取有效措施。要建立党委统一领导、党政齐抓共管、有关部门各负其责、全社会协同配合的工作格局，推动形成全党全社会努力办好思政课、教师认真讲好思政课、学生积极学好思政课的良好氛围。"

由此可见，德育教育在我国受到了极大的重视，这在全世界是绝无仅有的。德育课程的设置和德育内容的确定，都必须由中共中央政治局讨论审定。高校的其他课程从未受到如此重视和优待。这就决定了德育教育在高校工作中享有至高无上的优先地位。但是，在现实的高校管理工作中，德育教

---

① 《习近平谈治国理政》第二卷，外文出版社2017年版，第378页。

育经常处于“说起来重要，做起来次要，忙起来不要”的尴尬境地。

长期以来，由于社会上存在着淡化政治、淡化意识形态的思潮，受应试教育考核方式、内容的影响，各个高校为了追求更好的声望、更多的生源，在德育和智育二者之间有所偏颇。尤其是在强大的就业压力下，为了追求更高的毕业率和就业率，形成了只重视智育而忽视德育的倾向。考试成绩在高校学生的各种评优、推优中仍然是最基本的评价标准；用人单位在学生就业时，仍然把学业成绩作为重要的参考因素；生源质量、本科生考研录取率、计算机二级考试及英语四六级考试通过率、学位外语考试成绩等仍然是高校教学质量评价的主要参考依据。在这样的情况下，教育者往往将自己的德育原则与受教育者的德育原则割裂开来，要求学生做到的，自己往往做不到。如陶行知所说的那样，“他们和学生是两个阶级，在两个世界活着”①。教育者对自己、对受教育者的双重标准，不仅损害了教育者的形象，还降低了德育的效果。

虽然教育部门每年都会对各个高校的德育教育和内容进行评估检查，但是能够看到的只是一种表面化的形式，或者说是下级应付上级的一种手段。实际上高校的德育教育已经被束之高阁，没有什么实质性的发展，而且高校绝大多数教师的主要任务还是完成教学任务，提高学生成绩，没有时间和精力去专门解决学生们的思想问题。虽然现在各个高校都有辅导员或者班主任，可这些人的工作，更多的是名义上为学生服务，解决学生们的生活和思想上的问题，实际上他们是就事论事，只解决当下的问题，根本谈不上对学生世界观、人生观、价值观进行指导。

高校的管理者不仅存在着对德育工作的不重视，更有甚者，他们对高校德育教育不认同甚至排斥。以德育教育主渠道的思想政治理论教育为例，高校管理者对德育教育的不认同，表现如下：

第一，不断压缩思想政治理论课的课堂教学课时。以陕西省高校为例，

---

① 陶行知：《中国教育改造》，商务印书馆 2014 年版，第 298 页。

部分高校没有按照中央的规定开足思想政治理论课的课时，以《马克思主义基本原理概论》为例，按中央规定的课时应该是48课时或54课时，但是有的学校往往只开16课时。为了应付上级部门的检查和评估，往往用课外活动课时顶替课堂教学课时，有的甚至制造假课表以应付检查和评估。

第二，按照中央文件规定的生均20元的思政课教师实践经费，很多学校不落实，即使有的学校落实了，学校也会出台很多条条框框，致使这部分经费很难使用。

第三，思想政治理论课在很多高校都是大班授课，而专业课基本上都是小班教学。学生本身对思政课的学习兴趣不高，加之大班授课的模式，为教师课堂管理带来了很大不便，不能充分调动学生学习的积极性，有近一半的学生上课玩手机、打游戏，思政课收效甚微。

第四，在很多学校，从事思想政治理论教学的老师往往不被重视，在职称晋升时，经常会遭到各种刁难。尤其是许多民办高校思政课教师，项目申请难，论文发表难，职称晋升更是难上加难，这些教师的处境十分尴尬。

第五，思想政治理论教研部的设置，在很多学校不执行中央文件，不是一个直属学校的独立二级单位，有的学校把思政部划归基础部管理。

第六，在一些学校，思政部的办公用房、办公条件是学校最差的。有的学校把思政部的办公室放在学校最差的房子、最差的环境中，而且办公地点经常变化，流动办公，这大大地影响了思政教师队伍的建设和教研水平的提高。

第七，高校德育系统不完善。高校德育工作缺乏相应的制度支撑和保障，各部门不能进行良好的沟通与协作，导致思想政治教育停留在书本上，“立德树人”变成了“空头支票”。高校德育管理思想滞后，缺乏德育工作评价体系，严重影响了其实效性。

由此可见，大学管理者的德育认同危机可能更甚于学生的认同危机。大学管理者的德育认同危机是德育教育困境的主要根源。

二、大学德育知行不一的困惑

在德育教育中，知与行是两个最基本的环节。德育教育的知行分裂，指的是在德育教育过程中，人们对伦理规范的认知与道德践履相互脱节，社会所倡导的伦理规范不能指导人的道德行为的现象。当代大学生群体是社会主义建设事业的中坚力量，也是社会主义道德建设的主要推动力量。当代大学生的道德状况总体上是积极向上、趋于进步的状态。但是，大学生道德状况中的“知行不一”问题，成为道德领域中令人困惑的问题。大学生知行不一表现形式很多，概括起来主要有以下几种表现形式。

（一）知而不行

知而不行是道德生活中最为常见的一种现象。许多社会伦理规范为公众所熟悉和了解、认同，但却并未成为他们的行为准则。如见义勇为是每个人都熟知的伦理规范，但在现实生活中这种行为并不常见，多数人奉行事不关己、高高挂起，多一事不如少一事的原则，遇事绕道走。

2016 年，曾俊、吴先群对江西高校学生的调查结果显示，虽然 90%以上的受访者认为树立社会主义核心价值观很重要，但是当被问及“是否把中华复兴、以天下为己任作为自己的理想”这一问题时，有 64.12%的受访者认为“尊重有这种理想的人，但离自己太远”；有 25.43%的受访者曾有过考试舞弊的行为；有 73.77%的受访者在被问及“作为一个大学生，应抵制各种错误和腐朽思想，您愿意这样做吗?”时，表示“只能管自己，无法帮别人”和“难以做好”。① 北京师范大学对学生道德状况进行的问卷调查

① 曾俊、吴先群：《高校学生对社会主义核心价值观认同的现状及对策》，《青年时代》2016 年第 4 期。

显示：对问题“在公共场所遇见歹徒对群众行凶，您该如何?”的回答结果显示有，52%的学生表示“尽量不卷入”。2002 年 12 月，北京市精神文明办、北京市委研究室和北京市社会心理研究所进行的北京市民社会公德状况调查结果也显示，民众的公德认识与公德实践之间有着较大的差距。虽然 69.9%的北京市民对“各人自扫门前雪，莫管他人瓦上霜”的观点持否定态度，对“如果大家都不遵守社会公德，我也不必遵守”“亲戚、朋友违反社会公德，我不便加以提醒”“只要不影响我，别人是否违反社会公德与我无关”等说法持不赞同或基本不赞同态度者的比例分别高达 91.9%、90.3%、86.2%。但是社会现实是见死不救、临危不助的事件时有发生。由此看来，大学生道德现状与社会道德现状基本吻合，知而不行成为我国道德生活的一个显著特征。

2016 年，王丽茹采用大学生道德行为量表对成都市某高校 350 名大一至大四生进行的问卷调查结果显示，道德认同内隐维度得分显著高于外显维度 0.48 个百分点，内隐维度的得分显著高于外显维度的结果表明，大学生在具有较高水平的道德意识下，却难以在实际活动中加以实践，许多学生并没有作出与其自身道德素质相一致的道德行为，即知行不一。① 知行不一是当代青少年社会公德中显著存在的问题，长期以来尽管得到社会的关注，但没有随着时间的推移而有明显改观。

（二）高知低行

当代大学生群体是一个特殊的群体，他们接受着优质的高等教育，获取先进的知识，随着网络信息的高速发展，更容易接受新奇的事物。相对而言，大学生比普通大众具有更高的道德认识。然而现实问题是，拥有较高道德知识的大学生在实际行动中并没有表现出与知识相适应的较高道德行动能

---

① 王丽茹：《大学生道德认同与道德行为的双向关系研究》，成都理工大学硕士学位论文，2016 年。

力。叶松庆教授在《当代青少年社会公德的现状、特点与发展趋向》中认为，青少年的助人为乐的认知意识没有减弱，但是由于内外因素的影响，青少年主动让座的意识却弱化了。“当代青少年的公德认知与公德行为存在局部疏离现象。”① 也就是说较高的知识没有体现出较高的道德行为。

（三）知行相悖

知行相悖是“知行不一”最为严重的表现，具体指的是一定的道德认知不仅不能产生正确的道德行为，反而产生了与之背离的道德行为。这种现象有两种表现形式：一种是好的道德动机却导致了坏的道德结果。例如一些大学生拥有高昂的爱国热情，但由于方法选择错误，采用偏激的行为爱国，不仅没达到目的，反而危害了国家和人民的利益。道德生活中知行不一，在大学生中已成为普遍现象，许多人有伦理知识而无道德品质，有对伦理规范的认同而无道德行为，人们接受的教育是一套，做的是另一套。说一套，做一套，言行不一，伪善盛行，这无疑会导致人们的道德人格分裂，损害伦理规范的严肃性，增加道德建设的复杂性和难度。

另一种表现是知善行恶。就是行为目的和动机已经与道德认知发生偏离。例如诚信问题，调查发现，大学生都深知应该做一个有诚信、讲道德的人，但大学生在考试中作弊的现象却时有发生，学术造假也屡见不鲜。

关于诚信重要性的问卷调查结果显示，有 97. 2%的受访者认为当今社会需要诚信作为构建和谐社会的保障，有 79. 8%的受访者认为诚信在中华传统文化中占有非常重要的地位，有 96. 3%的受访者认为和人交往主要看重对方的诚信度，有 87%的受访者认为市场经济中诚信是最重要的因素。但在具体的社会实践中，存在大量的非诚信行为。比如，很多大学生为了找到一份理想的工作，都对自己的个人简历进行了不同程度的夸大。比如，虚

① 叶松庆：《当代青少年社会公德的现状、特点与发展趋向》，《青年研究》2008 年第 12 期。

填实习经历、修改考试分数、谎称自己曾经在大学期间参加社团或者曾经担任过学生干部，如某用人单位曾经发现，一个班级中同一学期有十几个班长。2006 年，《民主与法制时报》曾经报道 41 名学生因还贷问题被集体告上法庭。① 知行相悖的另一种主要表现形式是追求特权道德。所谓特权道德，指的是主体在道德生活领域奉行双重的道德标准，追求道德特权的现象。这类人反对违反伦理规则，但只是反对别人违反伦理规范，自己违反却没有关系；赞成建立制度，但只是希望别人遵守制度，而自己不受约束。“律他人以德（公），律己以私”，形成伪善。

第二节　当代大学德育的困惑归因

造成当代大学德育困惑的原因是多方面的，可以将其归纳为两个方面，即外因与内因。外因是指德育教育本身以外的原因，主要是指社会原因；内因是指德育教育过程中的各个环节对德育教育的影响。在此，主要从内因方面来分析当代大学德育困惑的原因。

一、德育教育理念错位

传统德育教育理念认为，德育教育就是要把国家、社会的要求变为受教育者的行为。德育教育自始至终强调学生个体从属于社会、从属于集体，而把受教育者看成是被动的接受者、被改造者，从而忽视了受教育者在德育教育过程中的主体性。在此理念的观照下，德育教育过程就必然是：教育者是教育过程的主宰者、决定者，受教育者只能是一个被任意改造和塑造的对象。这一理念就决定了我们的德育体系，从目标到内容再到手段，均忽视了

① 张婕：《对我国大学生道德知行不一的研究》，西安理工大学硕士学位论文，2013 年。

学生的实际需求，仅从社会的需要和要求出发，来设置德育目标、课程内容、教育方式和评价标准。

首先，道德教育模式成为为满足社会发展需要而控制人、训练人的流水作业，人的发展前景被人为地预设，其发展过程是被操作和控制的。对于学生而言，他们没有作为主体的自主选择，而只有被选择和被决定的“权利”。

其次，德育内容成为僵化的教条。我们的德育教育常常把一定时期的政治观点、道德规范、抽象的道德概念或者有关政策作为规定甚至是唯一的德育内容，给学生灌输的只是关于“应该”“必须”“不许”等信息，缺乏对学生道德行为的积极引导。

再次，德育方式、方法就是一种灌输。所谓的“德育”其实是课堂教学的一部分，要求学生死记硬背各种各样的道德规范和道德概念，而后把背诵的规范或概念用在考试上。这种灌输要求学生必须无条件地接受，从不关注学生道德情感的唤起、道德意志的磨炼和道德行为的引导。从本质上讲，这完全是把学生当成了道德的“容器”，完全忽视了学生主体对道德的需求。

最后，在德育管理上，经常用“卡”“压”“禁”“罚”等的手段来限制学生行为，而且用这些标准来评价学生的道德品质。这种命令式、权力式的德育管理与评价，根本无助于学生道德判断能力的发展与提高。

这样的德育教育必然会抑制学生德行的形成，不能真正地培养学生的道德品质，也不可能达到德育最根本的目的——学生的全面发展。

二、德育教育目标片面化、虚化和功利化

德育目标，是依据一定社会的需要和学生的实际，拟定德育对象所要达到的思想品德的要求。理想的德育目标，是以人的全面发展和以追求真善美为导向的。但是在现实中，由于各种意识形态和改革开放、市场经济等社会现实的变化，我国高校传统德育教育的目标与社会实际和学生实际逐渐偏

离，具体表现在以下三个方面。

（一）德育教育目标片面化

纵观改革开放以来高校德育的发展，高校德育目标经历了从“以阶级斗争为纲”到培育“四有”新人，再到培养中国特色社会主义的建设者和接班人的转化。每次高校德育的改革和发展，都源于中央的政治决策、一系列的重要讲话、通知、意见、决定等。这些文件精神就决定了高校德育改革的思路和方向。德育改革往往忽视个体的成长、成才以及个体价值的实现；忽视了学生的全面发展，忽视了学生对真善美的追求，忽视了新时代学生发展新需求。这种过窄的德育目标在实践中往往会导致德育实效的弱化。

（二）德育教育目标虚化

从学生的成长规律来看，引导青年大学生确立正确的世界观、人生观、价值观，培育其爱国情感和中国特色社会主义理想信念，必须结合学生实际，遵循学生身心发展的规律，尊重学生的个性特点，循序渐进地进行。但是现行高校德育教育目标的设置主要是从国家、社会的要求和高度出发，提出“高、大、远”的目标定位，这种脱离实际、充满理想化色彩的德育目标，在实践中必然导致德育教育目标的虚化。出现了一方面是“大德育”（即思想政治教育）概念在不断得到强化，另一方面又存在“小德育”（即道德教育）在不断被弱化的尴尬困境。

（三）德育教育目标功利化

当前，高校普遍用具体量化的大学生道德素质综合考评来评价学生的道德行为，但这种评价方式是以简单的评价取代德育教育过程，这种将德育传授与德育结果简单等同的做法，忽视了德育的内化和外化过程，表现出急功近利的德育教育目标取向。这种功利化的德育教育考核方式必然把德育教育引向歧途。

三、德育教育内容程式化、知识化

（一）德育教育内容政治化

德育是政治教育、思想教育、道德教育、民主法治教育以及心理教育的集合。但是，中华人民共和国成立以后，由于政权巩固的需要，形成了政治统摄经济、文化、教育的格局，因此德育教育在实践中也逐渐演变成以政治为核心的德育。

高校德育的内容基本局限于高校思想政治理论课，主要任务是用《马克思主义基本原理概论》《毛泽东思想和中国特色社会主义理论体系概论》等课程教学来解决学生的理想信念问题。由此德育不仅是一种推行政治的手段，而且常常会用来论证政治的合理性。高校德育的这种行政命令倾向，淡化和消解了德育在个人成长和成才中的重要作用。我们应该清楚，德育可以包容思想教育和政治教育，但是政治教育不能解决所有的德育问题，一个人的政治站位可能很高，但道德水准不一定很高。

德育活动往往也成为从属于政治形势的需要。德育活动内容与形式，往往是驱使学生参加政治学习和大量的社会活动，而忽视学生行为习惯的训练和道德情操的培养。

在德育管理上，管理者习惯以政治立场和尺度来认识道德问题，把一些原本属于道德教育与评价的问题，当作政治问题来解决，如把学生的道德品质的好坏，看成是政治是否可靠的依据，或者从工具主义立场出发，把个人的道德品质问题，当成政治进步的标准。

（二）德育教育内容知识化

简单地说，就是德育教育灌输的主要是政治知识。从纵向看，我国高等学校的思想政治理论课的历次改革，尽管在不断地淡化理论性、知识性，但是现行的思想政治理论课的内容仍然以理论性、知识性为主，主要是以围绕马克思主义理论展开的知识性、逻辑系统性为基础的理论灌输，在评价标准上更多地侧重于考核学生知识的学习和记忆、逻辑推理等理性层面的发展。这样的课程内容没有关注人的欲望、情绪、情感、直觉等非理性层面的发展，因此对于完整人格的塑造是不力的。

四、德育教育手段单一化、教条化

人的道德品质的形成要经过知、情、信、意、行等几个阶段。显性的教学形式主要解决的是“知”的问题，即解决“要遵守哪些道德规范？为什么遵守?”的问题，而要认同这些道德规范，还需要经过内化和外化的过程。因此，要真正树立道德观，仅有显性教育是不够的，还需要大量的潜移默化的隐性教育，包括实践教育、体验教育、养成教育等。当前，高校德育的手段还停留在单一、教条的课堂“灌输”的显性教育。

改革开放初期，高校德育主要表现为以意识形态的学说为内容，以“灌输”作为主渠道。当时，高校德育理论的“灌输”方式有助于基本道德知识的累积。高校德育的“灌输过程”对于高校德育体系的延续起到了重要的作用，它的存在有一定的合理性。但是灌输通常只对人的认知领域起作用，而人的情感是很难通过灌输来培养的，因而，高校德育道德知识的累积，难以培养德育对象的情感、态度，由此造成高校德育对象主体性的缺失。我们必须看到的是，“灌输”是一种教育理念而不是一种教育方式，如果仅仅将德育定位为一种理论灌输，高校德育的发展只会让自己南辕北辙。灌输式教育，它既不关注学生的兴趣与需求，也不关注社会现实，强制性地强调学生的道德义务与道德认同，强制性要求学生死记硬背知识要点，使高校德育脱离了人的现实生活，缺乏对社会现实的观照，使教育对象——大学生处于被动接受的地位，由于教育对象主体性的缺失，难以很好地将抽象的理论和生活实际相结合，极易引起大学生的道德困惑和矛盾。

由此看来，灌输作为一种强制性、封闭性、僵化性的教育方式，根本不可能激发、调动学生主体道德认知、道德实践的积极性、主动性和创造性。在社会飞速发展的今天，这种教学方式已经不能适应当前学生的需求。他们渴望更新颖、更富有创意和个性的教学模式，这种老套的教学方式只会让他们感到无趣、厌烦。所以在很多高校中，德育课成了学生的“睡觉课”“低头课”“必逃课”，德育教育根本无从谈起。因而，如何在高校德育中激发大学生的积极性和主体性，提升道德教育的有效性是高校德育未来发展亟待解决的一大难题。

对造成当代高校德育困惑的四个原因进一步抽象和归纳，可以归结为三个原因。即德育内容政治化知识化、德育主体被动化、德育形式教条化。这三个原因最终一致性地导致德育教育脱离学生实际，脱离了学生知识、兴趣、需求、身心发展规律的实际，最终导致德育教育的不认同、知行分裂、低效的困局。

因此，在进入新时代的当代中国，高校德育教育要走出困境，就必须对现行的高校德育体系进行全方位、立体化的转型与重构。

第二章

新时代新德育：中国大学德育的选择与突围

导致我国高校德育教育陷入困境的原因，从根本上来看，是德育教育内容知识化、片面型倾向明显、忽视受教育者的主体性和知行脱节。为此，大学德育要走出困境，其德育教育体系必须实现三个转型：行政型向文化型转型、被动型向主体性转型、知（知识）型向生活型转化。我们将这三个转化称为从传统德育向新时代新德育转化。

第一节　新时代新德育：高校德育的必然选择

改革开放以来，我国社会发生了深刻的变化。由传统的计划经济体制转变为社会主义市场经济；由传统的粗放型经济增长方式转变为集约型经济增长；由数量型的经济发展向高质量型的经济发展迈进。随着社会主义市场经济体制的建立和发展，我国的经济已经形成了多元化、开放化、全球化发展的格局。

进入 21 世纪以来，在全球化背景下，现代信息技术和互联网高速发展，各种数据、信息以指数级速度增长，数据信息爆炸已经将我们带入大数据的新时代。高校作为思想活跃、知识密集、网络信息技术运用充分的前沿阵地，无不受大数据浪潮的冲击。与此相适应，大学生的思想观念也发生了深刻的变化，大学生思想多样性和复杂化的格局基本形成。首先，市场经济的自主性激发了个人意识的觉醒与强化，个性得到了极大的解放，同时也诱发了个人主义倾向，导致社会价值观的弱化；其次，市场经济的开放性、现代信息技术和互联网高速发展，也导致了思想的极大解放和价值取向的多元化；再次，市场效益优先的原则，也助长了拜金主义价值观的发展；最后，社会生活中价值观多元并存的现实，主导价值观念的导向作用遭遇了前所未有的挑战。

新时代、新征程，新时代的中国大学教育要落实立德树人的根本任务，就必须不断推进德育教育的理论创新与实践创新。传统的德育目标、内容、手段已经不能适应新时代的要求，德育在理念、内容、形式和方法上要不断地创新、变化，才能适应新时代的要求。在德育看来，人既是发展的第一要素，又是发展的终极目标，要实现这样的德育目标，必须超越传统德育的理念、内容、形式和方法，重构新的理念、内容和新的模式即新时代新德育。

一、新时代新德育

（一）新时代新德育的内涵

1. 新时代新德育

所谓新时代新德育，是指适应中国进入新时代需要的学校德育，是区别于传统的行政型、知识型、被动型的德育，它是文化型、主体性、生活型德育的有机统一。主体性是新时代新德育的基本理念或者是指导思想，文化型是新时代新德育的内容，生活型是实现新时代新德育目标的方式和路径。因此，我们把主体性、文化型、生活型相互融合发展的德育，称为新时代新德育。

文化型德育，是指德育教育的内容要注重优秀文化教育。是针对传统德育内容过于注重思想政治教育而忽视德育教育而言的。在新时代新德育教育中，要注重发挥优秀文化，尤其是中国优秀文化的育人功能。

生活型德育，是指德育教育方式和途径。强调把德育教育当作生活，在学生的日常学习生活实践中，通过对诸多生活经历的反思、感悟、总结，进行道德内省，不断成长。生活型德育是相对于传统德育教育过于注重知识传授，而忽视道德实践，致使知行分裂的现象而言的。生活型德育强调德育理论与德育实践的结合，强调德育行为的养成。

主体性德育，强调德育教育要以激发受教育者的积极主动性为出发点和归宿点，强调尊重受教育者的主体性，把教育者和受教育者的关系确定为主体间的协作关系，把受教育者看作是具有独立人格、自主意识与选择愿望的主体，而不再是道德的容器；把教育者看作是受教育者社会化过程的顾问，而不再是道德法官；把德育看作是对受教育者的指导，而不再是居高临下的训导。

2. 新时代新德育的特征

新时代新德育是平等教育、民主教育。新德育教育过程中，师生是互动、平等、民主的教育。平等民主的师生关系，是师生精神对话、呼唤主体性、激发学生生命体发展动力的前提和基础。因此教师必须做一个民主的教师。因此要求教师必须虚心、宽容、与学生共甘苦、向群众学习、向学生学习。

新时代新德育是“唤醒教育”。教育是一种唤醒。教育的最终目的不是传授已有的东西，而是要把人的创造力诱导出来，将生命感、价值感唤醒。把学生当人，给学生以心灵的自由。它凭借文以载道、以德化人、润物无声，做到了真学真信基础上的真用，彰显道德教育的现代价值。

新时代新德育是生活德育。生活德育指的是把德育贯穿于学生的生活全过程，把德育的时空扩展到人生、社会与自然界，把德育视为一种实践活动，让学生去体验。

（二）新时代呼唤新德育

习近平总书记在党的十九大报告中指出："中国特色社会主义进入了新时代"①。这是对我国发展新的历史方位的科学判断。新时代意味着近代以来久经磨难的中华民族迎来了从站起来、富起来到强起来的伟大飞跃，迎来了实现中华民族伟大复兴的光明前景；意味着科学社会主义在21世纪的中国焕发出强大生机活力，在世界上高高举起了中国特色社会主义伟大旗帜；意味着中国特色社会主义道路、理论、制度、文化不断发展，拓展了发展中国家走向现代化的途径，给世界上那些既希望加快发展又希望保持自身独立性的国家和民族提供了全新选择，为解决人类问题贡献了中国智慧和中国方案。

新时代要造就新的人才。习近平总书记明确指出："要以培养担当民族复兴大任的时代新人为着眼点，强化教育引导、实践养成、制度保障，发挥社会主义核心价值观对国民教育、精神文明创建、精神文化产品创作生产传播的引领作用，把社会主义核心价值观融入社会发展各方面，转化为人们的情感认同和行为习惯。"②

"培养担当民族复兴大任的时代新人"是我国教育的时代责任和历史使命。教育和人才，是一个国家的核心竞争力和文化软实力。教育兴则人才兴，教育强则国家强。党的十九大立足我国全面建成小康社会，放眼实现中华民族伟大复兴的蓝图愿景，明确提出了到2035年基本实现社会主义现代化，到2050年建成社会主义现代化强国的战略目标。这是中国特色社会主义进入新时代的实践逻辑。基本实现社会主义现代化和建成社会主义现代化强国，实现中华民族伟大复兴，对教育和人才的需要比以往任

① 习近平：《决胜全面建成小康社会 夺取新时代中国特色社会主义伟大胜利——在中国共产党第十九次全国代表大会上的报告》，人民出版社2017年版，第10页。

② 习近平：《决胜全面建成小康社会 夺取新时代中国特色社会主义伟大胜利——在中国共产党第十九次全国代表大会上的报告》，人民出版社2017年版，第42页。

何时候都更加迫切，对教育的发展和人才的渴求比以往任何时候都更加强烈。正确认识时代责任和历史使命，是教育发展和人才培养的思想前提和理论基础。

当今中国的教育必须适应中国特色社会主义进入新时代的新形势、新任务、新要求，坚持正确的政治方向，坚持为巩固和发展中国特色社会主义制度服务、为改革开放和社会主义现代化建设服务；必须用实现中华民族伟大复兴的中国梦激扬青春梦，为学生点亮理想之灯、照亮前行之路，激励学生自觉把个人的理想追求融入国家和民族的事业中，勇于担当民族复兴大任，勇做走在时代前列的奋进者、开拓者，做社会主义现代化强国的建设者和共产主义事业的奋斗者。

“培养担当民族复兴大任的时代新人”，深刻地回答了“为谁培养人、培养什么人、怎样培养人”的根本问题。教育肩负着培养德智体美全面发展的社会主义事业建设者和接班人的重大任务。能否培养出中国特色社会主义事业的合格建设者和可靠接班人，是检验我国教育是否成功的根本标准。习近平同志在全国高校思想政治工作会议上曾形象地指出：“一旦在办学方向上走错了，在培养人的问题上走偏了，那就会像一株歪脖子树，无论如何都长不成参天大树。”因此，我国教育最重要的就是解决好为谁培养人、培养什么人、怎样培养人这个根本问题。党的十九大报告明确提出“以培养担当民族复兴大任的时代新人为着眼点”，回答了“为谁培养人、培养什么人”的问题；明确提出“强化教育引导、实践养成、制度保障，发挥社会主义核心价值观对国民教育、精神文明创建、精神文化产品创作生产传播的引领作用，把社会主义核心价值观融入社会发展各方面，转化为人们的情感认同和行为习惯”，回答了“怎样培养人”的问题。

习近平总书记在党的十九大报告中还准确阐明了“时代新人”的核心内涵。他强调，“要全面贯彻党的教育方针，落实立德树人根本任务，发展素质教育，推进教育公平，培养德智体美全面发展的社会主义建设者和接班人。”① 中国特色社会主义进入新时代，意味着我们党向全党全军全国各族人民发出了要实现中华民族伟大复兴的动员令和宣言书，意味着我们党领导人民开启了中华民族从站起来、富起来到真正“强起来”的新征程，意味着我国将实现从站起来、富起来到真正“强起来”的伟大飞跃。社会主义核心价值观是当代中国精神的集中体现，凝结着全体人民共同的价值追求。“培养担当民族复兴大任的时代新人”，科学地规定了“时代新人”的基本内涵是具备“当代中国精神”，核心内涵是“担当民族复兴大任”。

中国特色社会主义进入新时代，进行伟大斗争，建设伟大工程，推进伟大事业，实现伟大梦想，需要培育“时代新人”，需要能够引领、团结、凝聚十几亿人共同奋斗的精神旗帜、科学指南、文化导向和道德基础。习近平总书记指出：“我国是一个有着 13 亿多人口、56 个民族的大国，确立反映全国各族人民共同认同的价值观‘最大公约数’，使全体人民同心同德、团结奋进，关乎国家前途命运，关乎人民幸福安康。”“时代新人”不仅是社会主义核心价值观的传承者，更是社会主义核心价值观的创造者。只有坚持全民行动、干部带头，从家庭做起，从娃娃抓起，积极培育和践行社会主义核心价值观，中华民族伟大复兴的中国梦才能在全体人民的不懈奋斗中变成现实。

新时代、新征程，新时代的大学德育教育，必须以培养“时代新人”为目标，以“强化教育引导、实践养成、制度保障，发挥社会主义核心价值观对国民教育、精神文明创建、精神文化产品创作生产传播的引领作用，把社会主义核心价值观融入社会发展各方面，转化为人们的情感认同和行为习惯”来构建新时代新德育体系架构。

① 习近平：《决胜全面建成小康社会　夺取新时代中国特色社会主义伟大胜利——在中国共产党第十九次全国代表大会上的报告》，人民出版社 2017 年版，第 45 页。

二、传统德育向新时代新德育转型

（一）行政型德育向文化型德育转型

中国已经进入新时代，传统的德育理论与现实变化发生严重脱节，迫切需要德育理论的创新与发展。德育的行政化倾向是德育实效性不高的重要原因，解决德育教育问题的关键在于实现德育教育由行政型向文化型转型。

文化型德育或德育文化，其要义是把德育视为一种文化存在，文化性是德育的本质属性，即从文化视角重新阐释德育，用文化阐释德育的原因，是因为文化与德育有着天然内在关系，它能够阐发德育的本质。

1. 文化与德育的目的是一致的

以中国优秀传统文化为例。首先，中国优秀传统文化具有浓厚的道德色彩。古往今来，我国一直是礼仪之邦，传统文化在一定程度上传承的是仁义礼智信的伦理道德，因此具有浓厚的道德色彩，这和德育教育要帮助学生提升道德水平和修养，按照道德原则为人处世目的是一致的。

其次，中国优秀传统文化具有爱国主义精神和忧患意识。“天下兴亡，匹夫有责”，“先天下之忧而忧，后天下之乐而乐”。这种以天下为己任的爱国主义精神缔造了中华民族的繁荣昌盛，激励了一代又一代中华儿女。这和德育要求学生树立爱国主义精神的要求也是一致的。

再次，“为天地立心，为生民立命，为往世继绝学，为万世开太平”。这种敢于为民族复兴担当的责任意识，是中华民族沉淀下来的优良传统，成为中华优秀传统文化和大学德育工作的重要组成部分。无论是在关系民族危亡的艰难时期，还是在国家强盛的繁荣时期，中华民族均表现出了自强不息的精神境界。这种勇于担当、积极进取的精神对促进当代大学生成长成才，成为“时代新人”有着非常重要的意义。

此外，中国优秀传统文化提倡齐心协力、勤奋合作，反对个人主义。重视人与社会、人与人之间的关系，这些对于调节大学生之间的关系、促进校园公平公正都是非常重要的。

中国优秀传统文化作为民族精神之魂，在大学德育工作中占据十分重要的地位。从本质特征看，其属于道德文化。因此，中国优秀传统文化的内在价值与大学德育工作的目标是一致的。

2. 文化与德育具有同一性

文化是人类社会的特有现象，人类个体生活于文化之中，无时无刻不受到文化的影响，同时，人类个体又反作用于文化，发展和创造着文化。正因为有了文化，人类才真正过上了人的生活。文化是人类“生活”和“存在”的一种特有方式。对于文化的概念，是一切进行文化研究都需要去甄别和解释的一个元命题。但是，很多人给出了自己的解释，却从来没有一个得到大家普遍认同的确定含义，不同的人赋予它的内涵和外延有着很大的差别。文化是伴随人类的产生而产生的，同时也是伴随人类的进步而发展的，就其实质而言，道德也是伴随人类社会产生而产生的，因此，文化与道德具有天然的联系。不管西方还是东方，“文化”一词的基本含义就是化人。

西语中“文化”源于拉丁语“cultura”，原义为对土地的耕耘和改良，植物的栽培，如英语、法语的“culture”和德语的“Kultur”。这一含义在少数现代英语词中仍保留着，如“agriculture”（农业）、“horticulture”（园艺）。古罗马的西塞罗在使用“文化”一词时却已经赋予它比喻的意义。他采用了“耕耘智慧”（Cultura mentis）的说法。而类似用法16世纪初才在英语中出现，指为增进某种东西的质量所作的努力，如“工艺的改进”（The culture of the arts），以后又出现了“精神耕耘”（Mental culture）以及“智力耕耘”（Intellectual culture）等等用法。①

在汉语中，“文化”一词古已有之。“文”原本是指“各色交错的纹理”，有纹饰、文章之义。《说文解字》称：“文，错画也，象交文。”这里

① 徐行言主编：《中西文化比较》，北京大学出版社2004年版，第8—9页。

的“文”就是指各种象征符号以及文物典章、礼仪制度等。“化”原义是“交易、生成、造化”，如《周易·系辞下》中的“万物化生”。“化”的引申义是“改造、教化、培育”等。

最早将“文”与“化”合在一起使用的古代典籍是《周易·贲卦》：“观乎天文、以察时变；观乎人文，以化成天下。”这句话中的“天文”，是指自然天体的构成及其规律；而“人文”则指人类社会的构成及其规律，包括文明礼仪、人伦道德在内。整句话的意思是：治理国家者既要观察天文，掌握自然发展规律，以明耕种渔猎之时序；又要观察人文，把握社会中的人伦秩序，使天下之人均能遵从文明礼仪，并进而推及天下，以成大化。这句话中“人文”与“化成天下”相结合，其实已经有了“文化”一词的基本含义，即通过人伦教化使人们自觉行动。

从这里可以看出，所有的文化活动都自觉不自觉地指向一定的道德价值。文化在“化人”的过程中，执行着德育的功能，它与德育的目标、方法等是完全一致的。

综上所述，德育从根本上来说与文化有着天然的联系，同样也是文化的产物。一方面，文化离不开德育这一内核，另一方面，文化又是德育的母体，德育则是文化的重要组成部分；所以，在德育中也会保留着文化的印迹。从德育教育的内容来看，德育对学生进行的政治教育、思想教育、道德教育和心理健康教育等，均不能离开对文化的继承和创新，德育的目标本质上是要塑造属于特定文化群体和文化环境的“文化人”。

可见，文化是德育教育的应有之义，是德育教育不可或缺的组成部分。因此，用文化滋养德育教育，实现德育教育由行政型向文化型转型，是提高德育教育实效性的重要途径。有助于实现德育的实效性和文化先进性的双重建构。

（二）知（知识）型德育向生活型德育转化

改革开放以来，当代中国的政治、经济、文化以及体制、机制已经发生全面深刻的变化，也必然引发道德领域的剧烈变化。中国社会在进行着立体化、全方位的转型，传统的德育必须实现自己的转型，以应对社会转型发展。传统德育由知识型向生活型转型，是面对社会转型、开放社会的必然选择。

1. 开放社会与个体发展

亨利·柏格森最早区分出了“封闭社会”和“开放社会”两种人类生存的社会状态①，而后“开放社会”的概念被进一步发展，学者们从多个角度分析了开放社会的特征，对开放社会进行了深入研究。波普尔在其《开放社会及其敌人》中指出：封闭社会是低级的社会，在这种社会，每个人都必须信仰同一种理论，它具有神秘性、部落性和集体性；而在开放社会，人们不但得以摆脱国家的控制和袭扰，而且不同的理论和价值可以共存，是理性的和批判性的社会②。改革开放、市场经济迅速推动了当代中国社会走向开放社会。社会的开放转型对个体发展具有积极和消极两种影响。

开放社会对个体发展积极影响表现在：首先，开放社会使主体凸显、主体的利益诉求得到尊重。市场经济需要培育一个个独立的市场主体和法人实体，随着我国社会主义市场经济体制的确立、发展和民主法制的推进，人们的主体意识增强了、主体地位得到了强化，呈现出利益主体多元化、诉求多样化的趋势；社会的尊重与包容性也在提高，主体多样性的诉求得到尊重，不同的价值观、生活方式和个性表达方式都有其存在空间。其次，开放社会使个体得以开阔视野，汲取人类文明的精华，丰富思维，站在更多元的角度思考问题。人们思想活动的独立性、选择性、多变性、差异性进一步增强。

开放社会对个体的消极影响也客观存在，不容忽视。首先是开放社会对个体价值观和价值秩序的影响。价值秩序是价值的结构，直接反映人们的生

---

① ［法］亨利·柏格森：《道德与宗教的两个来源》，王作虹、成穷译，贵州人民出版社2007年版，第166页。

② ［英］卡尔·波普尔：《开放社会及其敌人》第二卷，郑一明等译，中国社会科学出版社1999年版，第156页。

活意义和道德追求。如个人价值与集体价值、物质价值与精神价值在个体心中的排序，直接决定着人们的道德内容和生活追求。只要人们进行价值选择，心中就会形成价值秩序。改革开放以来，随着利益格局的巨大变化、各种新阶层不断涌现以及各种新鲜事物层出不穷，人们的价值秩序也发生了巨大的变化。人们逐渐忽视了对于生命终极意义的追求和关怀，出现最高价值的功利化，这也就意味着最高价值的虚无化和神圣价值的失落；有的人偏好现实，远离精神理想和“去理想化”，这意味着他们对于真善美的追求，一旦遇到现实问题就有搁浅的危险，更有甚者，会出现价值迷失、价值混乱，容易受到不良信息和不良势力的影响。

其次是开放社会对个体民族自尊心和自信心的影响。随着改革开放的不断深入，人们逐渐接触到了西方丰富的物质设备、生活用品，于是很多人崇洋媚外、轻视国货。进口物质的同时，思想文化和生活方式也一同进口了，西方文化中的糟粕连同精华一起涌入，一部分人没有“免疫力”，很容易吸收其中的有毒有害信息、效仿西方不良的生活方式。

2. 德育生活化的必然性

知性德育是建立在缺乏民主、社会封闭、文化单一、价值一元的传统社会基础之上的德育，是一种封闭型德育，随着中国社会的开放，生活型德育必然成为新时代新德育的应有之义。

首先，知性德育虽然凸显了道德的崇高和纯洁性，但因为不能得到经验生活的证明，远离人的生活世界，因而变成了抽象的玄思，没有吸引力和生命力。传统知性德育目标和内容还受古代伦理传统和革命传统“顺势迁移”的影响，只顾及政治需要、社会规范层面，忽视学生的个性发展和社会变化发展的需求，脱离当前生活实际，让学生望尘莫及。知性德育在课堂内采取单一的独白式的灌输方式，以教师、知识为中心，缺乏互动，学生成为道德知识的接收器，主体性地位得不到尊重和落实，自我教育被忽视。课堂外教育者也以高高在上的权威者、训导者姿态出现，师生关系缺乏民主平等。

其次，知性德育割裂了德行。个体道德发展是多种因素合力的结果，除了道德认知外，还应包括道德情感、道德意志、道德践行等方面。传统知性德育分割了德行、品德结构，忽视了实践、体验、体悟的重要性，不能为学生形成稳定的德行和健全的人格服务。传统知性德育还是封闭的，无视社会转型、时代发展和主体需求变化的事实，在解释现实的社会道德问题、解除人们思想困惑面前显得日益苍白，因此德育生活化是开放社会的必然选择。"因为德育被知识化，而知识又被科学主义主宰，才使德育远离了生活，抛弃了价值和意义。作为对科学主义的批判和对科学危机的摆脱，胡塞尔提出了'回归生活世界'……"① 但开放德育不仅仅是对"现实生活的回归"，更强调对"可能生活的建构"。

再次，德育生活化对学生道德发展有着重要影响。第一，突出主体地位，要求学生自主构建道德，不代替学生思考，让学生在生活中体验、感悟道德。第二，坚持以人为本，从培养"伦理学者"到生成"有道德的人"的转化，意味着德育在目的维度向自我本真的回归。德育目标合理分层，遵循学生身心发展规律和教育规律，改变"小学德育谈共产主义，中学德育谈社会主义，大学德育谈不随地吐痰、文明礼貌"的倒置现象。第三，德育内容从生活中取材，贴近学生需求；德育方法运用多媒体、网络等新技术手段，增强德育亲和力和感染力。第四，德育理念吸收交往、对话等最新教育科学理念，改变、重建师生关系和课堂秩序。着重培养学生自主学习和终身学习的能力、实践创新的意识和能力、团队合作和沟通交际的能力、良好的心理素质和适应能力、前瞻的眼光和世界性的视野。

最后，德育生活化在消除抵制开放社会的负面影响上有着较大优势。第一，德育生活化直面现实问题，不再将一些社会问题束之高阁，这样可以帮助学生正确地理解、鉴别、选择，帮助学生形成正确的"三观"，培养良好的社会心理承受能力。第二，德育生活化正是文化价值观的变迁和文化安全

---

① ［德］埃德蒙德·胡塞尔：《欧洲科学危机和超验现象学》，张庆熊译，上海译文出版社 1988 年版，第 5—6 页。

问题，重视对西方文明中精华与糟粕的辨别和扬弃，重视培养学生的民族文化自觉意识，从而提升个体的民族自尊心和自信心。

（三）被动型德育向主体性德育转型

从前边的论述可知，导致德育困惑的重要原因就是在德育教育中忽视或无视学生的主体意识，忽视了学生的自主、自立、自觉的主体精神，使德育缺少针对性和有效性，不能发掘德育教育的动力。因此，实现被动型德育教育向主体性德育教育转型，是激发德育教育动力的重要途径，也是实现由传统德育向新时代新德育转型的关键。

1. 被动型德育与主体性德育

被动型德育是建立在缺乏民主、社会封闭、文化单一、价值一元的传统社会基础之上的德育。其基本思想是：教育者坚持自我本位，片面强调自己的主体地位，将自己定位为绝对的道德权威，而受教育者则被看作是被改造、被意象化的对象。教育者以强制、灌输、训导的方式对受教育者进行规格化的塑造，要求受教育者无条件地认同、服从既定的道德规范与价值取向。被动型德育在实质上是将教育者和受教育者的关系等同于人与物的主客体关系，将德育活动确定为主体对客体的征服活动。德育活动是单向的，追求的目标是“教会顺从”，培养“顺民”。

主体性德育，是适应当代民主社会、开放社会、信息社会、价值文化多元的当代社会发展要求而产生的德育范式。其基本思想是：教育者坚持以受教育者为本，强调尊重受教育者的主体性，把教育者和受教育者的关系确定为主体间的协作关系，德育活动是在教育者的帮助下，受教育者自主发展的主体性的活动。德育活动是双向的，追求的目标是“教会选择”，培养“公民”。

2. 被动型德育向主体性德育转型的历史必然性

被动型德育向主体性德育转型，是改革开放以来我国社会发生深刻变革的客观要求，是中国社会进入新时代的必然要求，也是德育自身发展的必然结果，具有历史必然性。

（1）社会转型使得被动型德育存在基础丧失

被动型德育是建立在缺乏民主、社会封闭、文化单一、价值一元的传统社会基础之上的德育。随着改革开放的深入发展，当代中国正在发生着深刻的社会变革，具体表现为：社会经济由计划经济转向市场经济，社会政治由人治转向全面依法治国，社会控制方式由严厉走向宽容，社会阶级、阶层结构由简单走向复杂，社会思想价值文化由单一转向多元，社会体系由封闭转向全面开放。

在一个多元、开放、变化的社会环境中，大学生的思想变化异常活跃，他们热切关注市场经济的进程和世界政治经济形势的变化，独立地观察社会、审视人生，他们对传统化、绝对化的观点往往产生怀疑，他们对问题的思考、解决往往呈现多角度、个性化趋势，易于接受新思想、新理论、新观点。在这种崇尚个性的自我意识的驱动下，大学生的思维日益表现出主体化特征。可以说社会转型、价值多元化的时代背景，为大学生们提供了一个张扬个性、凸显自我价值的大舞台。

（2）培养“时代新人”必须突出受教育者的主体性

习近平总书记在党的十九大报告中指出：“中国特色社会主义进入了新时代”。

他又指出，新时代“要以培养担当民族复兴大任的时代新人为着眼点”。习近平在高校思想政治工作会议上还指出：“一旦在办学方向上走错了，在培养人的问题上走偏了，那就会像一株歪脖子树，无论如何都长不成参天大树。”因此，他强调“时代新人”的核心内涵是“要全面贯彻党的教育方针，落实立德树人根本任务，发展素质教育，推进教育公平，培养德智体美全面发展的社会主义建设者和接班人”。“时代新人”是实现中华民族复兴梦的新人，因此他绝不应该是一个因循守旧、人云亦云之人，而一定是一个有理想、有思想，个性张扬、善于开拓创新之人。因此用传统的德育教育是无法培养这样的“时代新人”的。只有用主体德育才能激励大学生实现中华民族伟大复兴的中国梦，点亮他们的理想之灯、照亮他们的前行之路，激励学生自觉把个人的理想追求融入国家和民族的事业中，勇于担当民族复兴大任，勇做走在时代前列的奋进者、开拓者，做社会主义现代化强国的建设者和共产主义事业的奋斗者。

（3）主体性德育是德育自身发展的必然规律

首先，在新时代，被动型德育遭遇自身不可克服的危机。被动型德育遭遇到前所未有的危机，突出地表现为被动型德育所面临的尴尬处境：受教育者对德育不感兴趣，逃避德育，甚至抵制和拒绝德育；教育者对德育活动的控制力削弱，对于德育活动的开展丧失信心，穷于应付；德育效果不彰，无法满足受教育者和社会的期望，德育活动面临非议和责难、德育的价值遭受质疑；德育越来越受到轻视甚至歧视，其应有的核心地位正渐趋边缘化。这个危机是其自身无法克服的，任何在保留体系前提下的修修补补都已经无济于事，这表明被动型德育已经走到了其历史的尽头，被新时代新德育所取代已经不可避免。

其次，主体性德育更符合德育的本质要求和内在规律。心理学研究表明，人的行为源于需要，需要是一切活动的根本目的，是德育内在的原动力。教师与学生的双向交往也要借助一定的需要才能顺利完成。只有在大学生具有某种现实需要时，教育者与受教育者民主平等的交往才能较好进行，受教育者才会积极主动地去学习，进而内化为某种理论知识。如果教师不能很好地关注学生内心的需要，而一味强行灌输，势必难以取得应有的效果。因此德育理论不能成为脱离现实、高高在上的神圣理论，而必须从人的现实需要出发，满足人的现实需要。为此，主体性德育必须把动因定位为人的需要，从学生生理、安全、从属和爱、自尊以及自我实现等各个不同层次的需要出发，激发他们的积极主动性，将德育所要求的理想、信念、价值观等贯穿其中，最终实现德育目标。

在德育过程中，受教育者才是其自身道德发展的主体，外部施加的任何影响，只有在受教育者认同接受并外化为自己的行为时才是有效和有意义的。主体性德育通过主体间的协作，帮助受教育者自主选择，有利于受教育者对德育内容的接受，符合德育的内在规律。主体性德育克服了被动型德育内在的缺陷，是对被动型德育的超越。高校主体性德育是在对高校传统德育的反思和借鉴的基础上，顺应社会发展潮流而产生的，作为一个新的德育课题，它有着深厚的理论根基。

第二节　新时代新德育体系的构建

一、新时代新德育体系构建的理念与目标

（一）新时代新德育体系构建要坚持以人为本的理念

1. 以人为本理念的内涵

以人为本是相对于以物为本而言，是在当代社会发展过程中对人的主体地位和作用日益突出反思的结果，是科学发展观的重要内容。它作为一种全新的教育理念，以尊重人、理解人、关心人、发展人为主要内容，着眼于人的发展，强调教育观念的人本化，教育方式的个性化。以人为本作为一种教育理念，包含四个方面的含义：

第一，它是对人在社会发展中主体地位和作用的肯定。以人为本的教育理念既强调人在教育中的主体地位和目的地位，又强调人在教育中的主体作用，即一切为了人，一切依靠人，这是教育观念人本化的重要体现。在教育过程中就是坚持把学生的需要放在第一位，弘扬学生的主体性，唤醒学生的自我意识，切实尊重和维护学生的合法权益。

第二，它是对人的个性化的尊重。以人为本立足于解放人、塑造人、实现人的现代化。解放人，就是不断冲破一切束缚人的潜能和能力充分发挥的体制、机制，针对学生的个性特点，做到因人而异、因材施教塑造人，就是

以对学生人文精神的关怀为基点，从观察每个学生独特的人性内涵入手，有的放矢地对其进行正面、健康的引导，从而使其形成积极向上的个性化人格品质。

第三，它注重人需要的满足。人性不是物性，人有很多需要，人需要关心、需要爱护、需要理解、需要尊重等等。以人为本是对人的需要的尊重，并在尊重人的需要的基础上，使其得到最大限度的满足。它强调在教学过程中把学生看作目的而非手段，把学生作为教育的中心。在教学管理过程中尽可能考虑学生的人性化需要，把学生的根本利益作为一切教育工作的出发点和落脚点，让学生感受到有人情味，不断满足学生多层次的需要。

第四，它是对人的价值和意义的肯定。以人为本强调个体在现代社会中能更多地、自主地选择自己的生活，赋予个体生命应有的意义和价值。它力图引导受教育者营造明亮的内心生活，引导年轻的心灵对人生的意义和价值做深切的体认，对世俗功利进行超越，提升人性深处对正义与光明的追求，从而提高生命境界和生命质量，其最终目的是使人成为一个自主的、自立的人，一个向上、向善、追求自我完善的人。

2. 坚持以人为本理念的理论依据

首先，以人为本体现对学生生命价值和个体需要的充分关注。在辩证唯物主义看来，个体生命的需要是人类社会发展的前提和根据。正是以人类个体的不间断、不满足的各种需要为推动力，展开了人们由低级到高级的、丰富多彩的物质和精神创造活动，人类社会才得以不断发展。因此，人的生命价值、人的需要、人的全面发展，理所当然地应该成为社会发展终极关怀目标，也理所当然地应该成为社会发展的每个阶段、全部过程中关怀的对象。但是在传统的德育活动中，我们却忽略了这些唯物主义的基本思想，德育目标、德育内容存在泛政治化倾向，过多地服务于政治需要，过多地强调国家、社会对个人的要求，过多地注重意识形态教育，而对学生个体发展的需要，对个人生活与思想政治教育、道德教育的关系重视不够，思想道德教育与学生学习生活脱节，与学生即将面临的就业、择业、创业等实际问题脱节，与社会现实问题、热点问题脱节。导致受教育者与教育教学之间形成逻辑关系上的“真空”化，失掉应有的链接和通道。作为德育对象的学生，是具有生命价值的活生生的人。因此，无论思想政治教育还是道德教育，必须首先体现对学生生命以及自我价值追求和实现的承认和关注。否则就难以走出“假、大、空”。如果德育失去人的需要的本真意义，就很难调动学生的学习积极性、主动性，培养出来的个体也很可能是政治扭曲、人格不完善的。

其次，以人为本体现对学生思想道德形成的主体性的充分发挥。教育对象是具有生命价值追求的人，学生是德育的目的，是德育过程全部载体，也是德育价值的体现者，只有赋予他们在道德学习、道德养成中的独立性、自主性，才能最大限度地提升其生命自身的积极性、主动性和创造性。而传统的道德教育中，往往把学生当作被动的客体，当作教学随意雕刻和加工的对象。因此，新德育必须成为以学生为主体，让学生自我建构的德育，真正实现德育主体的回归。

再次，以人为本着力于学生个性、创造性的培养与发展。党的十九大报告提出“培养担当民族复兴大任的时代新人”。能够担当民族复兴大任的时代新人，必须是勇于创新、敢于创新、能够创新的人才，这样的创新人才，必须而且只能够依靠创新的教育来培养，创新的教育必须立足于学生个性、创造性的培养和发展。

可见，以人为本的新时代新德育，就是以呼唤主体性为使命，激发受教者生命体的内源性发展动力，让自我、他人乃至一切自然生命精彩绽放的教育。

3. 坚持以人为本理念的意义

从理论上看，以人为本思想是马克思主义人学观点在当代历史条件下的发展和延伸。从以人为本的角度对高校德育进行多层次、多维度的理论探讨，既是对马克思主义的灵活运用，又是对马克思主义关于人的全面发展理论的继承和发展，有助于强化对主体性的认识，为研究现代高校德育的实效性提供了全新的理论视角，有利于把传统德育研究的外部环境转到德育的内部，由德育客体转到德育主体，从而做到内外并重，主客体并重，弥补了以往从纯教育学角度进行研究的缺陷，并把对高校德育的研究提升到哲学的高度，将高校德育建立在一个新的、科学的、行之有效的平台上。

从实践上看，在以人为本理念下实施主体性德育，对推进高校德育改革进程具有重要的指导意义。高校德育作为重要的教育实践活动，是一项有意识、有目的、有计划的活动，其本质在于服务社会进步与人的发展。将以人为本思想应用于高校德育的实践，有利于摆脱传统德育的不良倾向，为高校德育工作提供理论指导和尝试性的实践探索路径，对促进教育思想观念的转变、体制改革、教育内容、方法、人才培养模式的创新等无疑具有极其重要的意义。

（二）新时代新德育的基本目标与终极目标

1. 新时代新德育的基本目标——确立学生的主体地位

以学生为本是高校新德育的前提条件。现阶段，高校德育工作不能回避的一个问题就是德育的出发点和理念到底应该是什么的问题。通过多年的德育实践，可以总结出如下的经验：人是社会的主体，是社会发展的推动力，社会存在的意识和价值是人赋予的，没有人的存在，社会的存在就失去了意义。人的发展是社会发展的根本目的，全体个人的发展也就是社会的发展，社会的发展最终体现为人的发展。正如马克思所说“人的根本就是人本身”①。

随着全球化时代的到来，高校德育也面临着许多新情况和新问题。现阶段，大学生的价值观念较以往发生了巨大转变，心理状况面临着失衡的境地，这就要求高校把学生本身的发展作为高校新德育的目标导向和价值追求，高校新德育设计应打破以前过多强调政治功能的做法，其确立的前提条

---

① 《马克思恩格斯选集》第一卷，人民出版社 1995 年版，第 9 页。

件应该是坚持以学生为本，从某种意义上来说，坚持以学生为本，既是德育的前提条件，也是德育的最终归宿。

所以，高校德育的理念理所当然应该坚持以学生为本。以学生为本就是要求在德育教育过程中，确立学生的主体地位。

2. 新时代新德育的终极目标——学生的全面发展

人的全面发展是指人的各种能力的自由充分的发展，实现人的全面发展是马克思主义最基本的价值取向，是社会主义社会的本质特征。人的全面发展不仅体现在物质生活水平的提高，还应体现在精神生活方面的丰富，更应体现在人的素质的全面提高和人的能力及个性的充分展示上。新德育引导受教育者认识自己的主体地位和主体价值，认识自己的历史使命和社会责任，唤醒学生的主体意识，激发他们的内在需求和驱动力，激发人们充分发挥自己的自主性、能动性、创造性，进而引导学生树立正确的价值观，促使学生形成良好的品德和个性，从而发展和完善人的主体性，带动德、智、体、美、劳各方面的发展，最终达到学生全面发展的目标。

二、新时代新德育体系的构建

（一）文化型德育的构建

1. 文化型德育构建的基本内容

第一，优化德育的政治要素与文化要素结构。政治型德育的一个重要偏颇是将德育与政治混为一谈，将德育意识形态化。政治型德育的立场是以政治立场定性德育，以社会政治为本，培养目标是“政治人”。由于把德育与政治混为一谈，德育从属于政治，表达国家意志成为德育的唯一功能，政治要素被膨胀为德育的全部内容，德育成为政治的工具，甚至有时被演变为阶级斗争扩大化的工具，人也被工具化了。诚然，政治功能作为德育的功能之一是客观存在的，一个人无论喜欢政治与否，都不能完全置身于政治之外。

但是，人的政治品质的获得只是德育目标之一，政治性是人的社会性的组成部分，以政治性湮没人的自然性和精神性显然是不合理的。德育应当承载政治功能，但它却不是政治本身，德育具有工具性，但不能以工具性取代价值性。在现代社会，尤其是在市场经济条件下，在政治化的思维框架中将德育的内容、目标、思维模式、价值尺度和终极关怀泛政治化，则无疑是脱离实际的。就政治品质与道德品质而言，也许道德品质更具有基础性。只有打好了品德基础，才可能塑造出完美的人格。

文化型德育的构成要素包括政治教育、思想教育、道德教育、法治教育、审美教育、心理健康教育等。从社会结构的意义上，德育归属于社会文化结构，这使我们有充分理由构建文化型德育。在这一前提下，德育指向必然由政治世界转向人的精神世界，德育文化更尊重人的精神自由、人的心灵秩序的建设。德育文化的中心是人，德育文化的任务是通过塑造人的思想和精神，提高人的精神品位、思想能力和人的综合素质，使人成为合格的人。在德育文化中，政治教育以政治文化形态存在，内含有培养现代公民的目标。因此实现由行政型德育向文化型德育的转型，根本是要对德育的政治要素与文化要素的涵量及位序进行改革和优化。

因此在一定意义上说，由行政型德育向文化型德育转型，就是要从行政型德育注重政治要素转向注重文化要素，或者说用文化要素包含政治要素。

第二，调整个体价值与社会价值的关系。实现行政型德育向文化型德育转变，必须把政治型德育的以社会为本转变为文化德育的以人为本。文化价值观的核心问题是“为了谁”的问题，在这个问题上，行政型德育观与文化型德育观是有根本区别的。

人本质上是社会存在和个体存在的矛盾统一体。传统社会，社会与个体是未分化的，社会个体的塑造是定性的，个体自主性薄弱。事实上，个体与社会之间是直接的隶属关系，个体被置于社会的控制与管辖范围内，德育的主要职责是为维护国家权力进行思想政治教育，维持社会秩序，强调个体的社会责任承担。现代社会的一个突出特征是个体与社会的分化，个体进一步发育，并从社会整体中相对分离出来。现代社会背景下造成的个体与社会的相对剥离，个体权利意识的增长，客观上增强了人的自主性、独立性和选择能力。以人为本是德育对时代要求的根本体现，德育也只有以人为本才能更好服务社会。

现代化过程是社会向更加人性化的发展过程。在这个过程中，文化德育应该为个体的成长提供精神文化支持，把人的建设问题、人的全面发展作为价值取向。

文化德育价值取向应该转向个体层面，实质上要提升德育的人文维度。德育应当更多地关注人的精神世界，研究人的精神需要，研究人的思想接受机制，真正为人的生活构筑理想和提供意义，使以人为本得到切实贯彻。使德育的人文关怀与政治诉求形成和谐关系，以成就对社会发展责任和个体发展责任的双重担当，实现工具理性与价值理性的统一。

因此，从一定意义上说，从行政型德育向文化型德育转变，就是由行政型德育的“社会整体至上”转向文化型德育的“重视个体”。

第三，从束缚人的力量转变为解放人的力量。

行政型德育通过标准化和固定化的模式，通过社会教化和思想灌输，倾向追求思想上的同一性、一致性，忽视了被教育者思想的多样化，文化价值的自由精神被压抑。文化是人的本质力量的展现，精神文化的最高价值是思想自由。因此，文化德育理当以推动人的个性自由和思想解放为目标，以充盈人的精神世界为旨趣。在文化德育视野中，一个必要的价值取向是唤醒人的主体意识，使人成为一个自觉的、积极主动的、自主的和富有创造性的丰富个体，这个意义上发育成熟的个体，思想自由，精神独立。因此，由行政型德育向文化型德育转型，在一定意义上说，是由从行政型德育束缚人的力量转向解放人的力量。

第四，从“绝对一元”向“差异多元”转变。

政治型德育在思维方式上尊崇绝对的同一性、价值标准的确定性和信仰上绝对的一元论原则，在两极对立的思维方式中思考德育问题。如，以强调社会为本而排斥个体利益。文化型德育在思维方式上正视和接纳差异性和价值尺度上的多元性，它要消解两极对立的思维模式，接纳“从两极到中介”的思维方式。即，从以社会为本转向以人为本，只是在社会与个体的比较关系中偏向于个体，不是非此即彼的选择，在这种偏向中涵容着对社会的责任，它要努力实现社会与个体两者关系的平衡。

因此，从一定意义上讲，由行政型德育向文化型德育转变就是由行政型德育的“绝对一元”思维，转向文化型德育的“差异多元”思维。

2. 文化型德育构建的基本途径

首先，推动优秀传统文化进课堂。实现德育教育由行政型向文化型转型，首先必须推动中国优秀传统文化融入大学德育课堂教学。把中国优秀传统文化融入大学德育过程的现实途径就是将中国优秀传统文化进教材、进课堂，最终的目的是进入大学生的头脑，让学生从历史的厚度、文化的深度、理性的高度来坚定理想信念。

其次，将中国优秀传统文化融入校园文化中，营造德育生态环境。《中共中央　国务院关于进一步加强和改进大学生思想政治教育的意见》中明确指出：“校园文化具有重要的育人功能，要建设体现社会主义特点、时代特征和学习特色的校园文化，形成优良的校风、教风和学风”。大学校园文化是学校全面发展的基础条件，也是实现高校腾飞的平台和基点。积极开展中华优秀传统文化有效融入校园文化建设活动，使校园文化在社会主义核心价值体系与中华优秀传统文化的指导下，成为大学德育工作的新途径与有效载体。要将中华优秀传统文化融入校园文化，应做好硬件建设和软件建设相结合。核心是找准校园文化建设的定位，融入优秀文化的因子。

再次，推动中国优秀传统文化融入高校网络建设中。互联网的出现和迅猛发展，创建了一个全新的网络环境。与之相适应，网络文化业已成为大学生日常生活的重要部分，大学网络精神、大学网络文化环境和大学网络文化活动是中华优秀传统文化融入大学德育工作的三个基本要素，建设和谐健康的大学网络文化则是中华优秀传统文化融入大学德育工作、融入大学网络文化的最终目标。

最后，打造优秀传统文化育人铁军队伍。将中华优秀传统文化融入大学德育工作的过程，根本要靠人。建设一支高素质的专业德育教师队伍是这项工作能否成功的关键因素。所以我们要在抓好队伍建设的同时，也要加大投入，搭建平台，确保融入工作落到实处。打造优秀文化育人铁军队伍必须做到两点：

一是要组建文化育人的德育队伍。可以以思政教师、辅导员、行政管理人员为基础，挑选具有副高以上职称的其他学科教师组成文化育人教师队伍。

二是对文化育人教师队伍，乃至全体教职员工进行优秀传统文化培训。要把他们培养成中华优秀传统文化的认同者、追随者，然后才能让他们成为实施者和传播者。所以，我们有必要通过对他们进行一定程度的培训，奠定融入工作的基础。

（二）生活型德育构建

1. 建构生活型德育的理论

构建生活型德育的理论根据是陶行知的生活教育理论和建构主义理论。

生活教育理论是陶行知教育思想的精髓。“生活即教育”是陶行知生活教育理论中最重要的命题。陶行知说：“生活教育是给生活以教育，用生活来教育，为生活向前向上的需要而教育。从生活与教育的关系上说，是生活决定教育。从效力上说，教育要通过生活才能发出力量而成为真正的教育。”① 生活是教育的源泉，教育来源于生活，并服务于生活。陶行知生活教育理论告诉我们，生活是德育的基础，是德育的意义之源。同时，德育又能够提升生活的意义，对生活起积极的促进作用。从本质上讲，德育只有植根于生活世界，才能有深厚的基础和强大的生命力。可见，要充分发挥德育的作用，不能离开生活，必须紧密联系生活，在生活中进行。

---

① 《陶行知文集》，江苏教育出版社 2008 年版，第 694 页。

建构主义认为，德育本质上是对学习主体道德自主建构的帮助过程，因为道德心理是在学生与周围环境的相互作用中，在自己的道德生活实践中自我建构生成的。皮亚杰在《结构主义》一书中就指出道德价值、美学价值同普通知识一样，都处于不断的建构之中，都有“处于不断建构或重构之中的结构”①。学生的道德不是外部规范的简单内化，学生身处各种社会现象和社会关系的网络之中，在认识、评判道德现象的同时，协调着自身与外部世界的道德关系，在特定的教育情境中对道德进行自我选择，并最终达成良好品德的自我建构。这一理论告诉我们：一切德育影响只有通过学生自身的积极活动，才能转化为学生内在的精神财富，才能使学生得到真正的成长与发展。所以，德育教学要重视生活中道德资源的开发和利用，创设具有生活气息的道德情境，尽最大可能调动学生的全部感受力和经验，培养学生解决具体道德问题的能力，这些观点为德育生活化提供了重要理论指导。

建构主义学习理论认为，学习活动不是由教师向学生传递知识，而是学生根据外在信息，通过自己的背景知识，建构自己知识的过程。学习过程不是简单信息的输入、存储和提取，而是新旧经验之间双向相互作用的过程，这个过程是别人无法替代的。也就是说，学生获得知识的多少取决于学生根据自身经验去建构有关知识的意义的能力，而不取决于学生记忆和背诵教师讲授内容的能力。这对德育生活化有重要的指导意义。学生的内心世界不是一张白纸或等待填充的容器，他在生活中通过不同的途径或多或少地掌握了一定的道德知识，形成了自我的道德思维方式，学校德育显然不能忽略学生这些感性的道德体验和认知，而应是在此基础上加以引导，使其向着更好更高善性的生活方向发展。

2. 生活型德育构建路径

（1）德育内容：从重“知识性”到重“生活性”

传统的德育向来被人们以自然科学的思维所理解，认为德育只要传授给

---

① ［瑞士］皮亚杰：《结构主义》，倪连生、王琳译，商务印书馆2011年版，第78页。

学生关于道德的知识就可以培养学生的品德，因此，德育的教学就演变为纯粹的知识性教学。可是，德育学科的教学与非德育学科的教学毕竟是不同的。道德的培养不仅仅需要知识性的教学，更为重要的情感体验也是不可缺少的。没有触动心灵的道德教育无异于没有受到道德教育。没有触动学生心灵的道德教育便是与学生无关的教育，既然与己无关，就没必要花时间和精力去接受这样的教育。这也是不少学生对德育表示厌倦的缘故。基于此，生活德育理论主张改变德育内容重“知识性”的传统，认识到德育内容本有的“生活性”。德育内容是来源于生活的，是生活的产物。学生的生活会经历这样那样的道德生活，德育内容的教学应结合学生相应的道德生活进行，帮助学生认识到道德生活的必要性和重要性，并鼓励和引导学生亲身践履道德生活，以培养和加强他们的道德情感体验，最终将外在的道德观念内化为内在的道德信念。

因此德育课程必须走向生活化，这就要求结合学生现实生活实际，从生活中提炼新的德育内容，将书本、口头上的一些理论化教育转化为活生生的情景教育，用现实生活中的生动事实生成课程内容，让学生从中体验道德、掌握基本的德育规范，为自己的终身发展奠定道德基础。生活化的课程，并不只是学生过去生活的机械重现和简单生活的翻版，而应是在教师的指导下对原有生活的重新提炼、体验，使之产生新的感受和经验，并用这种感受和经验来指导自己正在进行中的生活和即将要进行的生活。

(2) 德育方法：从“讲授式”到“体验式”

知性德育方法主要是讲授式的方法，这种方法能很好地传授关于道德的知识，却不易引发学生能够触动心灵的情感体验，而触动心灵的道德教育才是有效的道德教育。因此，讲授式的德育方法不能提高德育的有效性。生活德育理论提倡体验式的德育方法，这种方法要求生活德育的教学应密切联系学生的生活经验，在学生已有的生活经验基础上，给学生创造体验道德情感和道德生活的机会。实践中可以采取以下几种体验式的德育方法：

第一，系统讲授法。在这一意义上来讲，道德知识的传授还是必要的。

但这里所说的讲授法并不是传统意义上的灌输法，而是结合了学生的生活经验的一种全新的讲授法。它不仅能让学生真实地感受到道德知识在自己生活当中的作用和运用，还有助于提高他们的道德判断能力。

第二，角色扮演法。角色扮演法是一种让人完全处于他人的社会位置，并且按照这一社会位置所要求的行为方式和态度处事，以增进对他人社会角色和自身原有角色的理解，从而更加有效地履行自己角色的道德教育方法。该种方法的使用一般都要用到故事情境，然后学生分别扮演故事情境中的不同角色。

第三，践履法。践履法，顾名思义，就是亲身去实践、履行。学生要有感性认识、内心要产生感触才能将道德知识内化为德行。而践履法正好能给学生提供感性认识和内心感触的机会。

第四，身体力行法。生活德育教师的一言一行是学生最好的德育教师。因此，生活德育教师平时应注意修养自身的言行，好的言行能使自己的教学事半功倍；相反，则会取得事倍功半的效果。

第五，自我心性修养法。道德的修养是一件长期甚至需要个体终身付出努力、约束自己的自觉性的很高尚的事。这些都决定学生要自觉主动做到修身养性。自我心性修养法有寡欲法、唤醒良知法和慎独法这几种具体的方法。

（3）德育空间：从“封闭型”到“开放型”

当代西方德育理论告诉我们，个体道德的形成和发展是由个体内部活动和社会群体影响发生交互作用的结果。美国认知发展道德教育理论学派代表人物科尔伯格主张，要充分利用环境氛围等教育资源促进青少年的思想道德健康发展。环境也是一种教育资源，因此我们要突破传统的课堂教学空间，把高校德育教育延伸到课堂外，构筑学习、生活一体化的德育空间。

（4）德育教师：从“训诫者”到“关爱者”

传统的教师充当着训诫者的角色，学生作为被训诫者，是没有主体性可言的。生活德育理论所主张的教师不是这种训诫者而是富有爱心的关爱者。

当然，作为教师仅有爱心是不够的，还必须按照习近平总书记在学校思政教师座谈会上的教导，做到“政治要强、情怀要深、思维要新、视野要广、自律要严、人格要正”。做一名真正有能力的关爱者。

（5）德育评价方式：从“单一化”到“多元化”

生活德育评价体系是促进生活德育有效实施的有力举措。由于生活德育实施的有效与否既依赖于生活德育教师的努力又依赖于学生的发展，因此，生活德育评价体系既包括针对生活德育教师的评价又包括针对学生的评价，其中，针对生活德育教师的评价属于激励性和发展性的评价，而针对学生的评价则属于发展性的评价。

对教师的评价，学校应该采取多方评价、全面评价方式，以促进教师的专业化发展。比如，学生和家长也应该参与到评价教师的工作中来；除了评价教师的教学能力之外，还应评价教师的道德水平、人际关系以及他们的工作现实的和潜在的价值。

对学生的评价，目的不是甄别好坏而是在于促进其品德的发展。因此必须实行多元化、发展性评价方式。在评价主体上，既要有老师、辅导员的评价，也要有学生自己、同学、家长等的评价。在评价的内容上，不仅要看文化课学习，还要看思想品德、学习态度等。这样的评价更加公平全面，有助于学生道德发展。

（6）管理制度：从“管控型”到“激发型”

实践证明管控型的管理制度并不是理想的。它很容易忽视人的主体性，使人陷于被动、受压制的处境。因此，我们认为应该建设激发型的管理制度。它通过激发人的主体意识，使人以自觉、负有责任心的姿态投入自己的工作中。

（三）主体性德育的建构

1. 主体性德育建构的理论基础

首先，马克思主义关于人的全面发展学说是其理论基础。马克思所说的理想社会应该是，“人和自然界之间、人和人之间的矛盾的真正解决，是存在和本质、对象化和自我确证、自由和必然、个体和类之间的斗争的真正解决”①。理想社会的最终目的是实现人的全面发展。人的全面发展指的是人的各方面的才能和能力的自由而充分的发展，人的全面发展理论具有多层次内涵：一是人的身心的全面发展；二是人的活动能力的多方面发展；三是个体和社会的协调统一的全面发展；四是人的自由个性的充分发展。在马克思看来，人的全面发展的根本特征是人有主体性，马克思在《德意志意识形态》中所创立的历史唯物论，揭示了人在自己的历史活动中所要实现的人自身存在方式的变革。马克思把人的未来存在方式描述为“建立在个人全面发展和他们共同的社会生产能力成为他们的社会财富这一基础上的自由个性”②。后来在《资本论》中，马克思进一步阐述取代资本主义的新社会将是“一个更高级的、以每个人的全面而自由的发展为基本原则的社会形式”③。从这里可以看出，马克思主义最基本的价值取向和最崇高的目标，就是在条件许可的范围内，最大限度发挥自身的力量，实现人的全面而自由的发展。尽管马克思、恩格斯两人并没有同时使用全面和自由两个概念，但是马克思的这一观点中包含了全面和自由这两个方面的内涵。所谓全面发展，是使人“作为一个完整的人，占有自己的全面的本质”④。而自由发展是指在不损害他人利益和自由的基础上的不受限制的自由，人的全面发展与社会发展是紧密相连的。马克思还认为：“动物不把自己同自己的生命活动区别开来。它就是自己的生命活动。人则使自己的生命活动本身变成自己意志的和自己意识的对象。”⑤ 由此可以看出，人和动物不同，人具有自己的意志和意识，有主观能动性，可以在一切生产过程中起支配作用，人的独立自主活动和意识是人的全面发展的重要表现。从这里我们不难看出，人的全

① 《马克思恩格斯全集》第 42 卷，人民出版社 1979 年版，第 120 页。
② 《马克思恩格斯全集》第 46 卷上册，人民出版社 1979 年版，第 104 页。
③ 《马克思恩格斯全集》第 23 卷，人民出版社 1972 年版，第 649 页。
④ 《马克思恩格斯全集》第 42 卷，人民出版社 1979 年版，第 123 页。
⑤ 《马克思恩格斯选集》第 1 卷，人民出版社 1995 年版，第 46 页。

面发展同时也是人的自由发展，全面发展的个人也应该是具有个性和主体性的人，应用到德育中就是要重视人的主体性，以人的需要为出发点，以人的发展和完善为目的，引导和帮助受教育者由个体主体性向群体主体性、人类主体性发展。由此可见，主体性的发展是人的全面发展的核心，人的全面发展理论是主体性德育思想的理论基础。

其次，主体性教育的理论是其直接理论来源。传统教育思想对人的价值和地位重视不够，只是把受教育者看作是教育的对象和教育课题，忽视了受教育者主体性的培养和发挥，限制和束缚了学生的发展。当代社会对人的基本素质提出了更高的要求，人们必须转变教育理念。20 世纪 50 年代中后期，在世界范围内出现了一批代表现代教育思想的学说，如斯普朗格的“心灵的唤醒”，班杜拉、米切尔的“社会学习理论”，路易斯·拉斯的“价值澄清理论”，彼得·麦克菲尔的“学会关心模式”等，① 成为我国提出主体性教育理念的思想来源。

20 世纪 90 年代，我国教育理论界明确提出了主体性教育理念。提出教育的对象是发展的人，是主体的人，教育的根本任务是促进学生的发展，如果离开了学生主体性发展，教育就失去了依托和生命力。这是从我国的教育现状和改革需要的角度提出的最新教育理念。针对现实教育中存在的一些弊端，呼吁教育应该注重培养和提高学生的主体性，承认和尊重学生的主体地位和主体人格，使他们在掌握人类优秀文化的基础上学会学习和创造，从而促进人类社会的发展与进步。主体性德育理念正是在吸收了主体性教育理论的基础上，针对传统教育模式的弊端而提出来的。

2. 高校主体性德育建构的基本内容

高校主体性德育就是要通过充分发挥大学生的包括自主性、能动性和创造性在内的道德主体性来实现大学生道德自律，培养大学生主体性道德人格

---

① 吴铎、罗国振主编：《道德教育展望》，华东师范大学出版社 2002 年版，第 128—129 页。

的教育，这是新时代大学生实现个人全面发展的客观需要。

（1）激发大学生主体性道德需要

大学生的主体性道德需要就是大学生在道德认识和道德实践活动中要求满足和给予自己道德主体性的需要。充分尊重并激发大学生的主体性道德需要是高校主体性德育实施的前提。

首先，高校主体性德育重在不断激发大学生的各种主体性道德需要。“他的每一种本质活动和特征，他的每一种生活本能都会成为一种需要”①。马克思把需要作为人类社会存在和发展的一个前提，认为需要体现着一个人的能力、个性和自由全面发展的水平，也体现着人的本质。当履行一种道德责任，完成一项道德义务，成为人的一种内在需要时，个体道德发展也就随之由他律转化为自律，“需要、兴趣、动机、理想、远景目标、志向、立场、倾向性、判断力和情绪是促使个人在道德上采取行动的最重要的源泉”②。高校大学生的主体性道德需要是大学生道德实践活动的原动力，具有社会性、发展性、目的性以及能动性。

其次，高校主体性德育重在提升和发展大学生的主体性道德需要层级。大学生的主体性道德需要是随着社会的发展不断前进的。一方面，高校德育工作者要积极引导大学生道德主体真正明确自己的需要；另一方面，高校德育工作者也要引导他们把自己的主体需要与社会的需要协调起来，自觉发展成为全面的适应社会发展需要的主体性道德需要。只有这样，大学生的主体性道德需要才能从低级走向高级，从片面走向全面，推动高校主体性德育模式的构建。

（2）唤醒大学生的主体性道德意识

大学生主体性道德意识是大学生在道德认识和道德实践活动中对于自己的主体地位、主体能力和主体价值的一种自觉意识，也是大学生道德自主

① 《马克思恩格斯全集》第2卷，人民出版社1957年版，第154页。

② ［苏］伊·斯·马里延科：《德育过程原理》，牟正秋、王明辉译，人民教育出版社1985年版，第145页。

性、能动性和创造性在观念上的表现。传统的高校德育困局就在于忽视了学生心理发展的内在需要、忽视了个体差异和个性指导，使得高校德育难以收到预期的效果。因此，新时代的德育，必须把唤醒大学生的主体性道德意识作为实现主体性德育的关键。主体性道德意识包括道德自主意识、道德实践意识、道德责任意识和道德反省意识。

（3）发展大学生的主体性道德能力

大学生主体性道德能力是大学生在道德认识和道德实践过程中，通过道德主体性的充分发挥，作出正确的道德判断、道德选择以及正确进行道德实践的能力。教育不仅要使学生在思想道德认知与判断上有所提高，更重要的是在行动中能够坚定地按自己的意志来行动，发挥大学生主体性道德能力是高校主体性德育的核心。主体性道德能力包括道德自主能力、道德能动能力和道德创造能力。

（4）培养大学生的主体性道德人格

尊重大学生主体性道德人格，是构建主体性德育的基础。因此在德育教育过程中应做到：

第一，解放思想，树立大学生主体性道德人格的观念。大学生主体性的发展是在接受教育的过程中使自身逐渐得到完善的过程。在这一过程中，要承认并尊重学生的主体性地位，充分调动学生的自主性，培养学生抵御不良价值观影响的能力，注重大学生的道德分析、判断和自我教育能力的提高，使其具有独立的人格。

第二，关注非理性因素的影响，促进大学生主体性道德人格的形成。大学生道德人格是通过他们在实践中的自我教育和主观努力而生成的，大学生的主体性道德人格不仅是学生内在精神状态的外在表现，而且也是控制其外在行为的内在机制。因此高校德育工作者要注重大学生的生活体验和社会交往，注重非理性因素的影响，促使大学生主体性道德人格的形成。

第三，加强实践锻炼，全面提升大学生的创新能力。大学生在学习活动中表现出较强的选择性、实践性、社会性和创造性。积极的社会实践有利于促进大学生主体性发展。在培养学生主体性人格的同时必须注重创新精神的培养。

3. 高校主体性德育建构的基本路径

（1）优化传统德育内容

传统德育教育在内容上的缺陷在于，它严重地脱离了学生身心发展规律和生活实际。为此，德育内容要紧紧围绕时代主题，把社会的需要与学生需要紧密结合起来，从社会需要和学生需要相结合的角度，设置德育内容。

德育内容要及时反映现实生活中遇到的新问题，切实解决学生的思想困惑和道德要求，多从现实社会中采取教育的素材，增强时代感、说服力和感召力。多渗透一些知识经济时代所需的具体的道德素质，比如诚信、敬业、谦虚、坦率、自信，再比如学会关心、学会学习、学会生活、热爱自然、保护环境、关心可持续发展等，我们的德育就会有亲和力；同时关注学生的所思所想，重视不断更新德育内容，满足学生主体的需要，如心理健康教育、国际国内热点、难点问题引导分析等，紧跟学生的思想变动，切实开展有针对性的主体性德育活动，增强德育效果。

（2）采用灵活多样的德育方式

主体性德育就是以尊重学生的主体性为前提，强调培养大学生的自主人格和独立思考能力，利用能充分发挥学生主体性的教育方式，以形成学生道德自律的思想道德品质为目的的教育。如何做到这一点，除了改革德育内容外，还必须改变传统单一的教育方式，采取灵活多样的教育方式。

第一，改变传统灌输的教学方式，实行理论讲授与讨论相结合的教学方式。

高校德育在强调和重视发展大学生主体性的时候，适当的理论讲授是必要的。但是，理论讲授要有针对性，不能脱离社会实际，更不能违背学生身心发展的规律，应考虑学生的需要和心理，也要考虑学生的接受程度和差异。理论讲授还应注意克服单纯的灌输式、注入式的教学方法，注重讨论式、启发式、案例式、模拟式，以及个别辅导等多种能调动学生主动思考、发展个性的教学方法，多种教学方法相互渗透、相互结合，努力创造一个以学生发展为中心的课堂教学模式，改讲堂为学堂，变主讲为主导，从而使学生更好地消化、吸收。其中讨论分析是促进学生道德水平发展的一种有效方法。

在改变讲授方式的同时，要加强课堂讨论，把讲授与讨论有机地结合起来。教师要注意抓住教学内容与学生实际的结合点，确立主题，组织学生开展讨论。通过讨论，启发学生的思维，使学生对所学的理论产生认同，并使其认识自身的不足，对新知识产生渴望，不断改变和提高原有的道德认知水平，形成新的思想品德结构。

第二，理论教学与德育实践相结合，搭建良好的德育实践平台。

德育的本质是实践的。高校应该利用丰富的社会资源，创建德育实践基地。高校德育实践基地的建设能为大学生搭建参加社会实践活动的平台，促进高校德育知识的内化以及大学生的自我教育。通过高校德育基地的建设，有效形成高校教育与社会教育的一体化，充分发挥主导与引导的作用，帮助大学生了解社会、认识社会，增强大学生心理压力的体验，磨炼意志，发挥大学生的能动性，树立正确的人生观和价值观，塑造大学生的主体性道德人格，培养大学生的创造精神、奉献精神和协作精神，全面提高大学生的思想道德水平。

（3）营造积极和谐的德育环境

大学生主体性德育的发展需要在适宜的环境中生长生成。“人在好的生活关系中容易生长出安全、依恋、归属、自信、自尊等生活感受，而这些感受是形成人的良好习惯的基础。”① 因此，高校应该通过创设宽松、民主、和谐的道德教育环境以及良好的人际关系环境为大学生主体精神、主体意识、主体能力的培养奠定基础。

---

① 朱小蔓：《教育的问题与挑战——思想的回应》，南京师范大学出版社2000年版，第302页。

第一，建设品位高雅的校园环境。大学生良好的品德的形成与德育环境是分不开的。优良的德育环境起到潜移默化的暗示教育效果。良好的校园环境有助于大学生的身心健康发展，给学生的思想道德观念产生全面、系统和深远的影响，对新形势下高校主体性德育的构建具有重要意义。“客观的环境因素对人的思想政治品德的形成发展具有广泛的制约作用。”① 这就需要学校和教育工作者有意识地选择、创设这种德育环境。高校的基础设施是开展德育教育的必要条件，是进行德育的物质基础。创建良好的校园物质环境，要做到进行科学研究、重视校园规划、充分发挥师生的全员环境意识，加大资金投入。

校园精神环境是校园环境的核心，直接影响着大学生的思想政治品德，是高校教育活动得以正常运行和不断发展的前提。要建设体现社会主义时代特点和高校特色的校园精神环境，形成优良的校风、学风，大力加强大学生的文化素质教育，开展丰富多彩、积极向上的学术、科技、体育和文化娱乐活动，深入浅出、寓教于乐、循序渐进，通过培育积极、健康的校园精神文化使主体性德育顺利开展。

第二，营造良好的宣传舆论环境。建立正确的舆论导向为高校德育改革提供强有力的思想保证，为大学生的主体性发展营造良好的政治环境。首先要充分重视校报、校广播、校电视台等校园媒介的主导地位，充分考虑师生的需求，全面提高宣传质量；加强校园文化建设，通过开办各种讲座，加强人文素质与人文环境的建设。其次，努力提高对社会大众媒体宣传的分辨与调控能力。时刻保证消息的畅通；加强与社会媒体的交流与联系；面对复杂的、多元化的外部舆论环境，加强大学生的素养。最后，服从政策环境。高校应该不断加强舆论阵地的建设，以社会主义价值体系为主要内容和导向，全面把握国家的方针、政策，坚持正确的舆论导向，坚持团结、稳定、正面

① 邱伟光、张耀灿主编：《思想政治教育学原理》，高等教育出版社 1999 年版，第 125 页。

宣传的方针，引导师生树立主体价值取向，培育良好的高校主体性育人氛围，达到主体性德育目的。

第三，创造和谐的人际关系环境。和谐的人际关系不仅是大学生学习、生活的重要保障，也是大学生自我发展的深层需要，是高校实现主体性德育的重要途径。近年来，部分大学生在人际交往过程中出现了心理障碍。这给高校德育工作敲响了警钟：只有创造和谐的人际关系环境，才能构建和谐的校园环境，才能有效开展主体性德育。

（4）构架平等和谐的师生关系

主体性德育的建立，是以学生的主体性地位不断提升为前提的，学生的思想品德是在积极的活动和社会交往中形成的。这就决定了教师与学生之间的互动关系更多的是指导者与主动参与者的关系，双方是在特定的实践活动中具有平等地位的关系。双方的互动关系也体现了师生之间的平等性。

（5）建设完善的校园网络阵地

从主体性德育的理念出发，在全面了解大学生特点的基础上，根据网络时空可以不断延伸的特点，加强网络德育的研究和探索，在传统高校德育管理模式上引入信息化高校德育管理模式，以校园网络为中心，开展丰富多彩的高校德育活动，挖掘拓展高校德育信息资源，建设有特色的绿色网站，拉近高校德育与大学生的距离，使大学生的学习由被动变为主动。在虚拟的网络世界里，大学生可以更容易地表达自己的真实想法，教师可以通过网络更方便地了解大学生，也可以有针对性地帮助大学生解决思想上、心理上的问题，在帮助大学生正确面对人生的同时，还能缩短师生交往的心理距离，避免大学生在传统德育交流中的抵触情绪，从而有助于提高德育的针对性和实效性。

（6）建构科学的主体性德育评价与管理体系

德育评价与管理是德育工作的机制保障系统。科学的评价方法与管理方式为高校主体性德育的顺利开展提供了保障与支持。高校应该以促进大学生的主体性发展为目的，构架起引导高校主体性德育科学发展的评价体系，完善德育管理机制，积极探索引导大学生主体性发展的德育管理机制。

第一，构建引导主体性德育科学发展的评价体系。高校德育评价体系应该以促进大学生主体性发展为目标，一切从实际出发，一切工作过程服务于工作的实效性目标，充分体现主体性德育过程有大学生参与、形式要大学生接受、成效让大学生认可的基本原则。

高校在评价主体性德育工作时，应该实现从完成量化指标向实效化的转变。重视大学生的思想品德以及多方面潜能的发展，注重大学生的创新能力和实践能力的提高，关注大学生个体差异及其对发展的不同需求，为大学生有个性、有特色的发展提供一定的空间。

积极探索建立综合性的发展性评价体系，由单一的终结性评价变为终结性评价和过程性评价共存，并逐渐增加过程性评价的比例，使过程性评价记录成为德育评价的重要参考之一。在具体操作上，高校要以建立科学与人文相结合的评价机制为主体性德育实践的重要内容，力求改变过去单一、抽象的德育评价方式，力争实现由结果式评价向过程式评价转化、由学校的单项评价向学校、家庭、社会的全员评价转化和由教师的单一评价向师生互动的相互评价转化这三个方面的突破。

第二，构建保障主体性德育有效开展的管理机制。在创建新时代新德育教育体系的过程中，如何体现以学生为本的精神，将学生作为道德主体培养，形成充分尊重学生主体性地位的德育工作机制，有必要在观念上、管理上和指导上有所突破，高校应该积极探索引导学生主体性发展的德育管理机制。

首先，树立服务师生的职能观。要实现高校主体性德育，发挥大学生的主体性和教师的引导性作用，必须视管理职能为一种服务功能。高校应该引导管理者从学校实际、大学生实际出发，将管理过程作为指导过程。引导过程，把教育观念转变为教育行为，为大学生的主体性发展提供支持环境。

其次，树立大学生参与的过程观。高校德育的运行过程要使大学生在主动参与的过程中实现人的道德完善和人格升华。高校主体性德育要遵循过程有学生参与、形式要学生接受、成效让学生认可的原则，让大学生亲自参与感受德育的全过程，使大学生置身于高校德育的特定环境，给予其体验和感悟。

最后，树立激发大学生主观能动性的动力观。高校德育应该淡化工作痕迹，增强责任意识，高校德育管理人员要成为设计者，用更多的新思路、新方法，激发大学生主观能动性，为大学生自主开展活动创造条件、提供机会。

高校主体性德育管理要推行符合大学生实际，为大学生接受和对大学生今后发展有益的主体性德育管理新模式，承上启下，综合协调、强化高校德育管理职能。在实际操作中，构建高效的管理模式，实现行政德育管理以评价导向为基本原则，变任务安排为项目引领，变刚性规定为特色发展，变数量规格为质量规范，体现行政德育管理的服务职能和满足需要的功能。高校德育管理强调以主体性德育思想为指导，积极贯彻以大学生发展为本的理念，使教师主导性和大学生主体性作用在高校德育管理的过程中得以充分体现，逐步形成大学生参与高校德育管理的基本途径。充分利用现代化的通信手段和网络工具，使高校德育工作中的每一个环节都能重视主体性德育的运用，每一位教师都能认识并积极开展主体性德育的实践。

第三章

创新实践：新时代新德育的全方位探索

我国学术界普遍认为：德育就是道德教育①。中国大百科全书中明确指出：德育是“教育者按照一定社会或阶级的要求，有目的、有计划、有组织地对受教育者施加系统的影响，把一定的社会思想和道德转化为个体的思想意识和道德品质的教育”。学者班华在《现代德育论》中指出：“德育即育德，也就是有意识地实现社会思想道德的个体内化，或者说有目的地促进个体思想品德社会化。”② 从学术界对德育含义的阐释，可以作以下的界定：德育即教育者把一定社会思想道德内化为个体思想品德教育。简言之，高校德育就是促进个体道德自主建构的价值引导活动。

高校是德育建设的主要阵地，随着时代的发展和社会进步、高等教育办学规模的不断扩大、高校办学自主权的不断增强，高等教育在赢得良好发展机遇的同时也面对着更为严峻的挑战，传统的高校德育理念愈来愈不能适应当今社会发展的需要。社会的进步、高校的自身发展向我们提出了树立新时代德育理念、进行德育理念变革的全新要求。

---

① 檀传宝：《德育原理》，北京师范大学出版社 2006 年版，第 4 页。

② 班华主编：《现代德育论》（第二版），安徽人民出版社 2005 年版，第 5 页。

第一节　西安外事学院新时代德育理论探索

西安外事学院作为一所不断发展中的民办高校，自办学以来，高度重视德育，始终把德育工作摆在学校的突出位置。在多年的办学实践中积极进行德育理论与实践的探索，德育的效果明显，学生的道德素质、综合素质得到了社会和用人单位的一致认可。然而随着全球化的不断加深、文化多元化的发展、科技的迅速进步、网络的普及、社会改革的不断深入，对高校人才培养提出了新要求，尤其对学生个体的道德素质和综合素质的要求有了前所未有的提高。

党的十九大报告指出："中国特色社会主义进入新时代"，"这个新时代"，"是决胜全面建成小康社会、进而全面建设社会主义现代化强国的时代，是全国各族人民团结奋斗、不断创造美好生活、逐步实现全体人民共同富裕的时代，是全体中华儿女勠力同心、奋力实现中华民族伟大复兴中国梦的时代，是我国日益走近世界舞台中央、不断为人类作出更大贡献的时代"，"这个新时代，是承前启后、继往开来、在新的历史条件下继续夺取中国特色社会主义伟大胜利的时代"。[①] 新时代对高校德育提出了更高的要求，一个呼唤人的主体精神的时代真实地向我们走来。而这迫切要求树立科学的德育理念。

德育需要主体自身来建构，只有通过德育内省才能深化德育认识、升华德育情感、强化德育意志，进而激活德育需要，产生真正意义上的德育行为，达到内在与外在的统一。我校在以往的德育实践中逐渐重视主体自身意义的德育建构活动，但由于德育教育知识化、德育政治化、受教育者的主体

---

① 习近平：《决胜全面建成小康社会　夺取新时代中国特色社会主义伟大胜利——在中国共产党第十九次全国代表大会上的报告》，人民出版社 2017 年版，第 10—11 页。

性调动不充分等问题仍然存在，这使得德育对于学生所应有的生命力与厚重的精神意义并没有完全实现。

学校清楚地意识到德育建设任重道远，在德育发展中必须紧贴时代发展对高校德育所提出的新要求，按新时代德育的新要求开展建设。为了适应和符合高等教育改革和发展的新形势和新要求，学校积极面对德育中的问题，深入进行总结和反思，在充分考虑学校德育实际与现状的基础上大力学习、借鉴德育新理论、新模式，从而在理论层面上首先开展德育理论的探索以更有效地推动学校德育实践的不断发展。

一、西安外事学院新时代新德育理念

西安外事学院在借鉴近年来我国高校德育理论与实践发展的新成果的前提下，在总结学校多年来德育有益经验的基础上针对以往德育实践中所存在的不足，积极开展德育教育理念的革新，明确提出西安外事学院新时代德育的理念。

西安外事学院新时代新德育，实际上是主体性德育、文化型德育、生活型德育的有机统一。其中，主体性是新时代新德育的基本理念，是学校新时代德育始终坚持的指导思想，文化型是学校所倡导的新时代新德育的内容，而生活型则是我校实现新时代新德育目标的方式和路径。新时代德育就是针对德育中的问题坚持主体性德育，促使德育由以往的被动性向主体性转化、行政型向文化型转型、知识型向生活型转型。

（一）主体性德育

什么是主体性德育？所谓主体性德育，就是充分发挥教育者和受教育者的主体性，特别是发掘受教育者的主体性，并使两者的主体性有机整合，从而使德育成为主体性的活动。主体性德育的理念是以人的主体性理论为哲学依据的。人的主体性是相对于过去的依赖性、被动性、模仿性而言的。它注重现代社会条件下教育对象鲜明的自主、自立、自我负责的独立意识和能动、创新精神的发挥。主体性德育强调了人的手段意义和目的意义的高度统一、社会目标与个人目标的辩证统一。其中，个体目标是高校德育中具有个别性、特殊性、具体性的目标，它是社会目标的来源和实现基础。社会目标是高校德育中带有全局性、普遍性、根本性的目标，是比个体目标更高层次的目标，它对个体目标起着主导、支配作用，影响并引导着个体目标的发展方向。主体德育理念，不仅促进高校德育进一步“贴近学生”，而且进一步深化了高校德育的目标指向，主体德育理念反映了一种新的德育价值观。

在主体性德育中，教育者和学生均是德育过程中的主体，其相互之间是“主体间性”关系。主体间性是作为人与人之间的相互作用、相互沟通、相互影响、相互交流中所体现出的内在属性，是不同主体后天交往的结果，是不同主体在互相交往过程中共同建构起来的。主体性德育是相对于传统的灌输性德育而言的，是对传统德育之弊端的反思。教育对象与教育者一样都是具有主体性的人，这一特性决定了德育对象在接受教育时，不是完全被动的，而是能动的。但是，在过去灌输式模式中，教育对象处于被动地接受地位，其主体性受到诸多限制。而在现代高校德育中，随着对教育对象主体性的尊重和激发，使教育对象在接受教育过程中表现出一种能动接受的主体性，主要包括自觉性、选择性和主动性等。主体性德育理念的实质，就是要尊重教育对象的主体性，充分发挥教育对象的主观能动性，强调教育者与教育对象的互动融合性，从而保证和提高德育的实效性。

从马克思主义唯物史观的视角来看，人的德行生成与发展是人的自主建构的过程，自主建构是人的德行生成与发展的基本机制。个体的道德心理结构由道德认知、道德情感、道德意志、道德行为习惯四个要素构成。个体的道德行为总是以道德认识为基础的，但道德不是简单的知识体系，道德认知没有转化为主体的内在要求时，相应的道德行为并不必然产生。只有当道德认知与相应的道德情感相结合才会形成道德理想与道德信念。主体性德育在充分尊重教育对象主体性的基础上，能有效促使受教育者把道德认识内化为主体的道德情感，坚定道德意志，进而外化为良好的道德习惯和行为。

（二）文化型德育

文化型德育针对传统德育内容过于注重思想政治教育却忽视德育教育，因而要求在德育教育的内容上要注重优秀文化教育，尤其是重视中国传统优秀文化的育人功能。

以往的德育中，往往过于强调意识形态的内容而忽略了德育过程中优秀文化的熏陶，忽视了学生人文精神、人文情怀的培养，导致学生对德育的兴趣缺乏，德育的内涵受到限制，德育的效果不尽如人意。新时代德育不仅要对学生进行意识形态文化如世界观、人生观、价值观的培养，同时也要进行道德文化的传承，人文精神的传递。在此，人文精神的培养与道德品质的发展具有内在的一致性。

人文精神与道德品质具有内在一致性。人文所追求的世界是人化的世界，是求真、趋善、向美的过程，它涉及各种形式的价值追求。人化世界归根结底是一种意义的世界，它是对人的生存意义、生存价值以及对人类命运的终极关怀。一定的人文意识中总是蕴含着一定的价值观念，而一定的思想道德观念又总是以一定的文化底蕴为基础。可以说，人文精神具有深刻的价值意蕴，它是人类的文化精神和文明素养，是世界观、人生观、价值观的集中体现。而德育必然包含世界观、人生观、价值观的教育。因而从这个意义上讲人文精神与德育都致力于培养个体正确的世界观、人生观、价值观。

从二者最终归宿来看：人文情怀通过培养审美能力、创造美的能力达到的是人的一种自由自觉的深层体验。这种自由自觉的人生境界，以人为出发点和落脚点，追求真善美的价值世界，强调的是人本身的自由与尊严，崇尚人格的自由、平等。人文精神的终极关怀在于构建精神世界、完善人格。德育的本质在于教人知善恶、辨荣辱，养成高尚的人格，这实际上就是在建设人格美。可见，二者都致力于塑造个体健康的人格，培养个体的人文精神，引导个体追寻人生的意义，追求真善美的统一。所以说，学校德育所培养人的道德品质往往取决于人文情怀的培养。从本质上看，人文情怀的培养使受教育者能真正认识个人的价值，发展审美能力，接受人文传承，形成一定的价值观、道德观。从人文精神的角度看，人文情怀与价值世界、道德观念紧密联系在一起。因而，高校的德育应将人文精神的培养作为自己的应有之义。

1. 优秀文化是新时代德育的重要元素

人文精神的培养离不开优秀文化的熏陶，优秀文化中蕴含着深厚的人文底蕴、民族精神等丰富的德育资源，具有深厚的感染力、持久的号召力、润物无声的影响力。优秀文化往往在潜移默化中从审美倾向、内心感受和价值追求等诸多方面熏陶人、影响人，优秀文化本身的底蕴使其具有重要的德育功能。因此，高校德育中应将优秀文化作为德育教育的重要内容，丰富和拓展德育的内涵。

优秀传统文化教育是新时代高校德育的重要内容。优秀传统文化既是中华民族发展、复兴的精神资源和历史底蕴，又是我国传统道德的基本存在形式。教育部 2014 年颁布的《完善中华优秀传统文化教育指导纲要》指出："加强中华优秀传统文化教育，是培育和践行社会主义核心价值观，落实立德树人根本任务的重要基础。"因此，新时期挖掘中华优秀文化中丰富的道德教育资源，实现中华优秀传统文化在大学生德育中的回归与融合，是新时期大学生德育的重点。习近平总书记在中共中央党校建校 80 周年庆祝大会上的讲话中指出："中国传统文化博大精深，学习和掌握其中的各种思想精华，对树立正确的世界观、人生观、价值观很有益处。"

中国优秀的传统文化包含着丰富的德育内容、方法以及民族精神、人文情怀等珍贵资源，不仅可以强化大学生的爱国主义情怀、人文底蕴，还能为大学生树立科学世界观、人生观、价值观提供有力的精神支持。同时，中国优秀传统文化中所蕴含的道德情感、道德意识、道德意志等道德内容与新时代德育具有内在的一致性，也是新时代高校德育建设的必然要求。2017 年中共中央印发的《关于实施中华优秀传统文化传承发展工程的意见》（以下简称《意见》）为我们进行优秀传统文化内容的提炼、总结指明方向并提供了依据。《意见》明确指出：优秀传统文化的主要内容包括核心思想理念、中华传统美德和中华人文精神三个方面。而这些内容都是中华优秀传统文化的核心与精髓，应当将其纳入高校德育内容体系，并贯穿于高校德育的始终。

2. 革命文化是新时代高校德育的必备内容

革命文化是中国共产党和中国人民在革命、建设、改革各个不同历史时期所形成的精神品格和精神脊梁，既继承了优秀的传统文化，又引领了社会主义先进文化的发展，在中华民族的发展中起到传承、创新的作用，是中华民族所独有的精神基因。革命文化作为中华民族精神的集中体现，倡导崇高的思想境界和高尚的道德情操，深刻展现了中华民族的优秀品质，具有天然的塑造力、感染力、熏陶力。它能深入影响大学生的思想感情、政治觉悟、道德水平，为高校德育的展开提供丰富的内容和强大的精神支撑。革命文化直观形象、生动鲜活、覆盖广阔、影响深刻，在当代社会主义建设中不断焕发出勃勃生机，为坚定不移走中国特色社会主义道路提供了重要的精神支持，为中华民族的伟大复兴提供了独有的精神动力，更是大学生成长、成才的精神保障。

3. 社会主义先进文化是新时代高校德育的又一重要内涵

社会主义先进文化是对中华民族优秀传统文化和革命文化的继承和发展，社会主义先进文化是中国意志和价值观在当今时代的集中反映。社会主义先进文化以马克思主义为指导，以培养有理想、有文化、有道德、有纪律的公民为目标，面向现代化，面向世界，面向未来的、民族的、科学的、大众的社会主义文化。社会主义先进文化是中华民族几千年优秀文化凝聚的结晶，汲取了中国传统文化中的精华，剔除了中国传统文化中的糟粕。社会主义先进文化又是马克思主义普遍原理指导下的符合现代科学精神的中国文化，是我们党和人民经过了长期革命和建设的实践经验的总结。社会主义先进文化具有广泛的号召力、持续的影响力、深入人心的凝聚力，对社会个体良好道德品质的形成具有无法替代的作用。

4. 校园文化是新时代高校德育的重要内容

校园文化是学校自身在形成和发展的过程中形成的物质文化和精神文化的总和，是学校共同成员逐步形成的包括学校目标、价值观、校风、学风、传统习惯、行为规范和规章制度在内的精神总和。一个学校的校园文化集中体现了学校的价值追求、精神风貌、环境氛围、整体形象。高校校园文化，作为一种特定的群体文化，其目标是培养学生深厚的文化底蕴、良好的品格、高尚的情操，是高校教育的重要组成部分，对高校的健康发展具有重要的意义。积极向上的高校校园文化集人文性、思想性、科学性为一体，一方面营造了校园浓厚的学习氛围、深厚的学术底蕴，推动学生乃至整个校园成员求真、向善、尚美；另一方面能有效地将德育寓于各项教育教学活动、社团活动、实践活动中，在日常的校园活动中进行无声的德育熏陶、渗透和道德升华，从而使德育具体化、实效化、常态化。

（三）生活型德育

生活型德育是相对于传统道德教育过于注重知识传授，而忽视道德实践，致使知行分裂的现象而提出的。所谓生活德育是主体德育观的一种实践形态[①]，也是主体德育的实践要求。生活德育，就是以生活为依托、以教育主体为中心创建生活情境，引导受教育者在生活中进行情感体验，坚定道德意志，形成良好的道德行为习惯，培养良好的道德操守和品质[②]。具体来看，生活德育以生活为起点，在生活情境中进行教育并回归生活的德育。

要将道德知识真正内化为个体的道德认知，并在实践中形成良好的道德习惯和行为方式，需要在长期的社会生活实践中将道德教育与社会生活紧密结合起来，形成一个系统的、全方位的、全过程的有机教育整体。社会生活是德育的沃土，也是德育生发的根基。在主体性德育理念中，德育不是简单

---

① 刘良超：《生活德育探问》，《教育理论与实践》2003 年第 24 期。

② 王敏：《“生活德育”理念与高校德育创新》，《思想教育研究》2006 年第 4 期。

的道德知识的获得，而是通过道德的引领使得人们构建有境界、有品质的生活方式，推动社会的发展。主体性德育本质上是一种实践性教育，要求德育要与生活紧密联系在一起，在生活中真正学习、接受、认同、践行道德规范。

个体道德品质的养成是道德认知、道德情感、道德意志、道德行为渐次转化的过程。道德认知是个体对社会政治思想、道德准则、社会核心思想观念等体系的认识，以及在此基础上形成的对事物是非、美丑、善恶的评价能力。道德认知是个体道德形成的前提，是道德情感产生的基础，而道德认知既有来自生活实践之知识，也包括作为学校和社会所倡导的道德文化知识。道德认知的真正形成，道德的内化经历了一个复杂的过程，需要实践生活经验的比照性支持、情感信念的导向性支撑、理论思想的逻辑支撑，而这些都需要在生活中通过自身的体验去融会贯通。生活体验中所产生的道德情感是道德知识内化为道德意志、外化为道德行为不可或缺的中介。而道德情感的产生需要一定的生活情境进行体验，这种体验离不开生活，美国著名教育家杜威曾指出："教育是生活的过程"①。

生活德育着眼于学校日常生活，强调学校作为一个群体的价值取向的德育作用。值得注意的是生活德育固然以学校生活为载体，但它不局限在日常生活层面，而是在立足生活的同时，进入到精神、人文、政治层面。生活德育并不排斥意识形态和科学文化，而是要将其包含其中，引导学生形成道德化的生活方式，构建有道德的生活。

可见，生活德育"就是要让学生在热爱生活、了解生活的过程中培养德行，学会过一种道德的生活，而不是在现实生活之外的另外一个世界里去培养人的道德"②。生活德育重视德育情境的建设，强调道德情感体验，这不但是对学生的主体地位的充分尊重，更激发了学生的道德情感，培养学生的道德意志，促进学生道德行为的养成，是新时代主体德育的实践要求。

---

① 转引自赵祥麟、王承绪编译：《杜威教育论著选》，华东师范大学出版社 1981 年版，第 4 页。

② 唐汉卫：《生活道德教育论》，教育科学出版社 2005 年版，第 126 页。

二、新时代新德育的要求

学校在德育探索中所倡导的新时代新德育是主体性德育、文化型德育和生活型德育的有机统一体，这一新时代新德育有着自身鲜明的特征和要求，其要求主要体现在以下几点。

（一）充分尊重学生在德育中的主体性

个体品德的发展是主体积极自为、主动构建的过程。德育目标的实现建立在受教育者认同接受并外化为自己的行为的基础之上。大学生有着自己的思维方式、价值观念，在德育过程中不是简单被动地接受所有的内容、方法，而是从自身出发有所选择性地接受。这就要求高校在德育过程中始终要把学生看作是具有自主性、能动性、创造性的独立个体，无论是德育目标、德育内容还是德育方法的设计与选择上都要从主体的现实需要着手，从主体成长、成才的需求出发。只有这样，学生才能在德育活动中形成良好的心理接受状态，与教育者产生基本一致的心理动机和需要，真正接受德育影响并内化为自身的需要。这时道德规范、道德要求就不再是社会舆论压力下的外在规范而成为个体自觉的心理要求，德育才能由被动、强制性的灌输走向主体主动认可、接受，德育的目标才有实现的基础。显然新时代新德育要求要充分尊重德育的主体性属性，尊重学生的主体地位，将学生看成和老师一样的平等主体，教师在德育中主要进行科学的启发、引导，是德育中的指引者，学生在德育中积极进行自主选择、自我构建，是德育中积极自为的主体。

（二）注重德育的文化性

德育是一种“基于文化基础上的意义和价值生成”①，德育所秉持的价

① 郭凤志、胡海波：《从政治型到文化型：中国当代德育型态的嬗变路向》，《东北师大学报（哲学社会科学版）》2008 年第 4 期。

值观念特别是核心价值观念蕴含在一定的文化母体之中，德育与文化不可分离，德育具有天然的文化内涵。德育中的文化内涵越深刻，德育对学生的精神引领和价值构建作用就越强。随着全球化的深化、网络的盛行、大数据的发展、市场化的推进，文化在德育中的重要性不断凸显，德育文化性的回归越来越迫切。高校德育的文化性是指“高校德育对文化的归属及其所具有的与文化相一致的特质”①。德育的文化性也是大学德育主体性得以发挥作用、实现目标的基础。新时代新德育要积极回归到文化中，以文化的底蕴和熏陶、引导学生作出正确的道德选择、坚守社会道德规范，又真正形成反映学生主体自身需要并体现人类共同伦理要求的道德价值体系。

（三）强调德育的实践性

新时代新德育将实践性作为高校德育的本质要求，马克思和恩格斯提出：“道德生活是有关人们利益关系的实践理性生活，是追求人格完善、社会和谐与公正的创造性生活”。也就是说，德育作为一种教人向善的活动其本质性的要求就是积极实践。德育的实践性是指“德育的最后目的是使受教育者能在人生过程中自觉地践行良好的德行”②。实践是德育的基本要求，离开了实践，德育失去了活动载体。当然这并不否定道德理论的学习，但道德理论只有与道德实践结合在一起才能真正实现德育的回归。道德规范源于人们社会实践生活的需要，是协调人与人、人与社会、人与自然的社会秩序的道德化。德育实践能通过有目的、有计划的活动培养学生体验、认同、理解、接受道德规范的心理和行为。道德品质与行为习惯的养成源于实践，离开实践，德育有如空中楼阁。而德育本身就是道德践行的过程，是引导学生在实践生活中不断进行道德思考、道德判断、道德选择，并解决道德冲突的过程。在这一过程中借助教育者的主导作用，受教育者深化道德认知、强化

① 周宏：《论大学德育的文化属性》，云南大学博士学位论文，2013 年。

② 宫麟丰、刘景伟 、战忠丽：《德育的实践性与实践性德育》，《辽宁农业职业技术学院学报》2004 年第 4 期。

道德情感、坚定道德意志、生成自觉的社会性道德行为。由此可见，新时代新德育理念下，实践性不仅是德育的起点，更是德育的归宿。

第二节　全方位改革：西安外事学院构建“12520”大学德育体系

新时代呼唤新德育，西安外事学院在新时代新德育理念的指引下，在德育实践中探索总结出“以主体性理念为指导，以优秀文化为内涵，以生活为载体的新德育”，构建了“一体、两翼、五个基本点、二十个着力点的特色德育体系”，简称为“12520”大学德育体系。“一体”是立德树人，“两翼”是思想教育和行为养成，“五个基本点”是爱党爱国、爱校、爱文明、爱学习、爱创造，“二十个着力点”涉及节日升旗、缅怀先烈、党团活动、琴棋书画、爱心公益、慈善活动、志愿者服务、入学教育、公寓自治、文明校园、绿色校园等方面。

一、“一体”——立德树人

“立德树人”蕴含着丰富的德育内涵与教育思想。在德育实践探索中，“立德树人”一直是西安外事学院秉持的重要教育思想。

（一）“立德树人”的内涵

《左传·襄公二十四年》中指出：“太上有立德，其次有立功，再次有立言，虽久不废，此之谓不朽。”即著名的“三不朽”之说。“立德、立功、立言”中“立德”处于首位，足见古人对“立德”之重要性的推崇。“树人”语出《管子·权修》：“一年之计，莫如树谷；十年之计，莫如树木；终身之计，莫如树人。”即人们常说的“十年树木，百年树人”。立德树人是紧密联系在一起的，立德就是树立德业，是个体人安身立命、建功立业的基础。树人就是培养人才，是立德的目的和结果。

（二）坚持“立德树人”的德育思想

党的十九大提出把立德树人作为教育的根本任务，把落实立德树人根本任务作为人才培养目标写入党的报告中，明确了进入新时代高校立德树人的新要求。人才培养是大学最基本的功能，但是人才培养不是简单的才能发现和专业技能的培养，更应当是健康人格形成、高尚道德情操的养成和升华。西安外事学院在办学实践中坚持以生为本、立德为先的育人理念，坚定立德树人的办学方向，持续推进特色德育建设。学校将所在地“鱼化成龙”传说和中华民族“望子成龙”的美好愿望结合起来，深度融入办学实践，形成了“鱼化龙”的校园文化和德育建设体系。将校园文化与立德树人有机融合，确立了“化鱼成龙”的学校使命，提炼出“多样集纳、自强创新”的校训，形成了“以生为本、立德为先”的教风和“发展个性、注重养成”的学风。

（三）建立系统化的“立德树人”的德育工作机制

学校形成了从校党委领导下的党政办、宣传部、学工部以及各个二级学院党委共同开展德育工作的机制。建立了直属学校领导、与二级学院并列的思想政治理论教学科研部。在思想政治教育教学工作中始终把立德树人作为教育的核心任务，科学设计思想政治理论课教学方案，修订培养方案，开展教学内容及方法改革与实践，通过运用微课、慕课、翻转课堂等现代教学形式，使学生主动参与到教育中来，实现自我教育的目的。

（四）建立多元化的“立德树人”德育平台

习近平总书记指出：“要坚持把立德树人作为中心环节，把思想政治工作贯穿教育教学全过程，实现全程育人、全方位育人”①。学校把立德树人立体化融入教书育人全过程，建立“立德树人”的平台，在这些平台上切实推行与实践“立德树人、三全育人”的理念。学校通过整合教学研究与发展部、学生工作部、校团委等职能部处和各学院的优势资源，将书院与学院相结合，以“化鱼成龙”为特色，打造出多个以学生为本的全员育人教育教学平台。

课堂教学是高校教育教学的主要手段，今天的社会快速发展，对大学生素质提出了更高要求，对高校德育提出更高的要求，课堂教学只有随着教学目标、教学内容、教学手段、教学对象的不断变化而进行不断改革，才能实现良好的教育教学效果。学校大力构建教书育人平台，各二级学院根据专业人才培养目标，深化课程结构体系改革，优化学科结构和专业布局，整合学科资源，以课程教学为主渠道，构建教学德育平台。

早在 2014 年，学校以学生“个性化培养”为核心，推行学分制、“3+1”、小学期改革，传统的以班级为单位的管理体制不再适应教学需要，与之配套，创建“学院+书院”管理体制，将学生的德育重心向书院转移。在“书院”平台上，从 2016 年起，辅导员全部入住书院、全天候融入学生的学习生活。思政课教师进书院，将德育由课堂延伸到课外生活。组建学业导师进书院，以教师的人格魅力和学识教育感染学生，做学生健康成长、成才的指导者和引路人，帮助学生进行学业规划。

孔子说，“其身正，不令而行，其身不正，虽令而不从”②。学校高度重视教职工在德育教育中的主导性作用。2018 年，学校在书院的基础上成立正蒙书院，负责“正蒙导师”“教职工正蒙学习小组”工作的统筹指导。书院下设各正蒙分院，各分院作为实施主体，具体负责“正蒙导师”工作的组织实施。正蒙导师进入书院，带领指导学生学习以张载关学和阳明心学为

① 《习近平谈治国理政》第二卷，外文出版社 2017 年版，第 376 页。

② 李泽厚：《论语今读》，生活・读书・新知三联书店 2008 年版，第 379 页。

主要内容的中国优秀传统文化，帮助学生树立正确的世界观、人生观和价值观。正蒙书院的德育属性不断凸显，学校德育教育效果不断增强。

学校以学生党团组织建设为重点，建设德育新平台。高校学生的基层组织包括学生党组织、学生团组织、班组织、学生会等。学生基层组织的建设对大学生德育起着重要的作用，加强学生基层组织建设尤其是党团组织建设，可以更好地让学生实现自我教育、自我管理与自我服务，提高学校德育实效性。学校党组织、团组织以主题教育活动为载体，拓宽德育教育，通过党团组织进行世界观、人生观、价值观教育，引导学生树立坚定的理想信念。

（五）不断丰富“立德树人”的德育内容

学校在德育实践中不断丰富和拓展德育的内容，坚持在学生中大力开展中国传统文化学习、马克思主义理论教育、革命文化教育、社会主义核心价值观教育、习近平新时代中国特色社会主义思想教育。

优秀传统文化是中华民族的精神标识，塑造了中华民族共有的思维方式和行为方式，其内在的生命力和影响力已经成为未来发展的重要承载①。学校创办者、董事长黄藤教授高度重视传统文化的教育，他明确指出：优秀传统文化蕴含了中国人系统的世界观、人生观、价值观，是我们的根本和底色，教育要以优秀传统文化的学习为青年“固本”“铸魂”“打底色”。优秀传统文化是立志、立心、立德的文化。在学校学生的培养中，注重高校德育文化传承与人文精神培养功能，深入挖掘优秀传统文化的“德育”资源，以学生“明道、修身”为立足点，开设了多门传统文化公开课。同时，通过专题讲座、在线课程等形式使学生经常性地学习优秀传统文化的名篇和代表人物思想观点、理解优秀传统文化的精髓，了解圣贤君子修身养性之道和

---

① 张利明：《立德树人与中华优秀传统文化关系述论》，《社会科学研究》2016 年第 6 期。

家国天下情怀。学生通过优秀传统文化的学习和对自身日常生活的反思，把中华优秀传统文化的精髓融入个人的成长过程，也更加激发了学生学习优秀传统文化、进行自我道德内化的热情。在优秀传统文化的浸润、熏陶下，学校学生普遍举止文明、待人真诚、做事认真。优秀传统文化教育开展多年以来，学校学风有了明显的改变，学生的道德素质有了显著的提升。

学校深入开展马克思主义理论、革命文化、社会主义核心价值观、习近平新时代中国特色社会主义思想教育。不仅在思想政治理论课程中积极进行马克思主义理论、革命文化、社会主义核心价值观、习近平新时代中国特色社会主义思想教育，而且还通过学校举办的讲座、理论宣讲会、论坛大力开展理论学习，帮助和促进学生从根本上理解、接受、掌握马克思主义理论、革命文化、社会主义核心价值观、习近平新时代中国特色社会主义思想的丰富内涵和根本价值取向。同时，学校党委、团委还积极组织学生参观博物馆、革命纪念馆、革命圣地、改革开放前沿城市，通过社会实践让学生在掌握理论的基础上亲身感受马克思主义理论、革命文化、社会主义核心价值观、习近平新时代中国特色社会主义思想的现实魅力，促使其将这些理论里所蕴含的价值取向、道德观念、处世原则真正转化成为自己的道德要求和行为准则。

二、“两翼”——思想教育和行为养成

学生良好道德行为习惯的养成是一个长期的过程，这需要高校德育与学生的日常生活紧密结合。道德教育不仅体现在课堂教学中，更应当贯彻到学生的日常生活中，形成一种全员德育的氛围。德育不只是让学生掌握道德知识，更重要的是引导学生将知识内化为自身德行，外化为外在行为习惯。学校高度重视学生思想教育和行为习惯养成，为使德育教育常态化开展，学校以“鱼化龙”特色校园文化建设为抓手，成立了由党委书记任组长的德育教育工作领导小组，设立了思想政治理论教学科研部、学工部、组织部、宣

传部等工作机构，成立了德育教育研究所，各部门凝心聚力、齐抓共管、切实落实。在德育实践的不断探索中，学校以“立德树人”为根本，一方面通过思想政治教育，牢固树立学生的理想信念；另一方面通过养成教育将文明的生活和学习方式、高尚的道德操守等内化为学生的行为习惯。

（一）制定德育养成教育文件

学校先后出台了德育养成教育的一系列文件。2016 年 10 月，制定了《西安外事学院特色德育体系建设指导意见》；2017 年，为进一步加强我校大学生日常行为规范教育，督促学生自觉积极践行《为生律己歌》要求，结合学校实际，经深入调研论证，制定了《西安外事学院德育教育和行为养成十项规定（试行）》；2018 年 3 月，制定了《关于启动“正蒙导师”和“教职工正蒙学习小组”工作的意见》。

（二）阶段化开展针对性德育教育

学校依据大学生成长规律和现行本科培育计划，实行“3+1”模式，把打造以“鱼化龙”文化为核心的德育体系分为三个不同阶段，依据不同阶段分别设置相应教学内容，即按照前三年在校学生实施理论知识教育、第四年进入岗位实习并完成毕业设计的要求，把“鱼化龙”德育教育划分为大一新生的环境培育、大二学生的主体自觉培育和大三学生的引导成长培育等三个不同阶段，真正做到“讲学统一、学用统一、行用统一”，力求达到学生教育教学阶段性和递进性的有机衔接，实现德育的具体化、现实化和个性化。

（三）注重学生日常生活的德育涵养

在学生的日常思想教育中高度重视优秀传统文化、革命文化的学习、革命精神的传承。学校成立了以中华优秀传统文化教育为主体的七方书院，该院以“明德”为核心，把琴、棋、书、画、诗、乐、茶贯穿于学生学习，指引所有正蒙书院文化活动，成为德育、中华优秀传统文化和大学精神有机结合的典范，形成了特色德育、创新创业教育、国际合作教育三大特色。

（四）开展全员德育，注重学生良好行为养成

学校实行导师进驻书院制度，在学生教育中发挥各自的作用并形成合力：学业导师进书院，帮助学生规划学业和职业发展；德育导师进书院，引导学生树立正确的世界观、人生观和价值观；人生导师进书院，帮助学生解决实际问题，引导学生养成良好的行为习惯。学院还成立了思想政治工作研究院，把思想政治教育、德育教育、博雅教育和学生良好行为养成有机地融为一体，积极探索德育和思想政治教育的新途径，真正把培养人作为首要任务。

“立德树人”不仅要“知”，更重要的是“培育”和“践行”，要正确处理人与社会、人与他人、人与自然的关系，这一过程需要“动之以情”和“持之以恒、导之以行”。学校在立德树人的过程中，注重“以身边人教育身边人”。学校通过评选“教学名师”、“师德楷模”、校园“十佳大学生”加强学生社会公德、职业道德、家庭美德、个人品德教育，提升学生道德素养，2013 年至 2017 年全校共涌现出各类优秀学生 5051 名。

三、五个基本点——爱党爱国、爱校、爱文明、爱学习、爱创造

西安外事学院在德育实践中以爱党爱国、爱校、爱文明、爱学习、爱创造为基本点，在学习生活中深入创造各种情境，不断加强学生的道德情感体验、坚定学生的道德意志，促进学生良好行为习惯和道德品质的形成。

（一）爱党爱国

爱党和爱国在思想上是统一和一致的。只有国家、党、社会得到更好的

发展，大学生个人才能真正实现自身的价值。因此，坚持爱国主义思想应该成为当代大学生核心价值观的所在。爱党爱国是当代大学生自觉践行社会主义核心价值观的表现，大学生必须把爱党爱国作为自身的价值要求，自觉接受和拥护中国共产党的领导，坚定理想信念，永远跟党走，把爱党爱国作为立身做人的根本。

学校通过党团组织的各项政治活动，大力培养学生爱党爱国之情，帮助学生立报国之志、行报国之实。通过开展爱党爱国教育，使学生了解中国历史上爱国人物和重大事件，帮助大学生深入把握中华民族爱国主义优良传统。在爱国主义教育中，学校采用大学生喜闻乐见的方式，把英雄形象的真实环境与爱国典型人物当时的思想矛盾展现在大学生面前，让他们在真实的环境中体验英雄人物的不平凡之处，进而影响他们的思想价值观念，增添他们对祖国真挚的情感。学校充分利用爱国主义教育基地开展革命传统教育，切实增强大学生对党的感情、对中国特色社会主义的热爱。在此基础上，学校各级党团组织结合国家和党的重大节日开展“主题班会”“主题征文”“歌曲比赛”“演讲比赛”“诗歌朗诵”“书法比赛”“爱国主义知识竞赛”等活动，引导学生在活动中坚定政治信念，增强爱党、爱国、爱社会主义的意识。不仅如此，学校党团组织还积极引导和组织学生参加爱党爱国社会实践活动。通过实践活动不仅加深大学生对革命传统的了解，更重要的是引导大学生继承和发扬优良革命传统，勤奋学习，以实际行动报效祖国，真正将爱党爱国的热情和思想意识转化为报国之行。

（二）爱校

爱校教育是德育教育的重要切入点，在爱校教育中，校史馆是对大学生进行德育的重要平台，是高校立德树人的重要活动资源。学校从新生入学教育到毕业生的离校教育始终贯穿着对学生的爱校教育。学校在新生入学之初就安排参观校史展，对学生进行校规、校史教育，让学生充分了解学校的历史，理解学校的发展规划，接受学校校园文化和学风的熏陶。

学生党团组织以及各类社团，定期进行校史教育实践活动，开展校史知识竞赛、有奖征文、专题报告活动，帮助学生树立爱校意识，增进爱校情怀。同时，学校邀请资深教师、知名校友，讲述自己的经历和成长感悟，教育和激励学生树立自己的人生目标与理想。在潜移默化中，强化大学生对学校的认同感，促使学生与学校大学精神与理念产生共鸣。2016 年，学校出版了凝聚校园文化精髓的《化鱼成龙》教材，设立了“化鱼成龙”教研室，并将集中体现外事学院校风学风的《化鱼成龙》作为全校学生的必修课程，在大一新生中开设，使学生加深对学校的认识，大大增强学生对学校的认同感、归属感。

在爱校教育中，学校向学生提出了“我以外事为荣，我为外事添彩”的口号，极大地震撼了学生的心灵，激发了学生的爱校热情、努力向上的雄心斗志和为母校争光的决心。同时，在办学中结合传统节庆日、开学典礼、毕业典礼、各类奖助学金颁奖典礼、各类奖励和评优表彰颁奖等活动开展爱校教育，发扬“鱼化龙”的精神，树立学生的主人翁意识、树立敢于担当的责任意识，让学生懂得感恩学校、感恩家人、感恩社会、感恩祖国，抒发学生知校、爱校、荣校情怀，增强学生的责任感、使命感。多年来，在这种贯穿大学全过程爱校教育之下，学校学生普遍将青春梦想与学校发展紧密结合，广大校友秉持“爱岗敬业、感恩奉献”的校风，心系母校发展、参与母校建设，真正成为母校前行的最大动力，把爱校之志转化为报校之行。

（三）爱文明

文明道德不仅仅向人们展示了大学生的自身素养，也是大学生得到社会认可和尊重的原则和底线。作为文化传承者和社会建设者，大学生应该大力弘扬社会主义先进文化，践行社会主义荣辱观，不断提高自身文明道德以身作则，起到文明道德的表率作用。大学生应该讲文明、树道德，严格根据社会主义荣辱观的要求规范自己的思想和行为。在日常教育中，学校十分注重学生文明素质的培养，积极落实《西安外事学院德育教育和行为养成十项规定（试行）》，结合学生实际，有针对性、有侧重地开展文明主题教育。学校以“文明生活”教育为重点，强化日常文明习惯养成教育，在学生平时的学习生活中依据心理状况、学习状况和生活习惯，引导学生进行文明行为养成。

各二级学院从课堂纪律、教室卫生、早晚自习、日常生活秩序、校园文明等方面入手，根据学生实际，加强对学生的教育引导，制定切实可行的改进措施，对迟到、早退、旷课、上课玩手机、教室脏乱差等问题进行重点整治。书院加强对学生夜不归宿、违章使用电器、宿舍卫生秩序差、在宿舍酗酒赌博等行为进行查处，加强校园不文明行为的检查和纠察，维护校园的平安、文明、和谐；学生处、教务处、教学督导室深入教学楼开展教学秩序检查，发现问题及时纠正，保持良好教学秩序。

为切实加强学生日常文明行为规范养成教育，培养学生自我管理、自我教育、自我服务的意识，激发学生热爱学习、热爱生活、积极进取、积极向上的精神。学生管理部将学生日常文明行为规范养成教育作为工作重心，围绕“学院+书院”的学生教育管理模式，以书院为重点，先后修订并完善了《书院创建“文明宿舍”评比方案》《辅导员书院值班制度（补充）》《书院学生文明公约》《学生夜不归宿处理办法补充细则（暂行）》等规章制度，并建立联动机制，齐抓共管，从狠抓学生宿舍卫生做起，教育引导学生培养良好的行为习惯。同时，成立各书院学生自律委员会，让学生干部参与到书院的教育管理体系中，强化学生文明意识。

（四）爱学习

学习是大学生成长和成才的基础，也是大学生最重要的使命，孔子曰：“知之者不如好之者，好之者不如乐之者。”学校高度重视学生学习习惯、学习能力的培养，在外事学院的发展中形成了“多元集纳、自强创新”的校风，在学校德育教育中，以“科学学习”为主题，开展自主学习习惯养成的教育。以“自信、自立、自强”教育为重点，强化班级建设，规范班级活动。各二级学院辅导员积极组织、开展以“学风建设”为主题的班会，通过主题讨论，教育学生端正态度、养成良好的生活习惯，树立正确的学习生活态度。

同时，学校邀请专业教师和有成就的校友分享奋斗经历，增强学生责任感和使命感；通过组织优秀学生先进事迹报告会，开展优良学风建设演讲活动，抓典型示范促学风；通过开展“创新创业成果展”等竞赛活动，鼓励学生积极创新；通过举办学术科技成果展、学术名家讲坛、体验科技之旅、科幻微电影、创业指导、辩论赛、学习经验交流等特色活动，抓科技文化活动促学风；通过营造公正公平、积极向上的考试氛围，开展诚信教育专题班会、宣讲考试纪律，抓考风考纪教育促学风；通过鼓励学生参加大学英语四六级考试，计算机二级考试，以及专业相关的技能等级资格证书的考试，抓提升专业技能促学风。学校始终围绕提升学生学习能力，强化“第一”“第二”两个课堂建设，增强学生自主学习能力，进一步筑牢大学生成长基础。学校不断强化校企合作，推动产学研一体化平台建设，不断优化人才培养方案。通过学风建设，学校学生人生态度普遍积极向上，社会责任感和使命感明显增强，追求上进、弘扬正气、乐于奉献成为校园的主流价值观。

（五）爱创造

学校自成立以来，一直以培养高水平应用型人才为目标，以创新创业教育为主的办学特色。在人才培养上坚持多目标、多方向、多层次，十分重视学生创新思维、创新意识和科学精神培养。在人才培养的过程中，我校不断深化创新创业教育改革，将创新创业教育融入整个教学教育体系。通过参加“挑战杯”竞赛、学术科研活动及社会实践活动，形成了有利于学生创新精神和实践能力培养的良好氛围。学校高度重视大学生创新创业工作，在创新、创业教育中加强思想引领，落实立德树人，鼓励学生在积累专业知识的同时磨炼坚韧品质，发挥实践育人功能。学校以大学生就业指导为中心，创新设立“鱼化龙”基金会，并在各地建成实习基地 10 余处，为学生创业提供便利条件。

2015 年 5 月，西安外事学院在陕西民办高校中率先成立了以创新创业服务平台为载体的“鱼化龙”创客空间，围绕大学生创业精神和创新能力培养展开专题讨论，弘扬“化鱼成龙”创新创业精神，引导和培养学生自我实践能力、自我学习能力、自我创新能力、自我管理能力等方面的综合素质培养。通过多年的创新创业教育实践，使得外事学院有更多的学生接触科创、热爱科创、钻研科创，形成“外事人”特有的创新创业精神。学校近四年连续举办了大学生创业节，跻身省“高校实践育人创新创业基地”“大学生创业孵化基地”。2015 年 5 月，学校的“鱼化龙”创客空间被陕西省科技厅授予“省级众创空间”。2016 年 9 月，“鱼化龙”创客空间更是被科技部火炬中心纳入国家级科技企业孵化器管理服务体系。2016 年，西安外事学院被教育部评为“全国高校创新创业 50 强”，成为西北地区唯一一所获此荣誉的高校。

四、二十个着力点

西安外事学院在德育实践中积极开展德育情境教育、文化德育、实践德育、生活德育，以充分激发学生的积极性、主动性、创造性，德育的实效性、针对性明显提升，德育效果良好。“二十个着力点”具体涉及缅怀先烈、节日升旗、爱心公益、慈善活动、志愿者服务、党团活动、文明校园、绿色校园、琴棋书画、入学教育、公寓自治等方面。

（一）德育情境教育

学校不断强化德育的情境教育作用，校团委及二级学院团总支在西安外事学院的体育场常态化组织升旗仪式，通过开展每周一升国旗仪式，培养学生的爱国主义情操，增强爱国意识，进一步把大家的思想认识统一到爱党爱国上，落实在行动上，立足自身，努力学习，为党、为国家的发展发挥积极作用。

陕西革命文化资源的内容十分丰富，形式多种多样，生动而又鲜活，是我校进行爱国主义教育的宝贵教学资源。学校党委高度重视革命文化的教育，依托延安、西安等红色革命传统教育基地，开展常态化的革命文化教育。校团委、学生会经常组织学生参观西安八路军办事处纪念馆、西安烈士陵园纪念馆、革命圣地延安和照金革命纪念馆，让学生不断接受红色革命教育的洗礼。在革命文化教育中引导学生把远大抱负与脚踏实地紧密联系，使课堂主渠道与实践环节第二课堂有机融合、形成合力，增强德育的吸引力、说服力、感染力。通过一系列活动的展开，激发了学校学生建设家乡、报效祖国、发奋学习的热情，坚定了同学们跟党走、实现中国梦的崇高信念。

（二）文化德育

学校注重"文化育人"，以琴、棋、书、画等中华优秀传统国粹为承载，汲取中华优秀文化精华，广泛开展博雅教育，把古琴、围棋、书画、茶道、戏剧纳入教学内容，发挥雅乐教育的多元化功能，培养知行合一、全面发展的应用型人才。学校邀请刘墉、肖云儒等著名学者，举办"鱼化龙"大讲堂，开阔学生的视野，强化学生的文化素养，培养学生的人文情怀，促进了大学生的健康成长。不仅如此，学校还创新推出话剧《白鹿原》，充分发挥戏剧艺术在加强思想道德教育、道德情操培养、审美意识发展等方面的育人效果。《白鹿原》相继在全国 12 个省市演出 33 场次，先后登上西安人民剧院、北京保利剧院、北大百年讲堂、天津大礼堂、山西大礼堂、江苏紫金大戏院等一流舞台，观众多达 6 万余人次，受到国内名家的高度肯定。《白鹿原》的排练演出不仅培养了一批优秀学子，探索出一条应用型人才培养的新路，同时为陕西"文化强省"的建设作出积极的贡献，被列入陕西省重大文化精品项目，并荣获教育部全国优秀校园文化成果一等奖。

（三）实践德育

学校在建设以“鱼化龙”为核心精神的特色校园文化的德育体系中，从新生入学到毕业全过程中，坚持把实践教学贯穿始终。与延安市梁家河、西安市西辛庄小学等联合建立大学生社会实践基地，与西安高新技术产业开发区 50 余家企业建立了创新创业基地，经常组织学生，开展社会热点焦点问题调研。同时，学校组织师生到新农村建设先进村社开展实践教学，赴工业园区考察学习，与合作企业开展就业创业体验，真正使学生了解当前国内外大事、知晓党和国家方针政策，全面提高品德修养，解决学生认识和成长过程中的问题。

学校党团组织构建了系统化的志愿服务体系，根据不同专业、不同年级进行个性化的设置，分别进行以思想教育、社会服务素质、个人能力发展为侧重点的区别化志愿服务活动，为学生参与社会实践与志愿者服务创造条件。学校组织一年级学生在自己高中母校开展暑期社会实践活动，组织物流专业学生参加义务维护乘车秩序，组织环境与艺术设计专业学生于节假日在重点公共区域设立“大学生便利服务站”，组织医学院学生参加义务献血宣传活动，组织文学院学生参加世博会志愿者活动，组织汉语言文学专业学生进历史博物馆进行公益性质的解说，组织工学院学生进社区为社区居民义务修理各种家电等活动。系统化的志愿服务体系为学生良好道德品质的形成提供实践环境，热心社会公益事业已在学生中蔚然成风。

（四）生活德育

针对新生开展入学教育，各二级学院举行新生见面会，帮助新生了解专业培养要求和目标，规划好自己的大学生活。同时，组织新生学习《学生手册》和《化鱼成龙》教材、了解学校、把握大学生活的特点，顺利完成人生新阶段的过渡。学校以班为单位开展“融入大学生生活”的主题班会，引导新生端正入学态度，明确学习目标。学校常态化举办各类主题的心理健康讲座，以生动有趣的多种活动形式帮助新生更好、更快地融入新环境、开启新生活。心理健康教育中心给新生发放了《心理中心宣传册》和精美书签，及时将心理中心的概况及联系方式通过图文并茂的形式告知新生，为新生提供心理健康服务。通过一系列新生入学教育活动使新生们不仅直观地感受到了学校以“鱼化龙”精神为核心的校园文化内涵，也为今后学习生活打下坚实基础。

学院党委以“绿色校园，从我做起”为主题，由党员带头发动学生走出教学楼，走向楼前广场绿地，自己动手美化校园环境，在课余时间对校园死角的垃圾进行捡拾和打扫。绿色校园行动成为学校推进学生德育工作的重要举措，有效促进学生养成自我教育、自我管理的品行意识，将热爱校园融入日常生活中，用实际行动营造优美舒适的校园环境，倡导文明健康的学习生活。

学校自推行书院制后，形成书院规划统筹、辅导员指导、学生骨干示范、学生参与的自我教育管理体系。书院以学生公寓为平台，突出学生的“自我教育、自我管理、自我服务、自我监督”的原则实行公寓自治，成立学生自主管理委员会，并制定了工作章程。书院以学生自治委员会和导师工作站成立为契机，积极探索，分工明确，发挥优势，有序推进。

书院以“公寓主题活动”为载体，不断巩固学生公寓的德育育人功能。为吸引学生参与，学院在学生公寓营造健康向上的氛围，发挥公寓强大的育人功能。书院建立了公寓自治信息反馈渠道，使信息流畅真实，及时地将学生的想法、建议及面临的困难递交书院，大大方便书院及时了解和帮助学生解决问题。书院积极开展“公寓文化建设”系列活动。实行宿舍管理效果评比的值周舍长制。加强学生在宿舍的主人翁意识，加深宿舍责任感，又能够使每个成员在集体教育和自我教育、集体管理和自我管理的相互促进作用中获得锻炼。

书院推出“寝室评比大赛”。以美化生活环境、提升审美素养为目的，开展寝室美化活动；以鼓励大学生积极锻炼身体、促进健康发展为目的，开展各类文体活动，进而强化学生的主人翁意识、鼓励换位思考。通过公寓主题活动的开展，书院公寓自治组织建设的育人功能逐步凸显，学生的自觉性、主动性、能动性得到提升，增强了学生的凝聚力和向心力，真正实现学生的自我教育、自我管理。

养树养根，养人养心。在学校德育实践中，为了不断加强对学生的教育引导，提高学生思想道德素质和文明习惯养成，在探索实践和全面推进德育工作的道路上，学校通过构建大学生德育体系，从研究学生身心特点出发，细化德育内容，丰富德育方法，实现了学生良好行为习惯的养成、优秀思想品质的塑造和生命质量的提升，积累了德育的有益经验，探索了一种新时代民办高校德育新模式。

第四章

营造“鱼化龙”文化氛围：创设学生主动发展的德育空间

坚定文化自信，推动社会主义文化繁荣兴盛，是党的十九大明确提出的奋斗目标。西安外事学院坚持以社会主义核心价值观为引领，坚定以生为本、立德树人的办学方向，从培育特色鲜明、务实管用的“鱼化龙”特色校园文化入手，自始至终把铸造优秀校园文化品牌、弘扬校园文化精神作为立德树人的战略举措，立体化融入教书育人全过程，为学生的德育发展创设主动发展的空间。

第一节　营造育人环境：打造“化鱼成龙”的文化氛围

校园文化的作用在于德育渗透，实现和风细雨、润物无声的育人效果。健康、积极的校园文化是实现德育教育的重要途径，生活在校园的每个人在价值取向、思想观念、行为方式等方面都受到校园文化的感染。健康有益、生动活泼的校园文化活动为德育工作提供了平台，是教育师生的有效方法，成为学校德育的重要渠道。大学校园文化由物质文化、制度文化、行为文化、精神文化四个部分组成，从而构成一个较为完整的系统，这四个组成部分不是彼此孤立的，它们相互促进、相互渗透，缺一不可。物质文化是大学校园文化系统的基础，是建设精神文化、行为文化、制度文化的重要载体；制度文化是大学校园文化系统的关键，因为大学校园文化系统的有序运行，需要通过合理的制度安排，才能保证物质文化、制度文化、精神文化协调发展；行为文化是大学校园文化系统的重要支撑，是学校精神文化、制度文化的动态表征；精神文化是大学校园文化系统的主导，它开辟着校园文化的理论先导，领航着校园物质文化、制度文化、行为文化的建设方向。西安外事学院为适应新形势下立德树人的要求，切实扭转高校在德育中普遍存在的“讲与学脱节、学与用分离，学生不愿学、学了不能用”的突出问题，将所在地“化鱼成龙”传说和中华民族“望子成龙”的美好愿望深度融入办学实践，挖潜归纳、倡导弘扬，凝练成以“鱼化龙”为核心理念的校园文化建设体系，为学校可持续发展奠定深厚文化基因、提供精神动力。

一、“化鱼成龙”的物质文化

大学校园的物质文化包括校园内的各种教学科研设备、各种建筑设施、图书资料、校园绿化等，是大学校园文化最外在的表现和标志，也映照着整个校园历史文化的积淀。大学校园建筑物包括教学楼的整体设计，楼体主色调、楼道内壁画都无不反映着一所大学的办学理念和价值追求。

学校为真正把优秀传统文化精神变为有形可感的行为文化，以学校“鱼化龙”中心文化广场为主体，打造形成了由120多处景点组成的文化设施群，命名了“鱼化龙”亭、台、楼、堂、廊、桥、路、塔、湖等文化景观，构筑了雕塑景观、山水景观与建筑景观有机统一的校园特色文化风貌体系。“鱼化龙”雕塑校园高耸，“鱼化龙”塔巍峨矗立，“鱼化龙”中心文化广场开阔壮观，“鱼化龙”吉祥物喜庆可爱，使全校师生时时处处都置身于“鱼化龙”特色校园文化的情景氛围之中，在耳濡目染的环境熏陶下，培养出了师生的“鱼化龙”情感，增强了师生的“鱼化龙”意识，打造了学校的“鱼化龙”精神，发挥了环境塑造人、提升人的作用。

1. 以系列化的校园环境文化元素，承载、象征、诠释“鱼化龙”的精神内涵，营造真善美的精神文化氛围。在长期办学过程中，学校通过各种生动活泼的传媒形式，向全体师生和社会各界介绍“鱼化寨”传说，宣传“鱼化龙”精神，讲解“鱼化龙”的文化内涵和人格理想。学校的校歌是《鱼化龙之歌》；学校的校旗是红蓝背景上的“鱼化龙”图案，蕴含“鱼化龙”的传统文化精神、人生奋斗精神、主体人格精神和自由创造精神；学校的校徽是半鱼半龙、欲化未化、跃跃欲飞的年轻的龙，寓意外事学子自强不息、志存高远。标志性校园雕塑是三尾鱼化作三条巨龙昂首冲天，象征外事学子一飞冲天。“鱼化龙”的文化元素遍布校园的空间环境和人文景观之中，“鱼化龙”精神密集渗透，人文意蕴饱满深厚。

2. 以学术苑和中心文化广场为主体的文化设施群，构成校园艺术体育活动的展示空间和直接载体，成为校园文化建设的有力支撑。通过多年来的投资建设，西安外事学院形成了一大批设计标准高、使用功能齐备的文化设施群，构成了校园艺术体育活动的展示空间和直接载体，成为校园文化建设有力的物质载体。

3. 以雕塑景观、山水景观和建筑景观的巧妙布局，构成和谐高雅的校园风貌体系，充分发挥校园文化陶冶情操的美育功能。学校建成的高达15.8米的“鱼化龙”巨型雕塑，是学校标志性的主题文化景观，也是“鱼化龙”精神最重要的物质形态。以“鱼化龙”雕塑为中心，形成了遍布全校的雕塑、雕像、雕刻艺术群像。南区校园中心文化广场以“鱼化龙”雕塑为主体景观，以中国的老子、孔子、蔡元培和西方的柏拉图、亚里士多德、洪堡等六位思想家、教育家雕像为历史纵深，以外国语学院教学楼、学术苑、图书馆和山水景观为背景，构成了一个历史文脉和生态特色鲜明的大气磅礴的环境空间。学校的山水景观体现了东方园林艺术的独特神韵，林木葱茏的山峰与70亩波光潋滟的人工湖面相得益彰，集自然之神秀，以山之高远和水之博大，蕴含了“仁者乐山，智者乐水”的传统人文精神。独特的山水文化与美丽的“鱼化寨”传说相映成趣，自然山水与人文历史得以完美融合。学校的建筑景观体现出鲜明的中西合璧的美学特征，东方式的桥、亭、廊、台、楼、塔、堤等建筑景观与西洋式的现代化教学建筑群错落布局，遥相呼应，和而不同，多而有序。“潜龙桥”“步云廊”“晓风堤”“怀远亭”等休闲设施的文化命名，呈现出浓郁的古典美学色彩和人文关怀精神。校园各种建筑景观在使用功能、审美功能和教育功能上达到了完美融合、和谐统一。

二、“化鱼成龙”的制度文化

大学校园制度文化包括学校管理制度、教学管理制度、科研管理制度、教师管理制度、财务人事管理制度和学生管理制度、社团活动制度、后勤保障制度等，它是制度层面的校园文化。一所大学如果仅有优美的环境，没有体现学校管理理念、人文精神的校园文化制度，是很难想象的。邓小平曾说过，“制度好可以使坏人无法任意横行，制度不好可以使好人无法充分做好事，甚至会走向反面”。因此，良好的校园文化也需要一个良性的校园制度来保障。其中，教学管理制度能够折射一所学校的教风，学生管理制度的好坏能够在学生的日常行为规范上得以体现，社团管理制度是检验一所学校是否充满活力的重要维度，后勤保障制度是体现一所学校是否具有人文关怀的重要体现。

学校的各项规章制度具有规范师生行为的约束力和执行的强制性，同时，经过长期文化渗透、浸润被广大师生内化为自觉的态度、观念和行为准则时，学校的规章制度就可以形成文化传统，对师生的行为习惯和思维方式产生强大的隐性影响力。西安外事学院从民办高校薄弱的办学基础和较短的办学历史出发，把教风和学风建设上升到“质量立校”和“学校发展的生命线”的高度，在制度建设、组织机构建设、人员队伍建设、基础设施建设等方面予以切实加强。教风和学风是校风的核心内容，教风是学风的先导，学风是教风的体现和结果。学校长期致力于以师德师风规范和考勤考核制度为核心的校园制度文化建设。

教风是全校教职工在长期教育实践活动中形成的教育教学的特点、作风和风格，是教职员工道德品质、文化知识水平、教育理论和业务技能的集中体现。优良的教风是优良学风形成的先导，正所谓“学高为师，身正为范”。学校长期致力于以师德师风规范和考勤考核制度为核心的校园制度文化建设，形成了“爱岗敬业、感恩奉献”的校风，积淀了良好的教学传统和学习传统，以课外文化科技活动为主渠道，以课外社团活动和文体活动为主平台，多元发挥了校园文化对大学生综合素质养成的功能。以优良教风的形成为先导，带动优良学风的形成。多年来学校坚持以制度化的形式，利用课余和暑假期间，对广大教师普遍进行职业道德教育和爱校爱岗教育，培养、激发教职员工特别是青年教师热爱党的教育事业、热爱民办教育事业、热爱民办学校学生的忠诚信念和真挚感情，让每一位教师不仅成为科学文化知识的合格传授者，更成为中国特色社会主义理论的自觉践行者，成为健康完美人格和高尚品德修养的真实示范者，成为“鱼化龙”校园精神文化的积极传播者。学校为全校教职工开展以“阳明心学”和“张载关学”为主的中华优秀传统文化的培训，为学生开设“阳明心学”和“张载关学”公开选修课，以培育师生立志、勤学、改过、择善，教育引导师生知行合一，追求致良知的光明之心，成就为万世开太平的伟大人格。引导全校师生身体力行“明道、修身、利他、共荣”，“人”的教育是学校教育的灵魂与职责，我校把“立德树人”作为根本，树人先树己，师生要争做一个顶天立地、无愧我心的“人”。学校成立了“人学研究中心”及“人学研究所”，更加深入地研究“人”，探索解决目前教育中“育”“教”分离、重教轻育、重技轻德等问题，厘清德育、专业教育、技能教育、通识教育、博雅教育等概念的关系。学校将“阳明心学”和古琴作为学习的“武器”，以“致良知”“知行合一”，争做“实事”“做好人”。倡导外事人要身体力行“明道、修身、利他、共荣”，悟出“天理”，活出大写的“人”字。首先要求全体教职工以身示范，从小事做起，维护身边的环境与秩序，全面促进校风、教风、学风的建设。

学校从政策导向、制度保障、纪律约束等多种层面，不断强化广大专兼职教师严谨治学、从严治教、精益求精、无私奉献的职业道德和职业素质。2006年以来，不断推出向模范教师学习的活动，先后涌现出孟二冬、李培元等先进典型。学校还特别重视充分发挥退休老教授和公办高校优秀兼职教师的表率作用与“传、帮、带”作用，以老一辈教育工作者严谨的治学态度、高尚的精神风貌，带动青年教师思想素质和业务素质全面得到提高。学校通过制度化的“优秀教师”评选、“优秀教育工作者”评选、“青年教师讲课教学竞赛”和校庆、教师节教学评奖等活动，隆重宣传优秀教师教书育人的先进事迹，大力营造尊师重教、育人光荣的良好氛围。经过多年来的努力，以“园丁风范”“蜡烛品格”“火炬精神”为特征的师德师风成为共同追求。广大教师坚守严谨治学、从严执教、教书育人的职业准则，勤恳敬业、默默奉献，在日常学习生活的耳濡目染之际、点点滴滴之间、一言一行之中，以正确的世界观、人生观、价值观教育学生，以先进的科学人文精神培育学生，以健康完美的人格作风和情感力量感染、激励学生。学校针对民办高校学生高考成绩不理想，入学基础薄弱，学习动力缺乏，自信心不足，自我控制、自我约束、自我规范能力较弱等特殊性，在充分发挥“鱼化龙”精神价值导向和优良师德师风影响作用的基础上，把柔性教育与刚性管理相结合，建立了面向全体学生的思想政治教育、文明规范、考勤考试、奖优评优、助学助困、实践技能培训和课外科技文化活动等制度文化体系。学校通过一系列严密细致的制度化管理，培养大学生养成自律、自信、自觉、自强的思想意识和心理品质，重点帮助大学生克服在学习过程中的各种困难，掌握科学的学习方法，养成良好的学习习惯，提高学习效率，提升学习成绩。同时，通过电视广播、校报校刊、校园网站、校园橱窗等宣传形式，在全校范围内形成了以热爱学习为荣、以追求上进为荣、以个性张扬为荣、以全面发展为荣的舆论氛围、道德氛围和纪律氛围。在优良学风和氛围的引导、规范、熏陶下，大学生的学习自觉性、学习意志力和学习方法不断得到加强与提高。

西安外事学院坚持以富有特色的校园文化，教育、规范和激励全体师生，建立了以良好教风和学风为主体的教与学的行为规范体系。把教风和学风建设上升到“质量立校”和“学校发展的生命线”的高度，在制度建设、组织机构建设、人员队伍建设、基础设施建设等方面予以切实加强。

三、“化鱼成龙”的行为文化

大学校园行为文化包括师生的言谈举止、行为活动、生活模式、文化社团活动等。校园行为文化主要通过师生的活动形态及学校开展的各种活动来展示，它是学校日常生活中最直接、最常见的感受和表达。

（一）寝室文化

寝室文化建设紧紧围绕学校的育人目标，以环境文化建设为基础，以制度文化建设为中介，以精神文化建设为重点，以创建优良舍风为目标，努力建设高雅的宿舍文化。学校通过定期开展大学生公寓文化节活动，大大提升了宿舍文明，形成了符合大学生特点的宿舍文化，起到了潜移默化的育人作用。

（二）社会实践活动

社会实践活动承载和体现着校园文化，也传承和发展着校园文化。丰富多彩的实践活动犹如大大小小的朵朵浪花汇聚成校园文化永不干涸的奔腾河流。参与这些活动的师生将理想信念和聪明才智注入这些活动之中，同时也在这些活动之中得到锻炼、熏陶和教育。这些活动有些是随机的、过后即逝的，有些则是长期保留、长期建设的。例如开学典礼、毕业典礼、校庆日以及已经形成传统、成为品牌的“鱼化龙”学术节、文化节、体育节、艺术节等系列校园节庆，通过精心设计，认真组织，长期营造，形成特色，使之成为吸引力和感染力极强的教育活动。

多年来学校坚持以课外文化科技活动为主渠道，锻炼和提高学生灵活运用课堂知识和书本理论知识的能力，激发广大学生锐意创新、迎接挑战的创新潜能，培育广大学生的创新能力和素质。“名家系列讲座”活动是西安外事学院开阔学生视野、培养学生综合素质的重要形式。学校常年邀请国内外著名专家、学者、作家、记者、主持人、企业家举办讲座，内容涉及改革热点、国际形势分析、优秀民族传统文化、中外艺术专题、最新科技成果、企业资讯等，营造了良好的学术文化氛围，激发和活跃了大学生的创新意识与创新思维。

（三）大学生社团

大学生社团作为一种组织形式，具有自愿参加和活动方式灵活多样的特点，具有较强的影响力和广泛的群众基础。社团，为大学生发展个人爱好和培养创新素质提供了多种场所和机会，培养大学生的主动学习能力、自立自理能力以及民主和协作意识，还可以沟通大学生与社会的联系，有利于培养学生创新素质。社团活动，既是大学校园文化建设的主要内容、大学德育工作的一个特殊领域，也是培养学生创新素质的重要措施。

学校以课外社团活动和文体活动为主平台，多元发挥校园文化培育学生人文艺术素质的功能。设立学生艺术活动中心，组建了学生合唱团、舞蹈团、话剧团、记者团、文学社、旅行社、电脑社、英语社、吉他社、车迷协会等 70 多个社团组织。这些社团通过定期或不定期活动，聘请专业教师授课、辅导，参加校内外各种文艺汇演、艺术比赛以及社会文化艺术展示活动。“西外之春”大学生文化艺术节是西安外事学院影响广泛、深入人心的校园文化盛会，内容包括声乐大赛、书画摄影大赛、舞蹈大赛、礼仪大赛、器乐大赛、小品大赛、诗歌朗诵大赛、主持人大赛等等。此外，还有“红五月”文艺会演、国庆节前后开展的“祖国颂”系列活动、纪念“一二·九”运动主题晚会、大学生辩论赛、主题演讲比赛、文学艺术鉴赏讲座等人文艺术活动，还有新生入校军事素质训练、校运动会、健美操大赛、“腾飞杯”篮球赛、“西外杯”足球赛等体育活动，构成了多层次、多形式、高格调、高品位的文化、艺术、体育活动体系。由于长期受到高雅文化氛围的熏陶和滋养，我校学生多才多艺、全面发展，显示了良好的人文艺术素质，多次在国家级、省级艺术比赛中连续取得优异成绩，受到社会好评。

（四）“化鱼成龙”的校园传媒

一直以来，学校坚持正确的舆论和传播导向，优化传播内容，规范传播方式，发挥传播媒体的积极作用。在信息科学技术迅速发展的当今时代，除了要加强对各种传统媒体的建设和管理以外，特别要重视和加强对校园网等新型媒体的建设，主动占领网络思想政治教育新阵地，使网络成为弘扬主旋律、开展思想政治教育、帮助大学生积极向上健康成长的新手段。不断总结经验，加强探索，针对网络特点，建设好融思想性、知识性、趣味性、服务性于一体的主体教育网站和网页以及校园官方微信公众平台，建立网上思想政治工作队伍和网络思想政治教育工作体系，积极主动地开展生动活泼的网络思想政治教育活动，形成网上网下思想政治教育的合力。

（五）日常行为

践行落细落小落实，提高自我管理能力。学校以繁荣发展“鱼化龙”特色校园文化为切入点，将行为养成和“修身”作为德育工作的重要抓手，制定了《为生律己歌》，在学生公寓全覆盖设立书院，设立“正蒙导师”制度，建立“学院+书院”学生教育管理模式，专业课教师下书院，思政课教师进书院，辅导员住书院，“正蒙导师”下书院，将德育教育延伸到书院，课上学院、课下书院，使教书、管理、育人融为一体，实现第一课堂与第二课堂、教学与管理、教书与育人“三结合”，既从根本上解决了教学与管理

“两张皮”的难题，又锻炼提高了学生自我管理、自我教育、自我服务、自我监督的水平和能力，构建全过程、全员育人工作机制，全面落实立德树人根本任务。

四、“化鱼成龙”的精神文化

校园精神文化是校园文化建设的灵魂，体现着校园文化的方向和实质，彰显着师生员工高远的教育理想和独特的人生追求。“大学如果失去精神，就是一所普通的教育机构，大学如果没有文化，那也将是一所平庸的学校，就无法在历史的长河中留下自己的位置。”西安外事学院的校园精神文化建设以富有个性特色的“鱼化龙”精神教育为载体，以“做人教育”为核心，以生动活泼、喜闻乐见的教育形式，培养学生树立正确的世界观、人生观和价值观；通过优秀的精神文化指引教风学风建设和环境文化建设，在教风学风建设和校园环境文化建设中密切渗透精神文化的价值导向功能。

大学校园精神文化包括校训、校徽、校歌、校风、学风、校史等，精神文化是大学校园文化的主导和灵魂。它是校园文化在经历长期的发展过程中积淀、整合而提炼出来的价值理念。

“鱼化龙”精神的渊源出自西安外事学院所在地“鱼化寨”的民间传说。1997 年西安外事学院迁址鱼化寨，学校的创办人黄藤以“处鱼化龙之地，寄鱼化龙之望，为鱼化龙之事”之理念，立足于培养学生高尚的道德品质和健康完美的人格精神，通过对民间地域文化和龙文化的推陈出新、古为今用，承传统之精华，集人文之灵杰，把“鱼化寨”民间传说中蕴含的文化理想与民办高校的办学宗旨融会贯通，创造性地提炼升华为“鱼化龙”精神。

“鱼化龙”精神赋予了地域性的“鱼化龙”民间传说以丰富的现代教育内涵和民办高校培养人才的特殊寓意，并成为西安外事学院价值观念体系的核心。“鱼化龙”精神具有丰富深刻的人文内涵，既是中华民族“望子成龙”、崇尚知识的传统文化精神，也是渴望成才、志存高远、不甘人后、奋发拼搏的主体人格精神；既是从无到有、从小变大、由弱变强、坚忍不拔的人生奋斗精神，也是由单一到多元、不拘一格、兼容并包、博采众长、为我所用的自由创造精神。概括而言，“鱼化龙”精神就是不拘一格、博采众长、坚忍不拔、志存高远的人文精神、人格精神、人生精神和创造精神。

“鱼化龙”精神的提炼和“多元集纳、自强创新”理念的确立，为校园文化建设确立了独特的价值坐标精神内核。“多元集纳、自强创新”是在“鱼化龙”精神的感性基础上抽象形成的思想理念，是对“鱼化龙”精神的理论概括和思想升华，既是指导西安外事学院建设发展的办学理念，也是规范、引导全校师生人生追求、精神气质和行为方式的校训，更是对校园文化精神的理性概括。2013 年，学院通过本科教学工作评估，这使“鱼化龙精神”进一步得到提炼，形成了独具特色、内容丰富的大学文化。

学校的精神风貌可以集中从精神文化中反映出来。校训是推动一所学校快速、健康发展的动力。“多元集纳、自强创新”校训的凝练形成，是对“鱼化龙”精神的理论概括和思想升华，契合了现代高等教育的发展规律，是当代民办高等教育思想的创造性结晶。校徽的标志创意理念以“鱼化龙”传说为设计元素，立意追求“鱼化龙”的文化精神，图形采用鱼龙变化的过程为视觉形象，阐释了学校“多元集纳、自强创新”的精神追求。“多元集纳、自强创新”是在“鱼化龙”精神的感性基础上抽象形成的思想理念，是对“鱼化龙”精神的理论概括和思想升华，既是指导学校建设发展的办学理念，也是规范、引导全校师生人生追求、精神气质和行为方式的校训。校风能展现一所学校的精神风貌，优良的校风是培养“四有”公民的重要条件，也是社会主义精神文明发展的需要。学风是一所大学的学习氛围，也体现学生的学习态度、学习习惯。学校经过坚持不懈的校园文化建设，已经形成了“严谨、务实、奋发、拼搏”的校风和“发展个性、注重养成”的优良学风。

随着校园文化建设的不断深入，爱党、爱国、爱校意识渗透了外事学子的心灵，校园里持续呈现出积极要求入党、踊跃参加学生社团、关心国家时政、参加志愿者活动、参加职业资格考试、参加社会实践等良好的校园风气，追求上进、弘扬正气、乐于奉献成为校园的主流价值观，追求真善美、热心社会公益事业在全校蔚然成风，优秀典型在各届学生中不断涌现。

五、“化鱼成龙”的社团活动

社团活动是校园文化的重要载体，是育人的场所，是学生的舞台。学校通过开展社团活动让学生来体验、感悟、接受、启迪德育生活，促使学生身心得到健康成长，致力于新时代德育模式的创新探索使学校形成全方位、多角度、多层次的德育特色。

学校长期设立学生艺术活动中心，组建了大学生艺术团、舞蹈协会等70余个社团组织。这些社团开展各种活动，参加校内外各种文艺汇演、艺术比赛以及社会文化艺术公演活动。

“鱼化龙”大学生文化艺术节是西安外事学院影响广泛、深入人心的校园文化盛会，至今已成功举办19届，内容包括声乐大赛、书画摄影大赛、舞蹈大赛、礼仪大赛、校园“风采之星”大赛、器乐大赛、小品大赛、诗歌朗诵大赛、主持人大赛、大学生辩论赛等。社团文化节已开展16届。

此外已连续举办6届的“鱼化龙”大学生公寓文化节，对优良学风的形成起到了积极的促进作用，受到了广大师生的一致好评。持续开展的“高雅艺术进校园活动”，产生了轰动性效应和持久的艺术感染力，陶冶了学生的情操。70余个学生社团，涉及学术科技、社会实践、文学艺术、体育竞技等四大类，参与学生达7000余人，基本满足了大学生的多样化需求。

还有高雅艺术进校园，美国哈町大学合唱团、“陈铎摄影展”等艺术团体和艺术家先后走进学校，极大地丰富了同学们的课余文化生活，培养和提升了艺术鉴赏能力。大学生艺术团排练了话剧《地火》《骆驼祥子》等多台较高水平的节目，还有新生入校军事素质训练、校运动会、健美操大赛、

"腾飞杯"篮球赛、"西外杯"足球赛等体育活动，构成了多层次、多形式、高格调、高品位的文化、艺术、体育活动体系。

第二节　打造校园文化精品：探索艺术育人新方式

西安外事学院在长期办学过程中，深刻认识到文化竞争力是大学的核心竞争力；只有大学文化自身具有了传承积淀、革故鼎新和生生不息的活力，才能永葆大学的生命力。为此，多年来学校将校园文化建设融入办学全过程，明确把铸造校园文化精神、建设优秀校园文化品牌，作为提高人才培养质量、推进学校建设与发展的战略举措，持之以恒、常抓不懈，在构建特色校园文化，打造校园文化品牌，全面践行文化育人方面，取得了一定成效。

一、构建特色校园文化，全面践行文化育人

西安外事学院的校园文化建设"承传统之精华，汇人文之灵杰，集自然之神秀"，以"精神高远、风气高尚、环境高雅"的"三高"为鲜明特色，以精神文化建设、制度文化建设和环境文化建设三个层面有机统一、和谐共进为原则，以"突出的价值导向、全面的素质养成和持久的情操陶冶"为三大基本功能，以培养高尚人格、形成优良校风、营造高雅环境、提高全面素质、培育创新能力为主要内容，以培养优秀人才、促进学校发展为目标，确立了"多元集纳、自强创新"的办学理念和校训，凝练了"不拘一格、博采众长、坚忍不拔、志存高远"的校园文化精神，形成了"爱岗敬业、感恩奉献"的校风、"以生为本、立德为先"的教风、"发展个性、注重养成"的学风，铸造了"精神高远、风气高尚、环境高雅"的校园文化品牌，充分发挥校园文化在价值导向、素质养成和情操陶冶方面的突出功

效，为显著提高人才培养水平、持久促进学校的建设与发展，提供丰沛的精神支持和文化动力。

为持续推进校园文化建设，培育特色校园文化，近年来，西安外事学院以社会主义核心价值观为引领，打造校园文化精品话剧《白鹿原》，通过艺术教育和思想政治教育相结合，充分发挥戏剧艺术在加强思想政治教育、培养道德情操、提高审美修养方面的特殊功能和潜移默化的育人效果，用文艺的形式开展大学生思想政治教育，弘扬优秀文化，践行核心价值，切实培养社会主义合格建设者和可靠接班人。

二、打造精品话剧《白鹿原》，探索文化育人新模式

（一）弘扬优秀文化，强化育人功能，创编话剧《白鹿原》

《白鹿原》是作家陈忠实的代表作，这部长篇小说共 50 余万字，由陈忠实历时六年创作完成。该小说以陕西关中地区白鹿原上白鹿村为缩影，通过讲述白姓和鹿姓两大家族祖孙三代的恩怨纷争，表现了从清朝末年到 20 世纪 70—80 年代长达半个多世纪的历史变化。

陕籍作家陈忠实先生的巨著《白鹿原》为茅盾文学奖获奖作品，被教育部列入“大学生必读”系列，入选“改革开放 30 年对中国人心灵影响最大的 30 本书”。为了弘扬优秀文化，提高青年学生的审美素养、塑造健全人格和美化心灵，尤其是加强大学生思想政治教育，营造良好社会氛围，学校把创编话剧《白鹿原》确定为校园文化建设重大项目。在剧本创编过程中，一是突出弘扬爱国主义。剧组主创人员以习近平总书记在文艺工作座谈会上的重要讲话精神为指引，反复研学原著和相关文艺评论，并进行专家论证，将社会主义核心价值观深刻内涵融入到剧本之中，对国家、民族、革命历史进了理性思考，对我党奋斗历程和革命经验进行了重现和总结，提亮主题色彩，突出爱国主义。二是大力弘扬中华民族优秀文化和价值理念。在尊

重原著的基础上，对小说《白鹿原》重新解读，全新架构，突出中华民族历经磨难而不屈的精神品格，突出爱国和仁义这一中华民族最核心的价值理念，并以此为主线统领剧情编排和人物塑造。三是突出剧本创编的育人功能。学校师生集体创作剧本，创作人员从吴京安等专家教授到本科生皆有覆盖，查阅文献、书籍 21 部，影视资料 8 部，剧本先后修改及再创作达十余次。师生们在剧本创作中更加深入地了解了原著所呈献的优秀传统文化、民族精神和共产党人的革命情怀。

（二）融合思想政治教育和艺术教育，构建文化育人新模式，排演话剧《白鹿原》

学校精心打造校园文化精品，全力排演话剧《白鹿原》。董事长黄藤担任总策划和总监制，并聘请著名表演艺术家、国家一级演员，我校兼职教授吴京安和学校影视艺术学院院长、获得国际奖项的西部电影集团导演赵思源担任编剧和导演，我校兼职教授李宝安、陆国琪、王战毅等一批国家一级演员均加盟演出，组建了一个高水平的专业主创团队，力求打造一部校园文艺精品，以艺术的魅力吸引人、感染人、教育人。

一是将舞台和讲台融为一体，创新艺术教育模式。在话剧排演中，将课堂教学和舞台演出相互融合，让学生投身高要求的专业实践并通过专业舞台的历练全面提升自己，以舞台实践的教学互动，带动学生的思想、历史、道德、文化、艺术等的全面学习和提高。注重经典作品的艺术魅力展现，进一步深化教学内容；注重精品的建构，紧抓前期排练，把表演专业学生以班为单元编入演出团队，130 余名学生参与演出，担任各类角色；注意现场演出的精微，将平时课堂教学与舞台演练合二为一。“让学生从一开始就在剧场里面，在舞台上摸爬滚打，这是在实践中学习戏剧的方法，是非常好的方法。”目前，学校初步建立起“以演带教、以练促教、演练结合、教练相长”“教、练、演”有机融通的新型艺术教育实践教学模式，为高校艺术教育实践教学探索出一个新方法、新途径、新机制，成为民办大学探索深化艺术教育实践教学改革的一个优秀成果。中央广播电视总台等媒体均在第一时间给予了专题报道，盛赞该剧为“艺术人才培养模式的大胆创新”。

二是将思想政治教育和艺术教育相融合，践行核心价值，探索大学生思想政治教育新途径。在话剧《白鹿原》的排演中，通过话剧这一特定的艺术表现形式呈献传统文化的核心价值理念，使核心价值观不再抽象，让学生在艺术创作的同时，感知人性的善恶，净化心灵、内化德行，重塑自我人格，达到以文化人的目的；同时让学生感受艺术魅力、接受艺术熏陶，提升批判性思维，强化对革命历史的理性思考和对革命经验的辩证吸收，加强思想政治教育。学生郭娇娇在剧中只饰演了一个小角色，甚至没有台词，但她却感触颇深：“当你站在舞台上，角色一点一点渗透你的时候，你就发现其实不那么简单，这是在课堂上得不到的感受。”参演的130名学生演员感触各有不同，但都认为这种将思想与艺术教育相融合的方式让他们学到很多东西，对话剧中所体现的优秀传统文化和革命历史理解得更加深刻、全面。

（三）发挥大学文化的传承创新功能，传播正能量，巡演话剧《白鹿原》

在全国各地巡演话剧《白鹿原》，让高雅艺术走出校园，传播正能量，为践行社会主义核心价值观、推动文化发展贡献力量。2016年1月6—7日，话剧《白鹿原》在西安初演，北京、陕西文化界专家学者和全校2000余名师生观看了演出，陕西省文化厅专门举办了话剧《白鹿原》专家研讨会；5月4—8日，在西安人民剧院演出，观众为陕西文化界、教育界人士和社会观众；5月12—14日，在北京保利剧院演出，主体观众为北京文化界人士和社会观众；6月9—10日，在北京大学百年讲堂演出，主体观众为北大师生和北京教育界人士；6月15—16日，在天津大礼堂演出，主体观众为天津文化界、教育界人士和社会观众；6月25—28日，在太原山西大剧院演出，主体观众为山西文化界、教育界人士和社会观众；9月16—17日，在南京紫金大戏院演出，主体观众为江苏文化界、教育界人士和社会观众；9 月 23—24 日，在第四军医大学演出，主体观众为陕西高校师生；11 月 18—25 日在四川泸州、内江演出，主体观众为四川文化界、教育界人士和社会观众。目前，话剧《白鹿原》已先后在全国 12 个省市演出 26 场次，观众总计 5 万余人次。目前，话剧《白鹿原》已入围陕西省重大文化精品项目。

三、话剧《白鹿原》展演后获得热烈社会反响，凸显文化育人功效，彰显文化在弘扬核心价值中的引领效应

话剧《白鹿原》在全国展演后，获得广泛好评。多位国家领导人，教育部、文化部等部委负责同志及文艺界的专家、学者出席观看演出，一致认为该剧艺术处理精当，符合社会主义核心价值观，是一部成功的话剧。陕西省委书记娄勤俭同志观看演出以后，给予了充分肯定，当即指示有关部门给予支持，将《白鹿原》全力打造成为陕西省乃至全国的精品剧目。陕西省宣传部陈彦副部长观看演出后评论道："这是一部改编自小说《白鹿原》的成功之作！写出了生命与土地的关系，画卷波澜起伏，内蕴博大沉雄。改编名著很难，但该剧剪裁得当巧妙，人性表达深刻且得体。导演处理适度。音乐用得恰如其分。尤其是演员表演，群像自然，质朴，准确。"著名文学评论家李星先生评论道："话剧《白鹿原》不仅是一次成功的改编演出，更是主创人员及西外莘莘学子向陈忠实及原作的一次庄严的致敬。"陕西省政协常委、医药卫生体育委员会副主任黄建军同志观看演出后，动情地说："我是热泪盈眶看完的，这样深刻、这样观众和演员共鸣的演出效果是我近二十年未曾见到的！"西安外事学院学生宋强观看话剧后说：我和我的一些同学都是第一次看话剧，没想到对我们产生这么强烈的震撼。以前我们都肤浅地认为，话剧就像我们小时候农村的戏，对现在的年轻人应该没有什么吸引力的，现在吸引我们的都是美国大片，是游戏；但是真没想到，《白鹿原》能够给我们这么大的震撼力，话剧结束散场时，大家都不走，就站在里面不停

地鼓掌。像这样好的艺术，应该走进校园，让更多的大学生能够了解欣赏我们的历史文化。西安第四军医大学的郭军老师说：“看完话剧《白鹿原》，非常震撼，这部剧里面我们看到的不仅是一个时代的变迁，也看到了中国文学以及中国最原生态的东西的一种呈现，值得我们现在很多人深思，比我们看的那些综艺节目、明星演出好多了，这才是我们的经典文化。现在的大学生正需要这样的经典剧作去教育他们、感染他们、影响他们。”话剧《白鹿原》展演后，中央广播电视总台、陕西电视台、天津电视台、广东电视台等 13 家电视媒体联动报道，人民网、《中国文化报》、《陕西日报》、《华商报》等媒体刊发了深度报道，产生了强大的社会影响力。

四、充分发挥话剧《白鹿原》辐射示范和带动作用，开展系列校园文化创建活动，打造校园文化品牌，构建校园文化建设的长效机制

（一）话剧《白鹿原》成为校园文化品牌，具有典型的示范带动作用

一是在话剧《白鹿原》展演活动的辐射带动下，丰富了大学生思想政治宣传教育的平台和渠道。在话剧排演的三年多来，学校推出系列报道、建立专题网站、布置定期展览等方式，对《白鹿原》涉及的历史时期发生在陕西的革命历史事件和优秀共产党员进行集中宣传，特别对以“开展‘两学一做’，弘扬‘延安精神’”为主题的学习教育活动进行深入宣传，引导同学们回顾老一辈革命家的革命事迹，广大同学得到心灵的震撼和洗礼。演出前后，微博、微信、网站、广播、校报等校园媒体都推出专题报道，宣传话剧、解读原著，推荐文化经典，师生积极互动，校内掀起了文化经典学习热潮，学校图书馆中包括《白鹿原》在内的茅盾文学奖获奖作品、传统文化经典著作的借阅量大幅增加，学生对传统文化关注度明显提高。这些都成

为培育社会主义核心价值观的文化土壤。

二是充分发挥话剧《白鹿原》的品牌效应，促进区域经济发展。围绕话剧《白鹿原》，结合陕西民俗旅游，陕西省蓝田县开发了《白鹿原》民俗文化村。文化村通过展演话剧《白鹿原》、传统技艺表演、仿古建筑、美食特产等形式完美呈现原汁原味的关中文化，已经成为一处集民俗文化体验、生态农业观光、农事活动体验及乡村精品休闲度假为一体的文化旅游景区。

（二）话剧《白鹿原》辐射带动了系列校园文化活动的创建，强化了校园文化育人功能

一是带动以课外社团活动和文体活动为主平台，培育学生人文艺术素质的功能。在话剧《白鹿原》展演活动的带动下，学校组建了大学生艺术团、舞蹈协会等 100 余个社团组织，涉及学术科技、社会实践、文学艺术、体育竞技四大类，参与学生达 1 万余人。这些社团开展各种活动，参加校内外各种文艺汇演、艺术比赛以及社会文化艺术普及活动。“西外之春”大学生文化艺术节是西安外事学院影响广泛、深入人心的校园文化盛会，至今已成功举办 19 届，社团文化节举办了 16 届，公寓文化节举办了 6 届，内容包括声乐大赛、书画摄影大赛、舞蹈大赛、礼仪大赛、器乐大赛、小品大赛、诗歌朗诵大赛、主持人大赛、微电影大赛等。此外，还有“红五月”文艺会演、国庆节前后开展的“祖国颂”系列活动、纪念“一二・九”运动主题晚会、大学生辩论赛、主题演讲比赛、文学艺术鉴赏讲座等人文艺术活动。2014 年以来，在陕西省“校园之春”大学生文化艺术节上共获得 26 个奖项。2015 年，学校还承办了首届“中国—中东欧国家舞蹈夏令营”会演，举办第二届中国陕西“丝绸之路”国际文化艺术节，通过舞台艺术、美术展览、文化论坛、惠民巡演、专题板块、国际文化沙龙等活动，把国外的学术思想和优秀传统文化传到校园，增进学子对国外学术文化的了解。学校大学生艺术团的古乐、雅乐团积极参与由文化部主办的海外“欢乐春节”活动，并得到中国文化部、省文化厅的高度肯定，代表陕西远赴澳大利亚、日本、德

国、奥地利、匈牙利、斯洛伐克等国家开展艺术文化展演，戏曲、歌舞、民乐等特色节目受到当地民众及华人华侨的热烈欢迎。央视国际频道、澳大利亚国家电视台、SBS、NHK 等多家中外媒体专访报道，展现了中华民族的艺术风采，显示了三秦大地厚重的文化底蕴，也促进我校与国外文化的交流。学校被陕西省文化厅授予“大学生艺术实践育人基地”。

二是带动以课外文化科技活动为主渠道，培育学生创新能力的功能。在话剧《白鹿原》展演活动的带动下，课外文化科技活动开展得多姿多彩。举办以文学鉴赏、艺术欣赏为内容的人文教育讲座。学校七方教育研究所编辑出版了《七方人文教育丛书》4 部；学校电视台拍摄了电视专题艺术片《校园文化大观》。多种形式的人文艺术教育，为大学生人文素质的养成和提高营造了浓郁的氛围，提供了良好的条件。开展了大学生课外科技学术作品竞赛活动，已成为课堂知识教学的重要补充，成为培养和发现全校优秀科技人才和优秀作品的重要平台。学校举办创新创业计划大赛，仅 2018 年就组建 416 支参赛团队，直接参与学生上千人次。学校从 2013 年至 2018 年连续举办了 6 届大学生创业节。现在，创业节已经成为陕西省重要的“双创”活动。学校成为陕西省“高校实践育人创新创业基地”“陕西省首批创新创业教育改革示范高校”“大学生创业孵化基地”，被教育部评为“全国高校创新创业 50 强”，获全国“创新创业教育示范学校”“全国深化创新创业教育改革特色典型经验高校”等荣誉称号。

因此，在话剧《白鹿原》展演活动的带动下，以课外文化科技活动为主渠道，锻炼和提高了学生灵活运用课堂知识和书本理论知识的能力，激发了广大学生锐意创新、迎接挑战的创新潜能，培育了广大学生的创新能力和素质。

（三）总结创编话剧《白鹿原》经验，构建校园文化建设的长效机制

一是目标定位明确。推进校园文化建设，打造特色校园文化，不是一朝一夕就能完成的，不能一蹴而就，必须目标定位明确，持之以恒建设。西安

外事学院坚持社会主义办学方向，坚持公益性办学，坚持立德树人，从弘扬优秀传统文化入手，将学生思想政治教育和社会主义核心价值观教育、传统文化教育和艺术教育紧密结合起来，通过丰富多彩、形式多样的校园文化活动，扎实培养社会主义事业的建设者和接班人。

二是领导体制完备。学校成立由党委书记任组长的校园文化建设工作领导小组、思想政治教育工作领导小组、学生工作委员会，加强对校园文化和学生思想政治教育工作的领导。制定校园文化建设“十三五”发展规划和年度工作计划，把校园文化建设和学校发展、内涵建设和硬件建设、重大文化项目和日常校园文化开展相结合，分解任务，落实责任，快速稳步推进校园文化建设。定期召开校园文化建设工作会议，研究校园文化建设工作中的新情况和新问题。

三是工作机制完善。在党委领导下，七方书院指导全校开展德育、博雅教育和校园文化活动，统领各二级学院的书院工作。以书院为平台，将社会主义核心价值观、中国传统文化和校园文化在学生德育中有机结合起来，从学生日常行为抓起，大力开展科技创新、社会实践、志愿服务等系列活动。通过多种层面组织、引导学生开展校园文化活动，为广大学生提供一方“发挥才能，展示自我”的平台，既加强了以党团组织为主导的第二课堂德育教育，培养和提高了学生综合素质、促进了学生成长成才，也潜在地把思想政治教育“落小、落细、落实”，确保了思想政治工作的核心地位。

四是保障措施到位。学校为校园文化建设提供充沛的资源配置、人力支持和政策保障，确保校园文化建设任务顺利实施。如设立 1000 万元的校园文化建设专项资金，打造精品话剧《白鹿原》。在制度保障上，建立健全校园文化建设各项管理规章制度，加强对校园文化活动、校园文化设施和校园网络的管理，使校园文化沿着正确的方向健康发展。

推进校园文化建设，打造特色校园文化，需要在长期实践中培育和形成。今后，学校将在打造精品话剧《白鹿原》的基础上，总结经验，以推动更多富有教育意义的优秀校园文艺作品涌现，进一步丰富、创新校园文化，践行社会主义核心价值观，不断创新大学生思想政治教育的形式与方法，持续强化实践文化育人功效。

第三节 “鱼化龙”特色校园文化建设的成果和可借鉴的经验

一、“化鱼成龙”特色校园文化建设成效初步显现

西安外事学院创新开展的“鱼化龙”特色校园文化建设，是在深入挖掘中华优秀传统文化蕴含的思想观念、人文精神、道德规范基础上，融合社会主义核心价值追求，紧扣学校办学实际，坚守自己的文化根基，培育自己的文化土壤，为立德树人提供了丰沛的精神支撑和强劲的前行动力。

一是依托富有成效的特色校园文化建设的凝聚引领作用，坚定了社会化、公益性办学方向。学校建立和完善了“董事会决策、校长负责、党委监督、教授治学、民主管理、依法治校”的现代民办大学制度；大力加强治理体系建设，建立大部制、大学院制，优化管理规范，推动学校良性发展的内部环境；积极推进学校民主政治建设，落实教代会制度，健全民主决策机制，切实保障了师生员工的民主权利，调动了广大师生参与学校改革发展的积极性、主动性和创造性。

二是通过潜移默化的特色校园文化建设，全面提升了学生综合素质。学生的人生价值取向更为科学，人生态度更加积极向上，社会责任感与使命感普遍增强，追求上进、弘扬正气、乐于奉献成为校园的主流价值观，追求真善美、热心社会公益事业在全校蔚然成风。我校学生思想道德素质显著提升；学生思想政治状况良好，主流积极向上，学校开展的问卷调查表明，“赞同中国必须坚持走中国特色社会主义道路”“必须持续推进社会主义法治国家建设”观点的学生占比高达99%，2013—2018年，全校累计培训入

党积极分子达到27927名，发展党员4547名，学生思想政治素质持续提高；学生专业技能明显提升，2015—2017年，学校学生参加省级及以上各类学科竞赛项目共获奖611项，其中国家级奖项388项、省级奖项223项，毕业生就业率连续三年平均达到92.91%。

三是通过发挥特色校园文化的品牌效应，拓展释放了文化兴校的生机活力。在“鱼化龙”特色校园文化建设牵引下，学校组建起大学生艺术团、舞蹈协会等社团组织100余个，参与学生万余人；圆满承办了第六届全国喜剧美学研讨会，举办了“祖国颂”、声乐、书画摄影等校园各类文化艺术节37届，促进了学生的全面发展。师生共同创作表演的小品《伞》和《味道》等文艺节目，分获省小品大赛二等奖和特别表演奖，学校被省文化厅授予“大学生艺术实践育人基地”，被省教育厅授予“高校实践育人创新创业基地”“大学生创业孵化基地”，被教育部评为“全国高校创新创业50强”。

四是通过常态化特色校园文化建设，构建了大学文化建设可持续发展的长效机制。学校在打造推进以“鱼化龙”精神为轴心的特色校园文化建设中，明确目标定位，有序有效推进，从弘扬优秀传统文化入手，将学生思想政治工作、培育践行社会主义核心价值观和挖掘优秀传统文化深度融合，把以文化人、以文育人作为立德树人的重要举措，着力打造“鱼化龙”特色校园文化，建设优秀校园文化品牌。学校成立了由党委书记任组长的校园文化建设工作领导小组和学生工作委员会，制定了校园文化建设“十三五”发展规划和年度工作计划，确保特色校园文化建设有章可循、有规可依，量化分解、夯实责任。

五是通过特色校园文化建设，培育积极承担社会责任、努力回报社会的奉献精神。学校按照办人民满意大学的要求，把培养合格人才作为第一要务，形成了创新德育、国际合作、创新创业三大特色教育。坚持把感恩奉献、回报社会作为学校义不容辞的责任，累计支付帮困助学资金数千万元，实施全国最大的“温暖工程”，免费招收贫困生1214名。面对重大自然灾害为国分忧、为民解难，累计用于公益事业8000余万元。特别是在教育扶贫攻坚中，帮扶榆林子洲县开发电子商务精准扶贫项目，帮助贫困村高𡍼村建成高标准山地苹果种植示范区，在由“输血”式扶贫向“造血”式扶贫的转变中发挥重要作用。

二、“化鱼成龙”校园文化建设的经验与借鉴

文化是一个国家、一个民族的灵魂。文化兴则国运兴，文化强则民族强。西安外事学院紧扣高校人才培养、科学研究、文化传承、服务社会的功能定位，把传承中国优秀传统文化与培育践行社会主义核心价值观、加强思想道德建设融为一体、互促共进，真正把立德树人根本任务落到了实处。

借鉴一，构建以特色校园文化为核心的德育体系，必须坚持领导重视、率先垂范。思想道德教育是百年树人的长效工程。学校董事长黄藤同志面对艰巨复杂的立德树人任务，智慧地将学校所在地“化鱼成龙”的传说和中华民族“望子成龙”的美好愿望深度融入办学理念，用“处鱼化龙之地、为鱼化龙之事、寄鱼化龙之望”的“鱼化龙”精神激励学生成才，以特色丰富的校园文化引领推动德育建设。

借鉴二，构建以特色校园文化为核心的德育体系，必须坚持党委领导、制度护航。品德行为的养成不是一朝一夕就能完成的，更不可能一蹴而就。为真正使德育教育常态化开展、长效化推进，学校以“鱼化龙”特色校园文化建设为抓手，成立了由党委书记任组长的德育教育工作领导小组，设立思想政治教育研究院，凝心聚力、齐抓共管、狠抓落实。下发了《加强和改进思想政治理论课教学工作的意见》《特色德育体系建设指导意见》《〈品德行为养成〉课程考核工作实施方案》等规定，把大学生德育教育贯穿于教学、科研、管理、服务全方位全过程，用制度规范学生的日常行为，培养学生良好的思想品德。

借鉴三，构建以特色校园文化为核心的德育体系，必须坚持改革创新、

筑牢阵地。创新路径、搭建载体是德育教育可持续推进的动力源泉。为真正使以“鱼化龙”特色校园文化建设为核心的德育教育落地生根、开花结果，学校在全国高校中首创了“学院+书院”的学生教育管理工作新路径，确立了特色德育体系建设核心任务，建立了学生自治组织，推行了德育教育“四保障”模式，实施了“翻转课堂”式教学，开辟了主渠道、夯实了主阵地，增强了学生德育教育的灵活性和有效性，满足了学生成长发展的需求和期待。

借鉴四，构建以特色校园文化为核心的德育体系，必须坚持竞争择优、配强队伍。建优队伍、提高素质是保障德育教育工作有效推进的“压舱之石”。为切实做到德育工作全员共抓、全程共管，学校紧抓“鱼化龙”特色校园文化建设契机，各学院由主管学生工作的副院长兼任党总支书记，配备了专职工作人员，健全了学校—学院—班级—宿舍四级联动抓德育教育工作网络。按照民主、公开、竞争、择优原则，以师生 1∶150 和 1∶2800 的比例，分别配备了一线专职辅导员和心理健康教师，设立专项培训经费，坚持日常培训和专题培训、普遍提高与重点培养相结合，建立评优表彰激励机制，推动辅导员队伍建设，有效提升了德育教育的履职能力和综合素质。

借鉴五，构建以特色校园文化为核心的德育体系，必须坚持培育典型、示范带动。榜样的力量是无穷的，带动的作用是无限的。学校始终把打造以“鱼化龙”特色校园文化为核心的德育体系作为有效之举，树立先进典型，建立正向激励机制，每年评选优秀教师、师德模范、教学名师和优秀学生、优秀共产党员等先进人物，隆重举行表彰大会，举办先进事迹报告会。建立了党建 QQ 群和微信公众平台，设置了“跟党走”“每日党建”“党建要闻”“思政园地”“书院风采”等主题栏目，广为宣传、入脑入心，用身边事教育身边人，用榜样的力量激励人，示范带动了教师精心教书育人、学生积极向上发展。

西安外事学院重视大学文化建设，以具有外事鲜明特质的“鱼化龙”精神为核心，融合社会主义核心价值和优秀传统文化，进一步培育、发展和完善特色校园文化体系，充分发挥校园文化在价值导向、素质养成和情操陶冶方面的突出功效。把“爱岗敬业、感恩奉献”作为外事人的职业规范和人生准则，以文化人、以文育人，为“赶世界水平，创百年名校”提供丰沛的精神源泉和强大的文化动力。

第五章

搭建新平台："书院+学院"的文化型主体德育模式

第一节　书院文化概述

著名史学家侯外庐指出："在历史上，书院是研究和传播儒学的文化教育机构。但它有别于官立学校，多半具有民间色彩，因而也比较容易普及。书院虽肇端于中唐之后，然至宋方盛。宋代书院的兴盛，为理学的出现准备了必要的条件，而理学浸润又反过来促进了书院的发展。"

书院作为我国古代特有的一种教育机构和学术研究场所，不仅对传播中华文明、推进世界文明向前发展作出了重大的贡献，除此之外，对我国教育、藏书、建筑、求学等文化事业的进步，民俗民风的培植，以及思维习惯与伦常观念的养成都起到了巨大的作用。

一、书院的成长轨迹

书院产生于唐代，它最早源出于私人治学的书斋与官府整理典籍的衙门，并不具备讲学功能。而作为一种特殊的教育组织，其制度化的实现是在宋代，这主要得益于宋代朝廷支持书院发展的政策与士人们的不懈努力。元代书院与科举的结合，在推动书院发展的同时，也给其独立运作带来很多弊端。到了明代，书院因与学术的结合再次呈现出繁荣辉煌之势。延续至清朝，书院仍然强劲发展，但在不断吸收西学、新学的过程中，最终改制为现代学堂。

（一）唐代，书院的创制与确立

书院最早出现于唐代民间，这时的书院是一种“以私人创建或主持为主，收藏一定数量图书，聚徒讲学和研讨，高于一般教学的特殊教育组织形式”①。书院起源于唐代有着特定的历史原因与社会背景，“科举制的创建和书籍的大量生产，成为书院起源于中唐时期的两个最直接的动因，聚书授徒以应科举成为早期书院的本质特征”。

民间书院出现不久，就扩大了其服务范围，由单纯的士人读书治学扩至向社会传道授业，最典型的就是福建龙溪县松洲书院，它是本着“移风易俗、教化乡里”的目的创办的。当民间书院发挥着聚众读书、教化乡里等功能之时，中央官府也开始注意到这种新生的文化组织，于唐代中期在长安和东都洛阳推出了作为官府学术文化机构的丽正、集贤书院。

（二）五代十国，书院的变迁

五代十国时期是一个军阀分裂割据、社会动荡不安的时代。但此时的士人们并没有因此而丧失读书热情、放下治国使命，他们或读书林下以修身养性，或结庐山中以聚徒授业，或出仕经世以传道济民，以不同的方式承担着整治社会、教化民众的责任，被士人们所钟情的书院也在艰难地维系发展着。多数政权中枢机构依然设有集贤（书）院，设有学士诸职，以备顾问应对。

---

① 陈薛俊怡：《中国古代书院》，中国商业出版社 2015 年版，第 63 页。

"朕惟三代盛时教化每由于学校，《六经》散后斯文尤托于士儒。故凡闾巷之声，实振国家之治体。前端明殿学士罗韬，积学渊源，莅官清谨，纳海防几之鉴，允协朕心；赏廉革蠹之幾，顾存扆席。寻因养病，遂尔还乡。后学云从，馆起匡山之下；民风日益，俗成东鲁之区。朕既喜闻，可无嘉励。兹敕翰林学士赵凤大书'匡山书院'四字为扁额。俾从游之士乐有赡依，而风教之裨未必无小补焉！"这是中国历史上第一个由皇帝发布的表彰书院的文告，说明自唐代龙溪松洲书院开始的教学活动经过多年的发展，已经在"托斯文、裨风教"方面取得了值得肯定的效果。

（三）两宋时期，书院的发展繁荣

宋代书院批判地继承了传统官学与私学的教育方法与教育制度，在此基础上形成了一种独特的教学组织。以"天下四大书院"为代表的多所书院，在不断强化教育教学功能，完善藏书、祭祀等功能过程中，确立了正式的书院制度，为社会发展和士人培养作出了重要贡献。

第一，北宋时期书院教育功能强化。

宋朝伊始，士人们长期被战争压抑的读书诉求日渐强烈，而此时社会发展也急需大量饱学之士纷纷建院讲学。在民间兴学不断的同时，北宋政府也采取了因势利导的文教政策，大力提倡科举，成倍增加取士名额，并且通过赐田、赐额、赐书、召见山长以及封官嘉奖等措施肯定和支持书院发展，地方政府官员也积极加入书院建设行列。在此发展过程中，书院逐渐与科举相结合，成了政府养士取士之所。① 北宋后期除以讲学功能为主的书院之外，还衍生出墨客游览、骚人放歌、学者著述和大师传道等各具特色的书院，既满足了士人们不同层次的文化需求，又进一步丰富了书院内涵。

第二，南宋时期书院制度正式确立。

两宋之际，受金兵南掠与农民起义的影响，北宋时创建的书院大多因战

① 曹华清、别必高：《中国书院的故事》，山东画报出版社 2011 年版，第 41 页。

争而毁损。[①] 重新整治社会价值体系、强化传道济民使命的历史重任再次成为有识之士的必然选择。以吕祖谦、张栻、陆九渊、朱熹等为代表的一大批理学家以书院作为理学之基地，以理学作为书院之精神，积极开展教育以收拾人心、重建伦常。使得南宋成为书院和理学相结合的繁荣发展时期，从而也推动了书院制度的正式形成。

在士人们的不断努力下，地方政府也开始以实际行动支持书院发展，岳麓书院于乾道元年（1165 年）由潭州知州兼湖南安抚使刘珙动用政府资金完成重建；石鼓书院于淳熙十二年（1185 年）开始，历经两任长官主持，用两年完工；"理学集大成者"朱熹于淳熙六年（1179 年）以南康军知军的身份主持修复白鹿洞书院。

（四）元代，书院的新变化及官学化

元代作为中国历史上第一个少数民族建立的全国性统一政权，他们对儒家文化有着足够的尊重与重视。同时，对于传播儒家文化的重要基地书院也采取了多方扶持倡导的政策，并将书院与理学一起推广到了北方地区，缩小了南北文化差距。同时，由于书院与理学的一体化，以及元代朝廷采取的一系列控制措施，使得元代书院发展呈现出官学化趋势。

书院官学化既为书院争取了一定的权利、地位和经济支撑，为维持书院正常运作、加速制度化形成提供了保障，又致使书院不可能完全继承发扬私学自由讲学、平等交流、为己求学、注重师承等优良传统。

（五）明代，书院进一步发展并再次繁荣

明代是书院发展史上承前启后的环节，虽然书院在明初由于执行官学结合科举制度、推行程朱理学而"落寞"近百年，但在和王守仁、湛若水之学说体系结合后，又重新散发出学术的风采与思想的光芒，书院再次走向辉

① 王福鑫：《宋代书院与休闲》，《贵州社会科学》2006 年第 4 期。

煌。明朝年间书院数量超过了唐以来历代书院的总和。在士人们的不懈努力与朝廷政策支持下，书院还将读书会讲、讲学论道、讽议朝政活动向神州边陲和发达省份的穷野之地推进，云南、甘肃和辽东地区首次出现了书院，这标志着书院发展进入了真正的成熟繁荣时代。而且明代还有造就藩府书院的皇室成员与创建肄武书院的武官两支重要力量加入书院建设大军之列，进一步促进了书院发展与繁荣。另外，书院于明代走出国门，在“东国朱子”李滉的有力倡导下，移植到朝鲜，并且不断扩大其发展范围。

（六）清代，新式书院的形成及书院的终结

清代，随着西方国家坚船利炮冲入国门，也将先进的文化理念带入了中国，而中国书院努力在内容与形式方面进行改造，将西学、新学引入其中，最终形成了新式的家书院、教会书院、华侨书院等组织。书院在清代得到了真正的普及，这是书院发展史上的盛事。

就在书院蓬勃发展之时，光绪二十七年（1901 年），诏令“除京师已设大学堂，应行切实整顿外，著各省所有书院，于省城均改设大学堂，各府及直隶州均改设中学堂，各州县均改设小学堂，并多设蒙养学堂”。在中国绵延数千年之久的书院戛然而止，令人痛惜！

二、书院及其文化功能与文化透视

（一）书院的文化功能

古代书院文化具有极其旺盛的生命力，并成功地承担起唐宋以后文化传播、文化创新两种基本的文化功能。

1. 文化传播功能

书院作为一种教育机构，其主要宗旨是培养杰出人才，传播儒家文化。唐宋以后，书院是儒家文化传播的重要途径之一。书院之所以具有很强的文

化传播功能，就在于全国各地乃至山林乡村形成了一个庞大的书院群体。

书院自产生以后，在教书育人方面独树一帜，形成了许多不同于官学的特点。比如，创办或主持书院者往往是一些名师大儒，在学术界、教育界有很高的威望，能吸引立志于学的学生；书院在教学方面又独具特色，形成了一整套包括自由讲学、会讲论辩、教学与学术相结合的教学方法与制度。

书院教育之所以能够起到培养人才的重要作用，同书院具有很强的文化传播功能息息相关。[①] 由于书院教育是私学教育，有相对自由的自治权利，著名学者可以自命山长，也可以另请知名学者主讲，实行自由讲学；师生之间可以共同讨论学术、争辩疑难；在办学形式上，比较灵活自如，许多学生往往是择师而从，不像官学要受到许多严格的限制；在教学方法上，强调以学生自学为主，注重对学生自学能力和独立思考能力进行培养。

2. 文化创新功能

古代书院不仅从事文化传播，同时亦推动文化的创新发展。在中国历史上思想文化的创新是通过不断更新的学术思潮体现出来的，而学术思潮的兴起、学术活动的展开往往和私学教育密切联系。如先秦诸子之学的兴起就和先秦私学有密切联系，汉代经学也和汉代精舍密不可分。宋以后，书院成为主要私学机构，宋、元、明、清历朝的学术研究又和书院教育有很深的渊源，书院成为宋以后各种新兴的学术思潮的学术基地。

明中叶以后，王守仁、湛若水的心学思潮兴起，他们再次利用书院作为心学思潮的学术基地。王守仁去世后，其弟子更是纷纷创建书院，联立讲会，把书院建设推向高潮。王守仁、湛若水及其弟子通过创办书院传学，推动了明代书院的繁荣。

明清时期，学者们以崇实黜虚为宗旨，强调实事求是、经世致用。实学思潮中的著名思想家仍是充分利用书院为学术基地。其中最为著名的有东林

---

① 张应强、方华梁：《从生活空间到文化空间：现代大学书院制如何可能》，《高等教育研究》2016 年第 3 期。

学派的东林书院、颜李学派的漳南书院。其影响犹如东林书院的对联“风声、雨声、读书声，声声入耳；家事、国事、天下事，事事关心”。

宋以后，中国学术史上先后涌现出理学思潮、心学思潮、实学思潮、汉学思潮，这些思潮均和书院有着紧密的内在关系。各种思潮、各派学术大师无不以书院为基地从事学术研究，使书院成为各种学术思潮、学术派别的大本营，从而推动着中国古代文化不断向前迈进。

3. 德行修炼功能

中国古代的书院作为一种教育场所，既有知识性的学习，但更重德行的培养。这体现在书院的根本追求、院规、讲学特点、注重身教、敬重先贤等特性上。书院是古代士人的精神家园，它培养了许多仁人志士，影响了士风和世风。

在先哲看来，科举导致了学校教育见利弃义、急功忽德的严重弊病，甚至造成了“人伦”不明、道德沉沦的危险后果。于是“怀世道之忧者思而复之”，书院重于德行修炼的功能尤为显现。“君子深造之以道，欲其自得之也。”这两句话是魏了翁为濂溪书院落成所作的题记，它可谓准确地道出了书院的精神追求，书院不仅洋溢着自由论学的轻松和活泼气氛，更充斥着“吾日三省吾身”的道德关切，以及“砥节”修身的德行修养。

书院对于往圣前贤尤为礼敬，既突出了“尊德尚道”，又体现出了对人格典范的重视，其所希冀的显然是学子的追随典范以成人，“砥砺观摩”以成君子的育人期冀。中国古代书院讲究师道尊严，注重身教，躬行垂范。教师的以身作则，既意味着加强自身的道德修养，注重自身的德行培养，又为书院树立了道德进取的良好榜样，烘托了书院的道德氛围。古代书院作为一个专门从事讲学、修身的团体，都会制定规则以保证书院的正常运转和讲学活动的顺利进行，这些院规都会反映出制定者提倡什么、反对什么的价值选择，古代书院的院规充溢着进德的精神，《白鹿洞书院揭示》和《教条示龙场诸生》极具代表性。书院的院规宗旨是使学生更好地“成人”，要培养学员在人格、德行、操守、修养上的表现卓越。

书院"尊德行"、不重功名利禄的教育宗旨，重视人文培育的教育活动，在历史上产生了深远而广泛的影响。

（二）书院的文化透视

1. 制度规范化的私学

书院制度是儒家文化的重要组成部分，同时也是中国古代教育制度最具特色的方面。

儒家文化形成了自己独特的"政教合一"的传统，但是，这个"教"并非宗教，而是指教育。这种政治与教育的结合，不但使学校的教育目的、教学内容直接服务于现实政治，而且把各级学校也纳入国家政治组织之中，这就产生了延续数千年之久的官学教育系统。但在官学系统之外，还有一套私人讲学的系统。虽然私学系统亦保持着与现实政治的联系，但主持私学的儒家学者不直接受控于国家政府，能够具有相对独立性，并在学术传播、教学方法等方面形成自己的风格特色。

书院不仅是传统私学的继续，它在新的历史条件下又形成了许多新的特点。含有讲堂、斋舍等在内的专门教育设施，增加了藏书刻书的特殊功能，设置了负责教学、行政管理的专门职务、职事，安排了授课读书的课程，制定了作为学习、生活准则的学规，书院这些特点是先秦私学、汉代精舍所不具备的。因此，书院是古代私学教育发展到高级阶段的必然结果，是趋向于制度化、正规化的私学。

2. 书院文化与中华文明

古代书院渗透着中国优秀传统文化，体现着儒家文化崇教育、重学术的人文精神，它在历史上就是古代中国的一种独特文化教育机构，集古代优良教育传统于一身，是一笔相当难得的文化遗产，值得我们现代文化教育继承。在中华民族伟大复兴的今天，我们对这一点要尤其重视。

书院对中华文明史的发展有着重要的促进作用。

首先，书院促进了中国学术思想史的发展。

一是宋、元、明、清时，学术思潮的演变是与书院的发展息息相关的，没有书院的发展，无论是宋代理学的大盛还是明代心学与清代汉学的大盛，都是不可思议的。

二是在上述朝代中有不少重要的学术思想流派，如宋代的程朱学派、湖湘学派、金华学派、象山学派，明代的甘泉学派、阳明学派、东林学派，清代的乾嘉学派等，都是以书院为主要基地而形成发展起来的。

其次，书院对中国文学史的发展有着十分重要的促进作用。

不少著名思想家与学者曾在书院充任主持人或从事讲学活动，还有一些著名文学家活跃于书院的讲坛。书院是他们的文学思想得以传播的重要途径之一。

再次，书院促进了中国图书事业史的发展。

历代著名书院一般都有藏书，这就使一大批典籍通过书院得以妥善保存，在这个过程中也逐渐形成了越来越严密的图书收藏与维护等方面的制度，从而丰富了我国的图书管理经验。

最后，书院对促进中国德育教育的发展具有重要意义。

宋、元、明、清时的著名书院，一般都是当时各地的教育中心，对推进所在地区文化教育和德育教育起到过举足轻重的作用。

总之，书院与中华文明史的关系是十分密切的，在中华文明史上的历史地位是难以替代的。

三、书院德育为先的教育传统

中国古代书院在积极继承、发扬儒家德行价值的基础上，确立了“传道济民”的教育宗旨与“育德为先”的教育理念，将道德教育置于整个教育活动的重心与首位，并始终以个体德行培育作为“讲学”“藏书”“祭祀”“学田”四大基本规制的价值导向与努力目标。

为了有效贯彻落实教育宗旨与教育理念，古代书院根据生徒个体的资质、个性和优缺点不同而采用因材施教原则，并且根据个体身心发展的阶段性与差异性实施"分年法"道德教育，即将个体德行培育分为以"学其事"为主要内容的"小学"阶段和以"穷其理"为主要内容的"大学"阶段，其终极目标则是为了"成圣贤"。①

（一）德育为先的教育理念

古代书院教育充分继承了儒家重视道德教育的思想传统，始终把德育作为它的首要目标，以教生徒"明乎人伦""传道济民"为其根本宗旨，无论是山长、教授的选聘，还是日常教学管理以及学规制度、书院环境建设，都是以个体德行培育为指归，并且在历代书院教育实践中都得到了很好的贯彻。

书院教育就是通过传授经典、讲明义理之学，使个体认真体悟接纳社会的伦理纲常，并以此为行动规范，在高尚德行指引下正确处理人与人、人与社会、人与自然的关系。反过来，在道德实践中又进一步提升个体内在德行。清代岳麓书院著名山长罗典时以"坚定德行、明习时务"来要求书院生徒，与他同时代的山长贺长龄也主张必须抓住道德教育这一关键，"真才必从德出，则其才乃为有用"，依然强调了德育的重要性，强调了"德"相对于"才"的优先性，认为"才"需要在"德"的指引下，才能真正发挥其功效。

古代书院坚持"育德为先"的教育理念，就是承认个体德行修养的可能性与必要性，也就是充分认识到道德教育对于个体成长与社会发展的重要作用，认识到教生徒"做人"比教其"做事"更为根本、更为重要。书院教育者认为高尚的德行品质是可以通过不间断的教育要求，以及受教育者自身努力而达到的。

① 傅首清：《古代书院教育对创新型人才早期培养的启示》，《教育研究》2013 年第 6 期。

（二）个性化试教的德育原则

书院的每个生徒都是独立的、特殊的个体，他们的自我意识、知识修养、理性意志和价值观念各有差异，他们的才赋、气质和性格也各有不同，显现出鲜明的生命个体性。① 多样性与差异性的生徒个体，在接纳社会行为准则和价值观念时所持的态度、所采用的方式和所接受的程度自然存在着区别和差异，而且个体道德品质发育本身也呈现出阶段性与规律性。所以，书院教育特别强调在德行培育过程中，应该充分考虑受教生徒的兴趣、个性、资质等特点，进行“因材施教”式道德教育。

1. 施教依生徒资质而异

资质主要是指个体的禀性、能力、天赋等这些具有根本差异的素质。每个人作为独一无二的社会个体，由于先天遗传、家庭影响、个人生活环境以及个体主观能动性等多方面的原因，其在资质、智商方面是有一定差异的。有的人天生聪慧、资质水平高、接受能力强；而有的人天生愚纯、资质水平低、接受能力差。书院教育大师充分认识到了这一点，在实际教育活动过程中，根据受教生徒个体的资质水平，对他们提出不同层次的要求，有针对性地进行道德教育。

2. 施教依生徒个性而异

个性是指在一定的社会条件和教育影响下形成的，一个人在思想、性格、品质、意志、情感和态度等方面不同于其他人的特质，这种特质表现于外就是个体独有的思维方式、言语方式和行为方式等。

古代书院在个体德行培育方面，不仅仅因生徒资质差异而方法不同。② 根据生徒个性不同，施教方法亦有区别，真正贯彻了因材施教原则。如吕祖谦非常重视因材施教、随人教授的方法。他认为：“学者气质各有利钝，工

① 杜华伟：《中国古代书院个体德行培育研究》，中南大学博士学位论文，2012 年。

② 杨雪翠、刘福才：《“从游”教育传统下的古代书院师生关系及启示》，《高校教育管理》2013 年第 3 期。

夫各有浅深，要是不可限以一律。正须随根性，识时节，箴之中其病，发之当其可乃善。固有恐其无所向望而先示以蹊径者，亦有必待其愤悱而后启之者"。"大凡人之为学，当于矫揉气质上做工夫，如懦者当强，急者当缓，视其偏而用力"。在这里，吕祖谦强调教育应该于生徒个性薄弱处着手，对于懦弱者要鼓励他坚强，对于急躁者要教导他平缓，以充分发挥每个生徒个性因素中的突出点，同时有效弥补每个受教生徒个性发展之不足。

3. 施教依生徒优缺点而异

书院个体德行培育是一个基于对生徒优缺点充分把握，不断促使生徒改善缺点和错误、发扬优点和长处，从而逐渐提升德行的过程。生徒个体在学习德育知识时往往会出现一定的偏差，先哲把它总结归纳为"四失"，即"学者有四失，教者必知之。人之学也，或失则多，或失则寡，或失则易，或失则止。此四者，心之莫同也。知其心，然后能救其失也。教也者，长善而救其失者也"。要求老师能充分了解学生的求知心理、了解学生自身优点与不足，对此"四失"引导有方、处理得当，"四失"便可成功转化为"四得"。

（三）德育目标

在个体德行培育方面，儒家提出了循序渐进的教育理念。孔子创立私学之初，就主张按照受教育者的身心发展水平进行道德教育。他说："少之时，血气未定，戒之在色；及其壮也，血气方刚，戒之在斗；及其老也，血气既衰，戒之在得。"

书院教育家们充分继承吸取了私学循序渐进的教育原则，认为生徒个体身心发展具有顺序性与阶段性，不同年龄阶段具有不同认知水平和思维发展特点，所以每个年龄阶段都应该设定与之相应的教育目标。"一年视离经辨志，三年视敬业乐群，五年视博习亲师，七年视论学取友，谓之小成；九年知类通达，强立而不反，谓之大成"。

在书院发展史上，最早进行分层次道德教育的是张栻，他把生徒按年龄分为"小学"和"大学"两个层次，分别制定了不同的德育目标和与之对应的德育内容。

“学之大小，固有不同，然其为道，则一而已。是以方其幼也，不习之于小，则无以收其放心，养其德育，而为大学之基本。及其长也，不进之于大学，则无以察其义理，措之事业而收小学之成功。是则学之大小所以不同，特以少长所习之异宜，而有高下、深浅、先后、缓急之殊，非若古今之辩，义利之分，判然如薰花获冰炭之相反，而不可以相入也。今使幼学之士，必先有以自尽乎洒扫应对进退之间，礼承射御书数之习，俟其既长，而后进乎明德新民，以止于善，是乃次第之当然，又何为而不可哉。”

（四）丰富多样的德育方法

书院在个体德行培育方面，遵循了道德心理学“知—情—意—行”的发展规律，即通过全面的道德知识学习、丰富的道德情感浸润、树定的道德意志磨砺，最终达成生徒积极的道德行为践履，为社会培养出了一大批“明乎人伦”“传道济民”的理想人才。

1. 全面学习，充实道德知识

古代书院非常注重通过讲学、会讲、质疑辩难和社会宣教等多种形式充分挖掘儒家经典著作中所蕴含的诸多道德知识，为道德践履提供理论支撑与知识根基。

2. 系统的书院德育课程

书院“传道济民”的教育宗旨和“育德为先”的教育理念必须通过系统的德育课程学习与具体的道德行为践履才能实现，古代书院以“明人伦”作为德育课程设置依据，以自己特有的教育理念、教育手段和教育方法，通过对“四书五经”等儒家经典文本以及历史典籍的挖掘、理解和阐释，同时辅之以本学派大师的著作充实生徒的道德知识。

3. 慎独、自省提高思想境界

书院教育以生徒自学自悟为主，教师讲授为辅。① 书院教育大师讲授知

① 顾明远：《中国教育大系·历代教育名人志》，湖北教育出版社 1994 年版，第 124 页。

识或提纲挈领、统括全篇，然后由学生自己深钻细研；或选取重点、阐明精义，使学生领悟其中深刻意蕴；或略作启发、讲明方法，令生徒自行琢磨思考；或反复质疑诘难、指点迷津，师生共同论辩提高。

4. 平等的师生质疑辩难

即学生根据自身实际学习情况，围绕学习中存在的困惑或是有争议的道德问题展开讨论与辩驳，教师充分借助互动方式帮助生徒消除学习的困惑与修身的懈怠，王阳明将此称为“因药发病”法。“先求开示于经、学长；不能决，再叩堂长；不能决，再叩副讲；不能决，再叩主洞；不许躐等”，直至真正掌握所学知识。

5. 社会宣教讲学

古代书院作为社会共同价值理想进入现实生活世界的重要载体，不是靠高深的理论与枯燥的说教，而是凭着深入人心、细致入微的教育来达到预期的个体德行培育效果的。书院教育既通过书院大师系统的讲学论道以及各书院、各学派之间的会讲活动进行，也通过通俗化、平民化的社会宣教方式进行。

6. 知行合一，促成道德行为

古代书院要实现“传道济民”的教育宗旨，完成个体德行培育的重大任务，不仅要注重对生徒个体的德行教化，更重要的是加强生徒个体的道德践履。同时要求，无论是知识的学习、思维的培养，还是问题的辩论和疑难的解答，始终都以道德实践为最终目标与指向。

第二节 七方书院的德育功能

在景色悦人、气候温爽的古希腊，有位哲学家——亚里士多德，他曾经将知识分为三类：第一类，理论知识或科学知识；第二类，实践的智慧、实践的知识或明智、审慎；第三类，技艺、技巧或生产的知识、制作的知识。在我国，自孔子以来，关于知识关于教育的讨论和探索就从未止步。如：孔子把教育从国家政治生活中独立出来，创立了以“六艺”——礼、乐、书、数、射、御的教育体系，去教授弟子。我国学者将知识分为两类：一类是关于世界上具体事物的知识，如：天空为什么会出现闪电，植物为什么生长，植物和水、阳光的关系；另一类是关于宇宙人生的根本问题的探讨，如：宇宙万物的本原是什么，人生的意义是什么，什么是真，什么是善，什么是美。这两类知识，前一类知识多半产生于人类物质生活的需要，后一类知识则无法为人类带来任何的物质增产，但它却是出于精神生活的需要。

在西方，为专业知识、技能的提高，设立了大学。同时，他们为精神、灵魂的关怀，则设立了教堂。中国古代书院，吃、穿、住、学一体化，老师不仅在课堂上传授学生学问，生活中又能随时保持联系以身示范。如今，我国大学林立，其制度、体系的设置越来越成熟、完善，更加专业化。但在这样的大时代、大背景之下，从未经历过旧社会危机感的新受教育者，独生子女与以往的兄妹成群根本观念完全不同，对中国传统文化艺术的认同感是否有所削弱？这些都是当今教育所面临的问题与考验。

学校不仅仅承担了教书育人的使命，而且同时具有弘扬传统文化精神、优秀品质的作用。如何才能既顾及学生的专业知识技能，又能培养其独立的人格和丰富的精神境界？结合我国自古以来圣贤的教育方式和内容，西安外事学院立足当代教育，为弘扬中华文化而努力，不懈探索特色育人模式——德行育人的措施和方法，成为西安外事学院七方书院办院、发展的基点。

一、七方书院的成立

2015 年 3 月，西安外事学院黄藤教授与国内著名教育专家、学者共同发起并创办“中国特色现代教育教学理论与实践孵化基地”——七方书院。

“汇南北志气、凝东西之髓、顺乾坤之理、成衎乐之人”，是七方书院的办院理念。之所以称之为“七方”：乃取其南北之意、东西之意、乾坤之意，乃空间之六方，而七方又是何意？陆九渊说，“上是天，下是地，人居其间，须是做得人，方不枉。人须闲时大思量、宇宙之间，如此广阔，吾身立于其中，须大做一个人"。① 因而，天地四方与其间之"大人"，称之为七方。另外，书院内部面对全校师生开放的内容涉及了：琴、棋、书、画、茶、诗、歌，一共七个方面的传统文化因素，因此，取名"七方"。

2017 年 6 月 18 日，教育部部长陈宝生来校看到七方书院后指出：东西南北天地人，很具有启发性，令他想到几句话，"上有天，下有地，中有人，东西南北传道同，立德树人是根本"。

正如陈宝生部长所言，立德树人是根本。作为七方书院创始人黄藤教授一直以来非常重视大学的素质教育，希望在言行举止、内修外化各方面提高大学生。而书院的存在，在当代的教育体制下能做些什么？由博雅教育为支撑与载体，充分发挥博雅教育的优势：以历史和哲学为突破口，作为德育内容之一，不断开枝散叶。通过历史文化以及我国传统思想的智慧，熏陶、指引学生，并塑造书院各位老师。以琴棋书画茶等艺术为突破口，作为美育内容之一。以艺术的直接体验，陶冶学生情操，与德育内容相辅相成。开阔学生的眼界和丰富学生的内心，提升境界，使学生学会道德上的自我取舍和约束，但又不失对生命的情趣和意蕴。

二、七方书院的理念

"汇南北志气、凝东西之髓、顺乾坤之理、成衙乐之人"，是七方书院的办院理念。"衙乐"二字则为其点睛之笔，其意旨在"知行合一，乐于有用"。

正如董事长为书院所题写的诗歌言："人为什么活着？你问人为什么活着。问太阳吧，为什么光芒四射？问大地吧，为什么生长万物？一切就这么自然，根本就不为什么。如果太阳没有光和热，大地也失去了载物的厚德，

① （宋）陆九渊：《陆九渊集·语录下》，中华书局 1980 年版，第 439 页。

那就成了数不清的寒星，荒无人烟的沙漠。生命的意义，在于对他人的有用，不然就只剩下了活着。”

“知行合一”，一般来说属于认识论的范畴，但是因为王守仁自身哲学体系的规定，他所提出的“知行合一”属于一个纯粹的道德实践与道德修养问题。“见好色属知，好好色属行。只见那好色时已自好了，不是见了后又立个心去好。闻恶臭属知，恶恶臭属行。只闻那恶臭时已自恶了，不是闻了后别立个心去恶。”① 王守仁一生曾四次大的阐释“知行合一”，而“知行合一”首先是指实践活动中自觉之知与意念显发之行的一时并在性。如上所指，见好色与闻恶臭，都是主体对于好色与恶臭的自觉觉识，所以都属于知。而对好色的见与好，对恶臭的闻与恶的一时并在性，也就是内在自觉之知与外向推致之行的不可分割性。当然，这只是其最基本的含义，王守仁之所以提出它，目的在于“正要人晓得一念发动处，便即是行了。发动处有不善，就将这不善的念克倒了。须要彻根彻底，不使那一念不善潜伏在胸中”②。结合起来看，就是说，“知行合一”作为道德实践的律令，则无论是扬善还是惩恶，都要求自觉之知与推致之行一时并存。另外，在王守仁思想体系内，当“知行合一”规范人的道德实践时，这时候的扬善惩恶的行为都属于个人努力为之的状态。还有更加高级的阶段和状态，也是王守仁所追求的状态和境界：心不待存而自存、知不待致而自致，一如人之天性自然流露时，就达到了真知性阶段，即“生知安行”的圣人境界。

出于此缘由，我国近现代中国人民教育家、思想家，伟大的民主主义战士，爱国者，中国人民救国会和中国民主同盟的主要领导人——陶行知，大学期间十分推崇王守仁先生的“知行合一”学说。事实上，先生原名本为文濬，因热衷王守仁的“知行合一”学说，而改名为行知。

黄藤教授十分赞赏陶行知先生，也对“知行合一”的道德追求抱有着

① 郭齐勇主编：《中国古典哲学名著选读》，人民出版社 2005 年版，第 531 页。
② 郭齐勇主编：《中国古典哲学名著选读》，人民出版社 2005 年版，第 542 页。

极大的热情，认为学校育人的根本也即在于此情此理。

那么，"乐于有用"又为何意？黄教授认为学校育人和学生学习的最终目标都是——"成人"。宋明理学有王守仁讲"知行合一"，作为其思想根源的先秦儒学创始人，孔子说，"知之者不如好之者，好之者不如乐知者"。① "知"，仅仅有知道之可贵，未必肯去求道；"好"，虽积极加以追求，自己犹与道为二，有时会因为懈怠而与道离；"乐"，道在人身上生稳了根，人与道为一体，而无一丝一毫的间隔。因为，乐是通过感官得来的快感，通过感官以道为乐，则感官的生理作用，不仅不会与心志所追求的道发生摩擦，还会转化为支撑的力量。此时的人格境界是安和充盈的世界。真正的发乎本心，从精神和内心，去做一个对社会有用的人，成为一个对社会、对他人有用的人，以对国家和社会的贡献为荣，以奉献和有用为乐。因此，借鉴陶行知先生所为之，黄藤教授将"乐"与"用"结合，提出"乐于有用"寓意也在于此。

三、七方书院特色在于博雅教育

以博雅教育为宗旨的岭南大学前任校长陈坤耀曾解释：博雅教育的宗旨是要教导人"学识广博，生活高雅"。

哈佛大学杜维明教授考察了中国大陆、美国、中国香港和中国台湾的博雅教育后是这样总结的，博雅教育在中国普遍称为素质教育，美国称为 Liberal Arts Education，中国香港称为博雅教育，中国台湾通称为通识教育。虽然对博雅教育的叫法不同，但是各方面都一致认为在传授专业知识的同时，大学应该注重通识教育，提供人文训练，培养人文素质。英国思想家约翰·密尔对博雅教育的总结最为精辟："每件事都知道一点，有一件事知道得多一些。"

---

① 郭齐勇主编：《中国古典哲学名著选读》，人民出版社 2005 年版，第 68 页。

也有学者认为，博雅教育的目的不是给学生一种职业训练或专业训练，而是通过几种基本知识和技能，培养一种身心全面发展的理想的人格，或者说发展一种丰富的健康的人性。在最大限度上实现人类的日臻完善的人性教育的理想。换句话说，博雅教育就是将人类的知识成果与人类崇高善良的美好品德共同结合，使之融会贯通，成为一个统一体的教育模式。它是在受教育者积累了多个学科的知识，达到“博学”的层次之后，在其精神领域中所产生的飞跃，受教育者将在接受博雅教育后最终升华至“雅”的完美境界之中。

关于博雅教育，中国大陆过去几年好多学校开始摸索实践，现在更普遍的提法是“通识教育”。但也有学者认为，通识教育是重要的，但通识教育不能代替博雅教育，这两个概念还是不同的。因为通识教育体现的是博雅教育中的博，而博雅教育还有一些其他的因素，如：雅。斯坦福大学明确提出，雅即是做人第一、修业第二。

博雅教育作为七方书院教育运行模式的特色之所在，如何将博雅教育做好，也是七方书院最为关心的问题之一。

七方书院自办院以来一直秉承“知行合一、乐于有用”的办院宗旨，结合成功案例，以博和雅为着眼点，吸纳西安外事学院师生，甚至社会的仁人志士，将宣扬传统文化为书院的担当与责任开展博雅教育。

博雅教育的内容紧紧抓住德育与美育的原则：一方面，以历史和哲学为突破口的德育教育。通过增加学生对历史的了解与反思，以及对古代中西方哲学家的思考与怀疑，使学生走进历史，追根溯源，并学会从哲学的批判性思维回到自我，以大胆假设、小心求证的态度和方式去学习和生活。另一方面，以琴棋书画茶等艺术为突破口的美育教育。书院以中国古典的艺术为学生塑造了良好的学习环境与机遇，使学生通过亲身的直接体验，既陶冶了情操，又能将传统文化中的技艺传承下去。同时，这样内在体验式的美育与外在引导式的德育相辅相成，对于处于三观形成期的大学生而言，可谓是推波助澜，可培养他们高瞻远瞩的全局观和内外兼修的协调意识。

在此基点之上，书院经常性的、不定时的邀请社会名流、哲学或国学文化领域内权威学者开展讲座，给予学生和老师不断学习和进步的机会。如：陕西师范大学丁为祥教授、西北大学张茂泽教授，横渠书院刘泉博士，台湾学者董金裕教授等，分别为师生带来中国传统文化、思想的讲座。另外，在以琴棋书画茶等艺术小课堂授课的基础上，书院鼓励学生在老师的辅导下组织兴趣社团，如：七方琴社、七方茶社、七方棋社等。同时，书院老师为传承中国传统文化中古琴艺术，故成立鼓乐团，利用假期游历各国演出进行艺术交流活动，也为书院内师生引进多次优秀的音乐团体演奏会。这样，既有思想文化的熏陶，又有艺术对人性和内心的开化，七方书院上下师生不仅多才多艺，对生活和传统文化都有着自身独特的体验和认识。如：书院有老师说："每周去上茶艺课，整个人从内到外的聒噪都被茶叶的清香祛除了，特别是静下心去品茶的那一刻，能感受到生活的恬美。"

尽管，七方书院建院至今仅仅三年，但在这三年内取得了一定的成绩。七方书院成立了学生自治委员会，改变传统老师对学生的指导和监督模式以及学生会模式，给学生多一点自主、多一点自由。在这种模式下，学生自行选举或推荐自治委员会成员，自己管理自己、监督自己，相互组织参加所有节假日、校园的活动策划、优秀宿舍评优等。而老师，则为了不断为学生带来新的资源和信息努力，使其"博"有所为之而博。另外，为了满足不同学生的需求（如：考研、英语四六级、个人职业生涯策划等），书院专门请专业人员为学生答疑解惑，进行长期性、有计划的学习和积累。

七方书院，从办院理念，到博和雅的着眼点，再到德育与美育相辅相成的教育原则，一直以来都在不断地探索自己独特的育人模式，丰富自身的内容和结构。与当代现代化的大学教育形成鲜明的对比：在这里，老师和学生突破传统课堂上师生疏远的关系，更像是亲人或是朋友。同时，在茶艺、围棋、书法等课堂上，老师与学生共同学习的景致也别有一番滋味，师生在书院的生活和学习中始终共同进步着、完善着。

这种模式作为现代化大学教育的一种补充，在未来的发展道路上会越走越远。因为，书院在不断摸索、发展的同时，亦是发现问题、解决问题，不断完善的过程。

四、七方书院功能在于德行育人

七方书院的创立本身既是立足于现当代的需求，更是立足于西安外事学院的发展，以及各创始人的深思熟虑之上。自成立以来，七方书院始终坚持外事学德行育人的特色教育模式，并在学校“化鱼成龙”的校园文化精神引领下，积极探索出自身的潜力和特色所在。

（一）润物细无声式的德行育人

“大学之道，在明明德，在亲民，在止于至善。”① 在《大学》开篇就开宗明义，既有对个人修养的说明，也有对社会理想的解释。在随后，又指出，“古之欲明明德于天下者，先治其国；欲治其国者，先齐其家；欲齐其家者，先修其身；欲修其身者，先正其心；欲正其心者，先诚其意；欲诚其意者，先致其知；致知在格物。格物而后至，知至而后意诚，意诚而后心正，心正而后身修，身修而后家齐，家齐而后国治，国治而后天下平”②。因此，为传扬传统文化，并为书院提供崇高的道德和人格标准，七方书院为学生提供思路，与学生自治委员会共同成立了“大学”活动。活动内容，主要是以演讲的形式，演讲的内容完全由学生自己选择，老师的功能主要是辅助，给学生一些专业上的支持。近几年内，书院学生主办的这个活动既谈到了一些社会事例的个人看法，又涉及一些传统文化节日，同时又有学生自由的演讲。如个人目前的状况、心理、精神上的困惑和迷茫，以及最近令个人感到兴奋、开心的事情等等。正是这样的活动，以这样的交流形式，师生

① （宋）朱熹：《四书章句集注》，中华书局 2011 年版，第 4 页。
② （宋）朱熹：《四书章句集注》，中华书局 2011 年版，第 5 页。

的距离近了、谈话内容也多了，感情自然也近了。同时，也正是在这种交流和带动中，书院培养出一批充满正能量、态度积极、精神饱满的优秀学生，并能在整个书院起到良好的示范作用，影响不可小觑。这也是书院的特色所在，将德行教育融入具体的实践、活动内，以润物细无声的方式去慢慢感染每个学生、老师。

除此以外，书院经常承办一些规模不等的活动，这也是非常经典的教育机会。每当这个时候，书院的老师与自治委员会共同协商如何让活动圆满进行，自治委员会的各部门都能做点什么，其他同学又有哪些是可以做的。对于一些身怀特长的学生，书院向来给予足够的支持力度，鼓励其坚持并在有机会的情况下展示给更多的人。这样一来，学生的自信心培养起来了，对书院的认同感自然高了，再以书院的理念去引导其往更加理想的状态去发展便是顺其自然。

（二）以"礼"约束之的德行育人

没有规矩不成方圆，中国历史上所有著名的书院都有自己的院训和院规。尽管在教育上书院追求的是德行育人，但是道德的培养和维护是离不开一定的制度和约束的。书院自成立以来，也在有意识地形成自身的制度和规则，使得学生知"礼"明辱，懂"人伦"。

俗在礼先，礼源于俗。礼，最初的含义是指一种宗教色彩浓郁的祭祀上帝和各种神灵的仪式。人们以此表达对神的敬意，祈求得到恩赐和保护。由此，殷商时期，贵族们依靠地位优势，有意识地制定出一套有别于庶民的行为规范体系，形成"礼"。随时间延续和社会发展，礼逐渐超越了日常行为规范和祭祀的范畴，具有了政治法律制度的意义，有礼治的倾向，成为统治的工具。同时，礼治的内涵也不断丰富，提出了德治的要求，用德作为礼治现实可行性的支撑。杨荣国认为，"德"即"得"，是指做事做的适宜，对人对己都过得去，无愧于心。礼和德虽所指向不同，但是二者却是相辅相成的：一方面，礼对人的外在约束，需要德的内在修养为基础；另一方面，德的内在修养又需要礼的外在约束力去规范。

西周时期，礼则尤显其尊贵。此时的礼，有一个突出特征，与乐结合在一起，运用艺术的形式进行感染熏陶，使硬性的礼制融化在愉快和谐的乐舞之中。又有我国伟大思想家周公一直身体力行，以身示范，广为宣扬。从整体来看，周礼形式缜密，内容丰富、华丽、多彩，较之于殷商时期可谓更高一层。东周后，人们对周礼持有各异的看法。对其形式上的繁文缛节方面多数人持批判的态度。以此为基础，有人分别将“义”“敬”“忠信”“卑让”等与礼相连释义，且愈演愈烈。但是，真正对周礼进行系统整理和改造的应属周公。周公在对周礼的改造中，将殷商以来的神秘主义色彩——天人关系部分，直接转向现实的人伦关系。并以仁为核心充实礼的内容，将以往外在规定性的礼，转换成内修性的。将繁琐的周礼形式逐一简化为适合广大的平民百姓，使得人人皆有圣贤之可能。如此背景下的礼，不仅涉及个人的修养、规范，也涉及社会的和谐和稳定。

书院既然是以传承中华传统文化为使命，了解和深挖中华传统文化也是至关重要的。通过对“礼”的变迁了解，从中可仰仗古人的智慧，以及现行教育制度依赖的根基。而书院之所以实施德育的同时，重视“礼”制，也是从中得的启发和支撑。

在书院老师的引导下，学生自治委员会自发形成内部的运行制度并即将书写成文。另外，在自治委员会内部有专门负责纪律督导的部门，以及博雅课程的上课情况记录的部门。书院有专门针对考研和英语四六级考试的同学的项目——“卓越”计划，为这类学生提供固定的时间、固定的地点、专门的课程，辅助他们获得理想的成绩。自这个项目开展以来，每年都有很多同学进一流院校攻读硕士学位，也有许多同学以高分通过了英语四六级考试。每个人的内心是向往美好的，然而每个人的身上又有自身的缺点和偶尔难以克制的惰性，书院设立的这些部门，对书院学生的行为施加一些外部的压力，对每个人而言都是有意义的。从中受益的同学自然能够明白。

（三）以"乐"辅助之的德行育人

徐复观先生曾讲过，道德、艺术、科学是人类的三大支柱。在我国，因特殊的人与自然关系，前科学的成就只有历史的意义。但是道德和艺术却均同时具有历史的意义、现实的意义、将来的意义：一方面，在人的具体生命的心、性中去发掘出道德根源、人生价值根源；不假借神话、迷信的力量，使每一个人，能在自己的一念之间，即可于现实世界中生稳根、站稳脚；并凭人类自觉之力，可以解决人类自身的矛盾，及由此产生的危机。另一方面，在人的具体生命的心、性中，去发掘出艺术的根源把握到精神自由解放的关键，并由此产生伟大的作品和艺术家。因此，徐复观先生认为，中国文化事实上有两大擎天支柱：道德和艺术。七方书院一直以来以传承中国传统文化为使命，也因此形成独特的德育教育原则和美育教育原则，将德行教育落实到具体的实践中，又以"礼"约束下进行德行教育，同时最具特色的是"乐"，以"乐"为突破点的艺术即美学教育配合德行教育的实施。两两相和之法。从整个历史来看，以及学术界的商讨来看不是没有道理的。

为什么是以"乐"为突破点的美学教育？

其一，物质生产生活方式的变革、民族的迁徙与融合、宗教的皈依与放弃、朝代的兴衰与更迭等等事件，不断修改着文化演进的面貌，甚至使文化河床改道、交织或消失。对此所做的文字记载、图画描绘、影像记录等可能会随着介质损毁而湮灭，或因人为因素而疏漏甚至讹传。但音乐，却能够穿越时间隧道，以顽强的生命力存活于民众的文化空间之中，以一种恰似基因图谱的方式记录历史和文化变迁的精神印记。正是这类印记，使我们看到了匈牙利与裕固、印第安与图瓦、胡琴与艾捷克、秦腔与新疆民歌、燕乐大曲与木卡姆之间的文化基因链接。因此，音乐便有可能成为探求曲折蜿蜒的文化古河道、追索其原貌和源头的线索，成为开启众多神秘文化现象之门的钥匙。而对于当代人来说，运用不同的形式，勇于拿起这把钥匙的人，必将开拓出更为广阔的想象空间。

其二，天地有大美而不言，太音希声，古道难复。《溪山琴况》中言古琴曰："不以性情中和相遇，而以为是技也，斯愈久而愈失其传矣。"① 书院作为中国最大的古琴专业传承基地，将中国特色传承下来，不只是各类乐器技艺的提升和乐曲旋律的流淌，更重要的是发挥音乐对自身性情的调理。声自心生，苟心有杂扰，手指物绕，以之抚琴，安能得静？唯涵养其心，淡泊宁静而得指有闲余，如此才能得心手相应、太和鼓畅。

立于礼，成于乐。音乐对于人的触碰，可经过技艺的提升不断增加。书院不止有音乐，还有茶艺、书法、围棋，尽管形式各不相同，但归根究底，通过这种技艺的方式，直击内心是同样的：孔子曾经学鼓琴于师襄，他的学习是由技艺的深入至技术后面的精神，进而把握道此精神具有者的具体人格。庄子在庖丁解牛的故事里，也通过庖丁解牛行云流水的过程说明了道与技艺的关系。

因此，作为书院，开设琴棋书画等课程，一方面，是对传统文化艺术的支持；另一方面，也是对德育教育的辅助，德行是需要提升，但却要避免教条，艺术刚好解放人的精神和心性，二者相互成就，对于书院的每位同学，以及老师的成长是深刻的。

在这种发展的模式下书院也获得了非常显著的效果：七方书院在自身国学文化基础与琴棋书画茶等艺术的基础上，携手西安外事学院优秀的体育运动师资，共同打造了具有七方特色的夏令营。一方面，为了传承传统文化和技艺；另一方面，不断将七方书院的理念和精神宣扬出去。与此同时，在夏令营招募的过程中，每招收十位同学，书院都以此为基础资助一位贫困儿童参加夏令营的学习。并为书院以及学校学生设置了助教岗位，为学生能力的提升和才艺的展示提供了机会。夏令营内容安排上，文化和艺术的结合；学习与运动的结合。还有室内学习与室外学习的结合，书院挖掘古城西安的历史特色，带领学生去室外游学，并参加古文化的动手学习，如：古法造纸，

① （明）徐上瀛：《溪山琴况》，中华书局 2013 年版，第 24 页。

并引导学生为父母制作礼物。既有动又有静，既有内在的修身养性，又有外在的强身健体，还有历史文化的了解与人之常情的抒发与表达。这些都是书院在发展过程中逐渐积淀下来的实力与影响力的展开。

七方书院将自身特色与贫困地区的特征相结合，逐渐形成对公益独特的认识和实施方式：从物质层面到精神层面的提升，以及文化教育的资助和熏养，心理上的疏导。更重要的是利用书院的优势资源——古乐团这种艺术的形式，去贫困地区演出：以一种最直观的方式去感化一个地区，体现出对一个地区的所有生命个体的尊重，从而唤醒内心深处最纯粹的感情和对美好事物、生活的向往。有人认为兴趣是最好的老师，但对于一个物资匮乏的地区来说，希望却更为重要。为此，七方书院特别成立了"七方快乐营"，在这种理念、信仰下一步步将其付之于行动。

在七方书院的特色教育与遵循学校的德行育人体系之下，书院培养了一批优秀的学子。我校优秀学子王彬同学在自身的努力以及书院的培养和指引下，走出了校园、走出了国门，作为中国大学生代表参加了联合国举办的妇女和女童参与科学国际日，在国际的舞台上争取到了更多的机会。

第六章

巩固主阵地：新时代德育课堂创新

新时代，我国高校教育呈现出现代化、国际化的发展态势，但也越来越表现出市场化、商业化、功利化倾向。大学在践行教书育人、造就英才的本旨精神建设上却稍显游离与乏力，特别是学生德育成效已成为当前困扰我国高校内涵式发展的一个重要问题。随着新时代高校德育工作的主体、对象和运行环境与生成条件所发生的一系列巨大转变，以往行之有效的方式方法显得极不适应，很难推进，亟须重设和构建起适应时代变化特征需要的新体系、新模式。西安外事学院重视学生德育工作，积极探索、勇于创新、突出特点、务求实效，积累了一定的经验。它们能够在二十余年的办学实践中始终坚持以生为本、立德树人的办学方向和育人目标，积极探索德育新内容、新形式、新途径，着力培育既富有历史内涵又不失现代元素的特色鲜明，以“鱼化龙”精神为标志的大学文化。通过“鱼化龙”大学生社团活动载体，发挥书院管理模式创新的全方位养成教育平台，坚持思政课主阵地，以“鱼化龙”文化的成长关怀教育与传统文化的熏陶感染为抓手的德育体系业已成型、初见成效。

第一节 精练教学内容，变革教学方式，主渠道德育升级

长期以来，基于课程的功能定位和特殊要求，思政课教学改革深入推进并取得显著成效，但客观地看，它同整个高等教育教学改革的形势相比，与对不断发展着的人才培养要求相比，效果还不够明显。自 2012 年以来，我们以增强教育教学针对性和实效性为目标，针对思政课普遍存在的到课率、抬头率不高，吸引力、亲和力不够，针对性、实效性不强等突出问题，对思政课教学内容、课程体系、教学方法、教学手段及运行过程、考核评价管理等方面进行了一系列的全方位思考与专题式探索，试图通过将教学与科研协同起来、必修与选修课程链接起来、课内与课外联动起来、线上与线下混合起来的整合与创新，逐步形成“整体设计、系统推进、全面发展、确保实效”的改革思路和教学创新体系，几年来，实施效果比较明显。

一、理念与思路

思政课教育教学改革，需要紧紧围绕突出主体性、提升针对性和保证实效性的目标进行。通过长期探索积累，我们对思政课建设上的六个趋势有了比较自觉而清醒的认识。

一是主体性教学的趋势。主体性教学是一种高度重视教师和学生主体地位的全新教学模式。在思政课教学中导入主体性教学模式，有助于充分激发学生学习的自主性、能动性和创造性，可以提高思政课教学的实效性。在主体性教学模式下，通过丰富教学内容、改进教学方法、提高教师素质、重构师生关系、完善考核机制和强化实践教学等环节途径，增强思政课教学的效果。

二是系统性教学的趋势。即围绕世界观和方法论教育，形成马克思主义学科群对思政课的系统性支撑；围绕学生对当代中国和今日世界的知识需求，形成思政课新型课程体系；围绕解决学生思想行为的实际问题及他们关注社会、融入社会的迫切需要，形成多元化的思政课师资结构。以全方位、多渠道、多层面、全过程的思政教育活动，实现大学四年思政课全覆盖、不断线，始终跟进。

三是案例式教学的趋势。思政课将告别枯燥的课堂理论说教和高大空的纸上谈兵，转用党的经典理论和最新理论成果融入鲜活、生动而又具体、个性化的一个个案例故事，通过大量充满生活化和强烈现实感的案例素材教育引导，深入浅出、经历实践，感悟真理的神韵，增添理论的魅力，潜移默化中贯穿着世界观与方法论的教育培养。

四是问题式教学的趋势。思政课不再是照本宣科满堂灌，也不再是教师个人的独角戏、“一言堂”，而是提出一系列现实性、焦点化的开放性问题供学生思考讨论，让学生自己查资料，找答案，理出头绪，并在老师的指导下，展开自由充分的交流、讨论、辩论、争论。实现让学生从听到讲、从看到想的学习模式的转变，加深学生理性认知，实现师生教学相长。

五是实践性教学的趋势。新时代的思政课堂必须打破传统的固化教学时空，要大胆地从教室、校园延伸到广阔的社会空间和动态变换的世界，以火热而又残酷的现实生活情境、事件映照他们的幼稚天真、触动他们的心灵痛感，使得学生找着自己内心思考与付诸行动的转换衔接点，用第一手正反的事实、事例锻炼与磨砺使其逐渐清醒、理智，不断成熟起来，切实解决思政课的学用一致的根本性问题。丰富多彩、喜闻乐见的实践教学活动让学生在直接的经历中，观察、感受、思考、转变，认识一个真实的、实践的、生动的、发展的、强大的中国。

六是先进文化引领健康生活的趋势。21 世纪以来，世界文化的演变出现了多元化、开放式的发展特征。在我们深化改革，不断开发的过程中，面对各种不同文化的情形必然越来越多。大学生身处一个文化丛生的多元文化冲击与裹挟的氛围中，如何以马克思主义文化、如何以新时代中国特色社会主义文化去教育引导、感染熏陶学生，必然成为高校教育的主要内容。而怎样使学生有效鉴别、识断并把握什么是先进文化？什么是科学文化？什么是优秀文化？理应是我们思政课教学的首要任务和鲜明目标。只有切实解决好学生首先拥有一个积极向上、健康快乐的生活观念和行为文化，方不负我们作为学生思想的指导者、成长的引路人的光荣职责。

六年来，以为了让思政课成为学生“真心喜爱、终身受益、毕生难忘”的课程为长远目标，以使学生“到课”“抬头”“入脑”“进心”为现实目标，坚持系统思考原则，在全面梳理思政课教育教学改革与建设的诸多关联因素的基础上，分析它们之间的逻辑牵连，从中选取具有重要关联的“四对关系”——教学与科研、理论与实践、课内与课外、线上与线下，并思考这“四对关系”有机结合的实施机制，以形成整体推进的教育“合力”。同时紧密围绕四门核心课程教学所蕴含的思想指向性、行为引领性和问题针对性特征，努力做好四门课程的“四个阶段”相衔接的持续性教学实践，确保教学针对性和实效性的持续提升。

二、挖掘传统文化，凝练思政课教学新内容

1. 挖掘地域历史文化资源，凝练思政课的中华元素

大学是以文化精神传承为其使命的，中国大学必然具有中国文化的鲜明特色。从 20 世纪 90 年代初建校以来，学校始终坚持先进的办学理念、鲜明的办学方向和清晰的办学思路，重在培育和凝练符合自身实际、秉持自身特点、凸显自身品质的大学文化和大学精神。学校地处西安西郊周王朝都城镐京遗址的鱼化寨，相传这里曾是周武王为雨花公主祭天的地方。几经时代变迁，“雨花”渐渐被演绎成了“鱼化”，隐含鲤鱼化蛟龙的祥瑞。自唐代开始，进京赶考的举子都要来此地祭拜，祈求一举中的，实现“鱼跃龙门”的美好愿望。学校创办者黄藤先生睿智地将学校所在地这一独特历史地域文

化与学校发展目标及校园文化理念有机融合，借助中国传统“龙”文化的基本元素和读书成龙的叙述方式，凝练成“多元集纳、自强创新”的校训和以“鱼化龙”精神为核心的学校文化建设思路与体系，为学校的长远建设和持续发展奠定了深厚的文化思想基础。

“鱼化龙”精神是一种多元集纳、自强创新的精神追求。“处鱼化龙之地，为鱼化龙之事，寄鱼化龙之望”，是学校发展理念融入独特地域文化的典型成果，更是外事人自强不息精神的真实写照。校园文化的核心是鱼化龙精神，它精妙地契合并阐释了大学精神崇尚“自由与创新”之思想品质与灵魂价值。从“鱼化成龙”，俨然一个自由生长、自主进化、自然蜕变、自我升华的重生再造过程，形象地印证了大学教育人、锤炼人的基本功能。鱼化龙精神蕴含了三层意思：

其一，“鱼化龙”的理想追求，重在“化”。“化”是一个积极努力、超越自我，坚持不懈、逐步升华直到人生完全蜕变的渐进过程。它是“内化思想”与“外化行为”，“既化品质又化能力”有机统一。也是自我约束、自我激励与环境熏陶、感染催化的同步作用。“化”既要化教职员工为“优秀教师”“教学名师”，更要化学生成“三好学生”“十佳大学生”。“化”的机理在于教师以教学科研提升自己的人生价值，学生则学习磨炼完成自己的人生蜕变，在师生的教与学的互砥互砺中，共同实现一边是教书育人的辛勤园丁，一边是品学兼优的莘莘学子的理想境界。

其二，“鱼化龙”精神的实现途径是多元集纳、自强创新。大学是知识荟萃、科学雕琢之地。只有奉行思想解放、学术自由的宗旨，遵循“学无长幼、校无大小、教无高下、育无国界”的胸怀，秉承“汇南北之气、凝东西之髓、顺乾坤之理、立民校之魂”的教育理念。倡导教师要有献身科学、追求真理的气魄，大胆进行教学改革和学术创新，努力提高办学水平和教育质量，同时教导学生胸怀天下、脚踏实地，敢于质疑，善于探索，积极实践，全面提高综合素质。

其三，“鱼化龙”精神基本要求是爱岗敬业、感恩奉献。大学文化的培育建设，始终就是一个广大师生员工共同参与、积极践行的能动创造过程。“鱼化龙”精神要求通过爱岗敬业、感恩奉献活动塑造“外事人”的特有品格。教师要发挥“学高为师，身正为范”的示范引导作用，坚持以献身民办教育事业为志向，立足本职岗位，勇于进取、顽强拼搏，争取出色的教学科研业绩和优异的教书育人成果。同时要求学生热爱母校，以“我以外事为荣，我为外事添光彩”的理想追求和“今朝外事育我，明日我予外事”的信念情怀，孜孜不倦、努力学习，坚持实践、积极成才。

2. 汲取传统文化精华，增厚思政课学习内涵

在不断实践探索积累的基础上，学校据此开发出《化鱼成龙》课程，作为学生通识教育的必修内容，在本专科的一年级第一学期开设。

同时，根据几门思政课课程的不同定位和功能，分别在原有课程内容的基础上，适当增加、补充中华优秀传统文化的新教学内容，增加了课程的厚度，延伸了课程教育视野，强化了课程的“中国化”和“传统文化化”，使学生对课程的认识和理解更具有历史传统感、更具有民族亲切感。

如在《思想道德修养与法律基础》课中，补充了“圣贤文化”和“民族精神”等重要内容，着重从中华优秀文化倡导的明志、立德、修身、学艺、践行、建功、报效国家的主题思想入手，灌输和培养学生把个人和社会、国家融为一体，立大志、成大业、积极投身中国特色社会主义伟大事业的自觉性和坚定性。

在《中国近现代史纲要》课中，增加“中国传统文化应对西方文化”专题，特意辨析近代以来为什么中国传统文化在遭遇西方文化猛烈侵袭中，屡屡受挫而仍然顽强抗争的优秀品质，并经过多次内外因素消解而始终没有沉寂和窒息，最终通过与马克思主义的有机融合，经过社会主义改革完善的实践，走出中国传统文化现代化、世界化发展的新天地、新时代。帮助学生建立对中国传统文化的热爱和自信，也使学生理解弄清了“为什么我们会选择马克思主义”的历史文化原因。

而在《马克思主义基本原理概论》课中，我们融入了针对辩证法原理

及“矛盾规律学说”，把“易经”中的阴阳学说和《黄帝内经》中的辩证诊治的中医理论加以揉进，极大地丰富了对辩证法思想的理解。同时，又在“认识论”中补充了“张载关学”和“阳明心学”内容，使得学生对认识的发生、发展过程的掌握更加细致入微，心领神会。这些新内容的加入，大大拓展了学生学习领会马克思主义基本原理的社会历史文化基础，使学生在接受来自西方的马克思主义学说中，亲切感受中国传统文化中暗含的马克思主义基本原理和思想，更加深刻的认识和理解马克思主义能够救中国的科学道理。

在《毛泽东思想和中国特色社会主义理论体系概论》课中，我们着力于“中国优秀传统文化的现代化”和“中国传统文化与中国特色社会主义”这两个基本命题，分别从传统文化如何实现创新性发展和创造性转化的角度，展开探讨中国传统文化时代价值与现实意义，及如何走出国门，被世界人民熟悉热爱的策略与路径。使学生对当前坚守中国文化传统，肩负文化复兴使命有了更加明确的责任和方向。

三、构建主体性教学模式，推进教与学角色变革

通过主体性教学模式的探索和实践，着重促成学生从“让我学”到“我要学”学习观念的根本转变，切实解决“真学”“真信”“真用”的自主性问题。①

（一）发挥学生主体作用，彻底转化思政课堂的形式与方法

以学生为主体，以教师为主导，以教材为剧本，以课堂为舞台的课程综合改革体系。

① 卢黎歌、岳潇：《着眼“学习侧”特征，提高“影响侧”活力——对提高思想政治教育实效性的思考》，《西安交通大学学报（社会科学版）》2017 年第 2 期。

1. 学生主体性是指学生在教育教学过程中所表现出的主观能动性等内在特性。“思政课”成效的发挥依赖于学生主体性的发展，离开学生主体性的发展，“思政课”教学的主导性就成了无源之水，无本之木。随着“思政课”教学方法改革的不断深入，立足学生根本需求，突出学生主体性的教学方法改革已成大势所趋。

2. “以生为本”的教学本旨，实现教学方式从传统单向度的理论说教转变到增强学生主体性上来是提升思政课教学质量的重要途径。具体来说，高校思政课应坚持“以生为本”的原则，授课教师注意运用贴近学生生活的教学语言，通过问题式理论教学和实践教学形式充分调动学生的主观能动性，让其参与到教学中来并扮演主角。在教学互动中，师生共同思考历史和现实问题，实现双方主体思想和视角的交叉融合，以较为隐蔽的柔性方式逐步达成思政课的教学目的。

3. 交互性的教学设计蕴含着师生之间的内在同一性（理想定位和信仰认同）和贯通性（情感沟通和思想交流），即相互承认而彼此交往的高校思政课交互主体性师生关系的本质，在于师生基于相互善意的和谐交往而共享知识（信任与爱戴）。高校思政课交互主体性师生关系具有交往主体的相互性、交往身份的对等性、交往过程的开放性、交往活动的实践性等基本特征。

特别强调，高校思政课堂学生主体性作用的发挥不是放任自流，而是通过新的教学方法，激发主体意识，满足主体诉求，发展主体能量，打造“思政课”主体性课堂来实现的。

（二）基于学生主体性发展的思政课教学方法实践活动

近年来，高校“思政课”以增强学生主体性的教学方法改革在不断开展，但由于“思政课”教学内容丰富，时间跨度较大，要想真正提升“思政课”的教学质量，发挥课堂上学生的主体作用，在整个教学过程中单一的使用某一种或两种教学方法很难实现其教学目的，必须灵活选择综合运用正确的教学方法才能更好地发挥学生的主体作用，提高“思政课”教学效果。在教学实践中项目驱动式教学法、情景式教学法、体验式教学法、对比式教学法、慕课式教学法、翻转式教学法等教学方法收效较好。

1. 项目驱动式教学法

项目驱动式教学法，是以项目驱动教学理念为指导，以具体的教学任务为载体，在指引学生完成项目任务的过程中激发学生自主学习的兴趣。近年来在“思政课”教学中广泛采用的ISAS教学法，就是项目驱动式教学法中的一个有效尝试。教师根据教学内容紧密结合社会热点拟定题目供学生选择，6—8位同学组成项目小组，选择题目，小组成员完成资料收集、查阅、汇总、整理及调研和课堂汇报。相较于传统的教学模式，ISAS教学法对师生有了重新定位，教师主导—目标导向和方法指导，学生主体—具体实施，在学生具体实施的过程中可以更好地培养学生的团队协作能力、沟通交流能力、资料的收集整理能力、独立思考和解决问题的能力，更好地实现从“要我学”到“我要学”再到“我会学”的重大突破。①

2. 情景式教学法

情景式教学法是综合运用多种教学方法和手段，设置课堂教学情景，启发学生学习兴趣的一种开放式教学方法。常用的设置情景方法有社会热点导入法、设疑导入法、音乐导入法、影像图片导入法等。以《思想道德修养与法律基础》课中讲授“爱国主义章节”为例。在课程导入环节中我们可以用“万人观看升旗仪式”以及“少年中国说”朗诵视频引入。当伴随着国歌红旗冉冉升起的时候，当“少年强则国强”声音响起的时候，所有的同学会切身感受到国家的荣耀与自己肩上的重任。学生通过情景的真实感召，有了不是旁观而是亲历的体验，认同起来没有抵触，更容易接受。

3. 体验式教学法

所谓体验式教学法是指以课堂教学、生活体验、参观考察、社会实践等

---

① 吴学兵、吴海云：《高校德育基地建设的创新构想举隅》，《邯郸学院学报》2017年第1期。

活动为主要形式，以学生个体参与为特征，以学生亲身体验、直接感悟为主要内容，所展开的教学活动。在教学实践中主要运用“红色”元素现场体验式教学和社会实践体验式教学两种。每座城市都有自己独特的气质，而西安的气质就是“红色”，有着丰富的红色历史资源，我们可以结合教材内容，因地制宜，确立“西安事变”“西安八路军办事处”现场教学点及教学主题，在历史发生地讲述历史，可以增强吸引力。在历史发生地点评历史，可以增强感染力。在历史发生地反思现实，可以增强震撼力。事实上，一堂课有时就是一次心灵的震荡、精神的洗礼。

4. 对比式教学法

对比式教学法就是要求教师在备课和授课的过程中，通过对课程内容进行古今中外的对比来加深学生对问题理解的深度和广度。对比教学法讲究对比样本的可比性和连贯性，即对比的必须是同一类事物和事实。同时，对比教学法还要注重对比问题的反差性和强烈性。如此对比的效果才会明显。比如，在讲授“社会主义改革开放理论章节”时，就运用了对比法，先对比了从古至今“开放”理念在中国以及世界上的变化，再让同学们来讲诉自己家乡、自己家庭“改革开放”以来的变化，这样既贴近实际，又易于让学生参与、让学生认同，达到较好的教学效果。

5. 慕课式教学法

MOOC（即大规模在线开放课程的英文简称），中文翻译为慕课。慕课是一种运用网络技术开展的教学模式和学习行为。慕课的成功主要得益于其三项技术优势：“微课程”、“小测验”和“实时解答”。在我们当前的传统型大学教学中，尚难以全面开展慕课，而且“思政课”作为做“人的思想”的工作，也很难完全用慕课等形式来代替传统教学，但我们可以合理借鉴慕课的一些技术优势来提高教学效果。在教学时可采用在“微课程”中加入“小测验”的方式，首先录制好微课，在微课中设置一些问题。当碰到问题时就暂停视频，让学生讨论回答，教师现场答疑，当完全解决理解了这个问题，视频再往下播。这样一种新鲜的教学方法极大地激发了学生学习的激情和兴趣，最大限度地把学生的注意力吸引到课堂学习中来。

6. 翻转式教学法

翻转课堂是从英语“Flipped Class Model”翻译过来的术语。翻转课堂对传统教学过程进行了完全的颠覆，将知识传授由课堂上通过教师讲授来完成调整为课后学生通过信息技术的辅助来完成，将知识内化由课后通过学生完成作业、实践来实现调整为课堂上经教师的帮助与同学的协作来完成。

翻转课堂教学模式改变了知识传递的线性路径，提升了学生学习的自主性，有利于提高教学的实效性。但是，基于思政课鲜明的政治性、思想性的课程实际，以及社会思潮的多样化等原因，思政课不能实现完整意义上的翻转课堂，但这并不妨碍我们对翻转课堂教学模式中的某些有益特性进行有效借鉴。在思政课教学过程中，利用世界大学城空间平台推出“每课一聊”栏目，在课前教师提前布置好教学内容，鼓励学生课后通过教师网上开设的教学资源平台，结合课本等资料提前进行自主学习，在此基础上，学生可以通过“每课一聊”栏目就课程内容提出问题，教师在线进行答复。同时教师可以在课堂上对一些相对集中的问题进行解答或组织学生讨论，极大地提高了教学的针对性。

7. 倡导问题式教学改革

以前，思政课上老师只是一味地讲，学生只是一味地听，课堂缺乏生气，枯燥无味。现在，学校打破传统的满堂灌授课方式，根据学生的现实需要和课程涵盖的内容，将每门思政课设置为10个左右的专题讲座，课堂内容具体深入生动，大大提高了思政课的针对性、实效性、说服力和感染力。如果同一个专题由不同老师讲授，学生还可以自选授课教师，在课程结束时对老师进行打分，这也为下一届学生自主选课提供了依据。老师们在不断提高授课质量的同时，学生们的课堂抬头率和满意率也大幅提升。

为了保证专题教学的效果和质量，要求教师对专题的内容首先在全体教师中深入讨论，全面的理解和把握课程内容，依此确定专题做好整体设计。要对教学专题的内容、形式、方法、案例、教态以及课件等进行不断的修改和完善，做到专题内容源于教材又高于教材，从而确保教学目标和教学任务的落实完成。

8. 参与式多元化实践改革

教学实践包括校内实践和校外实践，让学生从课堂走到当下的社会生活中，参与到形形色色的社会活动中。我校的参与式项目化实践内容五花八门，有实地参观航天城、航空城、白鹿原影视基地，改革开放图片展览、西部贸易洽谈会服务，参观高新区创业企业，革命影片展映展播，以及各种公益活动、人物访谈、话剧表演、诗歌朗诵会等等。学生们分组参与到一个个项目化实践活动中，自己设计活动方案、拟定采访提纲、组织活动过程、撰写心得体会和活动总结。这种坚持用理论指导社会实践的教学活动形式，极大地拉近了理论和现实生活的距离，让学生在思考具体问题中学到了理论知识。

实践证明，在教学中灵活选择综合运用多种教学方法，取得了良好的教学效果，思政课成为学生最喜欢的课程之一。由此可见，只要我们回归教学本原，不断“以学生为出发点和依归”改革思政课教学方法，就一定能够提高思政课教学的实效性和吸引力。

（三）实行全面综合考核导向

思政课摒弃了一次闭卷考试“定终身”的考核模式，实行多元化考试，即期末机考、平时成绩（到课、听课、发言等方面）、社会实践、尔雅学习等单元相结合的综合评价。改变了以前为应付考试，同学们总是考前突击，拼命死记硬背，而考完却全忘的弊端，有效促进学生变被动接受为主动学习，上课和实践的积极性明显提高。这种动态化、立体式的学习状况记录考核，比较客观和全面地反映出一个学生的真实学习状况，也体现了思政课教育重在实效、重在转变的独特要求。

（四）提升思政课教师的修养

“思政课不好上!”这是很多高校思想政治理论课老师的共识。其实不仅是思政课，我们很多思想政治理论工作者都有这样的亲身经历和深切感受。司空见惯，老师在台上滔滔不绝地讲，学生却在下面交头接耳，或玩手机、看其他书，不理不问，很是尴尬。面对这一问题，除了坚持不懈面对新情况、新问题，努力改进教学内容，创新教学方法和加强了解学生，熟悉学生特点和需求等方面外，就是要着重加强思政课教师的综合修养，不断提升思政课教师的教育素质，确保“打铁必须自身硬”。

1. 增强教师的品德修养

教师的责任是教书育人，而思政课教师的责任就更是“育人教书”。作为要教育学生思想政治理论觉悟和品德修养行为规范的教师，用什么教、教什么的问题都要首先解决好“谁在教”这个主角的形象定位和行为认同问题。我们不能强制和苛求思政课教师个个都是圣人，但从中华文化传统而言，教师历来是“传道授业解惑”的“为人师表”者。所以，思政课教师的为人处世和行为态度必然要有高于其他人的标准和操守。固然我们现在已经建立了高校思政课教师必须是中共党员的硬性规定，但这一特殊制度在实践中并不能完全解决思政课教师的特殊性身份所应有的一系列问题。①

我们知道“打铁必须自身硬”“好花还需巧花匠”的道理，教书育人中难就难在“育人”上。所以必须在业已建立的思政课教师纪律规范的基础上，进一步施行带有一定强制性、规范性的思政课教师品德行为施行办法是完全必要的，也是进一步真正把思政课讲好（而讲好的前提是做好）的重要保证。很难想象，其实在实践中也是如此，一个自身修养不过硬，有瑕疵的人，怎么可以给别人做示范，当引领呢？中国传统文化近代以来的尴尬遭遇已经惨痛地印证了这一血的事实，即“说得好、做得差”的“身心不一”和“说的一套、做的另一套”的“知行脱离”及“对别人夸夸其谈、严格约束，对自己肆意放纵、无遮无拦”的“假君子、伪道学”者流。

2. 提高教师的业务能力

一是如何面对学生的排斥？

---

① 华洪军：《高校思想政治课实效性思考》，《吉林农业科技学院学报》2018 年第 1 期。

思政课学生有排斥、有抵触，这是我们思政课教师必须面对的尖锐问题。长期的教学实践和校园调研告诉我们，学生排斥的是脱离实际、高高在上的空谈“大道理”，而不是解决他们实际问题（思想认识或行为活动中的）的“硬道理”。同理，学生也不是一味地抵触思政课的内容，而是对于马克思主义的“教条化”倾向及“假大空”式对历史和政治的虚解和“幻化”。如我们长期存在的对革命英雄和共产党人不切实际的“拔高”宣传，这是在昔日的信息闭塞、社会僵化、知识贫乏、头脑单纯而又一切唯上的时代会有效果。可在今天，注定会适得其反，引起学生反感。比如我们讲“树立正确的马克思主义人生观”，以往是抽象理论的“高大全”的所谓无产阶级人生观，现实很难认同接受。因为它太脱离社会实际，与学生的生活、学习、成长的过程经历、感受体会有很大差别。如此又如何让他们坚信不疑、矢志不渝呢？所以，对于这个问题，我们在理论上阐述清楚后，重点要从今天的现实社会实际出发，以我们党和国家建设的目标和任务来设定个人未来和前途的角度切入分析，引导剖析。

二是如何面对学生的好奇心？

“大学生心里藏着两‘奇’，一个是‘好奇’、一个是‘猎奇’。”这是大学生正常的心理特征，当前自媒体上的很多信息正好符合了大学生的“好奇”和“猎奇”心理。如果思政课老师还依然以“圣人圣言”的身份“板起面孔”训导话，再科学的知识、再完美的理论、再重要的思想也不可能在学生身上发生丝毫作用，这也是人文社会科学不同于自然科学的一个显著特点。

为此，老师们只有适应新时代的信息传递传播的形式和手段的变化，学习新技术，掌握新手段，运用好新媒体。现在我们学校青年思政课老师都会熟练地使用视频编辑、剪辑的技术。比如在《思想道德修养与法律基础》课中讲到“为人民服务”的时候，就可以熟练找来电影《张思德》《焦裕禄》《孔繁森》，自己动手剪辑相关视频放给学生们看。在《马克思主义基本原理概论》课中讲到马克思主义“人类解放”理论时，播放并带领学生一起高唱《国际歌》，就很受学生欢迎。

三是如何发挥导演作用？

虽然教学形式的丰富多样非常重要，但注意教学的基本技能只是初级阶段，真正的高手是“无招胜有招”。所以，要想上好思政课，还要能当好“导演”。这里所说的导演，其实就是对教学的设计。每个学期开始，我们通常都会在学生中做一个调查，让学生回答几个问题：一个是“你当前最关心的个人问题”；另一个是“你当前最关心的国家社会问题”。让学生每一类各列出三到五个问题。所有学生都进行思考并列出问题后，我们再把六七个学生分成一个小组进行讨论，归纳出本小组最关心的三到五个问题。之后，每个小组把自己关心的问题列到黑板上，并讲出关注的理由，然后全班进行讨论，最终得出全班最关注的五到六个问题。而这些问题就成了今后课堂教学的重点，也作为社会实践活动的主题，让每个小组认领一个问题，同学分别收集资料，完成书面调研报告，并在课堂上呈现。这样做，学生既能参与到课堂中，前期的思考和讨论也会引发学生对思政课所学内容的探索兴趣。

四是如何选取话题？

要成为一名好的思政课老师、上好一节思政课，如果研究不到位，那么就只能是个教书匠，即所谓“科研是教学的支撑”。思政课要求教师要有很大的阅读量，每一位都要过好读原著这个思想政治理论课教师的基本功。马克思主义的经典著作体现了科学精神，是常读常新的书。只有读进去了、读明白了，才能真正理解，上课才能自信自如，深入浅出。这也是“教者自明”的道理。现在我们做到每节课只讲一个概念或理论（专题）。但这一个问题就会讲几节课。依此以点带面、传输着系统的知识。充分发挥了理论的逻辑论证功能和思维启迪魅力。因为跟以往大学生不同，现在这些孩子（“90后”“00后”）是在中国发展最顺、最快的时候出生和长大的，他们对国家和社会有着发自内心的自信和热爱。所以，他们有很强的责任感，不仅关注自己的成长，同样关注国家和社会。我们上好思政课，不仅是在给这些孩子传授正确的知识和观点，同时也是这一代年轻人自身成长的需求（是由他们自身内心生发出来的）。

3. 教师要关爱学生

“做好老师，要有仁爱之心”。任何成功的教育一定是一种师生互敬互爱的彼此信任的情景中进行的。教育是一门“情感”事业，是一个“良心活”。所以，古今中外的教育家一直主张，爱是教育的灵魂，没有爱就没有教育。事实上，环顾中外名师，无一不是因爱而生、因爱而成。但是，现代社会人际关系的世俗化和功利化也在强烈的冲击着大学校园，师生关系也伴随着大学规模扩张和师生比的下降而疏远或陌生，教师与学生的深入交流缺乏，教师对学生的教育强度减弱。这些新的问题只有通过教师以自己的敬业精神和职业操守来解决。

“亲其师而后才能信其道。”爱心是成为一名好教师的基本素质和先决条件。我们看到，一个个博学大师，个个均乃谦谦君子，其温文尔雅、彬彬有礼，关爱学生、尊重学生是他们教书育人的座右铭。爱教育，就要献身教育的道理就在于要把这种爱倾注在学生身上。“良师益友”是说一名好老师首先应该是学生的好朋友，而且会是学生一生都不能忘却的人。众所周知，鲁迅先生以笔锋犀利、言辞冷峻称誉文坛，可是在关爱维护学生方面却不遗余力，鞠躬尽瘁。肖红、肖军两位文艺青年能够怦然成名就是鲁迅先生一手栽培呵护的结果。回想抗战时期的西南联大，在艰难困苦的条件下，仍然能够培养出诸如杨振宁和李政道这样的人才，如果没有那些始终以信念和爱心坚守在讲台的教师是不可能取得如此成就的。李大钊、陈独秀对青年毛泽东的帮助和指导，杨昌济、徐特立先生和毛泽东的师生情谊已经成为名垂史册的教育佳话。可见，在大学教育上，不同专业、学科的不同教师，教学的风格可以多样、多变，各有千秋、各显神通，但有一颗温暖学生的爱心和诚心却是一切教育延续相继的永恒主题。

4. 身教重于言教

说一千道一万，归根结底，思政课教师要把大道理讲给学生听，并使他们听进去。你首先要有示范、表率作用。要彻底解决好“道理只是给别人讲的”这一教化和说教中的根本性问题。长期以来，我们忽视了一个教育中的关键性问题，就是施教者自身的教养问题。特别是思政课教师的言行举止与行为规范，如果我们仅仅是在课堂上“滔滔不绝、天地人心”或只在嘴上说“国家民族”，却不能在行动上、仪表上当示范、作表率，在当今这个时代是根本行不通的。

四、坚持“四结合”教学联动，强化思政课功力

按照“系统推进、整体发展”的组织思路和教学特色，通过连续不懈的探索、实践，经过几个教学周期的循环积累和不断提升，初步形成一整套设计合理、行之有效的教学体系方案。

一是坚持“教学与科研协同起来”，以培育一支“集科研和教学两方面的杰出本领于一身”的师资队伍；教学与科研相结合，解决了现实中存在的教师只“教”不“研”或只“研”不“教”等教研衔接一体、教研互补促进问题，有效激发了教师的潜能，提高了教学质量。

二是坚持“理论与实践结合起来”，以搭建理论课和实践课相互结合、相互渗透、相互促进的立体课程体系；理论与实践相结合，遵循教育教学规律，围绕着“学与做，知与行”的贯通与融合，不仅使课程设置更为优化，而且学生更易理解和接受。

三是坚持“课内与课外联动起来”，以让学生在理论熏陶和实践学习中获得成长；课内和课外相结合，强化实践教学，有效改善了思政课教学中面临的抬头率不高、针对性不强、吸引力不够、理论与实践相脱节的问题。

四是坚持“线上与线上混合起来”，以积极探索“互联网+时代”的教学模式；线上与线下相结合，运用互联网新技术，打造信息化课堂，有效增强了课程的吸引力，满足了学生成长成才的需要，使学生真心喜欢思政课。

具体做法与过程：

1. 教学与科研协同起来

六年来，我们坚持没有科研就没有教学的理念，认为从事现代高校教学和科研的教师，其最崇高的使命，就是要把科研和教学两方面的杰出本领结合在同一人身上。

在教学上，我们常态推进教研室主任负责制和每周一次的集体备课制度，全面推行各门课的专题化教学改革。实行课堂五十分钟精确设计，做到教学步骤环节的精挑细磨，确保思政课教学无失误、零事故。

在科研上，我们施行每两周一次的“研读经典、思想会商”学术沙龙活动，聚焦“思政课堂、教学热点、理论难点及习近平总书记的重要讲话，廉政建设、传统文化的创造性转化和创新性发展等国内外重大问题”等作为主攻方向，组建科研团队，重点攻关，凝练高水平成果，着重在争发核心论文和申报省部级以上课题上下功夫，全面提升科研能力和水平。

2. 理论与实践链接起来

课堂理论教学的规范化、常态化教学侧重解决的是基本知识、基本理论和基本思想的教育。而真正要树立马克思主义、中国特色社会主义的基本观点、立场和方法的问题，仅仅停留在一般性的理论教学是远远不够的。所以，坚持理论与实践的结合，一直以来是思政课教学的主要内容和主要方法。为此我们根据四门课程的不同定位、内容和要求，分别设计了学生社会实践的方案，着重解决学生的知与行的统一问题。

（1）着力解决好几个结合

一是课堂学习与个人思考相结合。

二是教材学习与社会学习相结合。

三是学会运用课程学习的基本原理、观点和方法观察、分析、解决社会实际问题。

（2）明确主要解决的问题

一是个人生活、学习、成长过程中的各种问题。

二是学校里、同学之间、班集体、社团活动及其他校园活动中存在的各种问题。

三是社会发展中出现的重大问题和热点问题，贯穿于各领域、各行业，诸如经济、政治、文化、社会、环境等方面。

此举旨在让学生由基于社会观察的知识运用转向基于生活体验的实践学习，获得真实的生活体验，学生在实践学习中获得成长。

3. 课内与课外联动起来

思想政治理论课教学是理论化的，更是实践化和生活化的。几年来，我们不断推进与完善实践教学的组织方式与活动内容。

（1）结合西安市志愿者活动开展情况，将志愿服务活动引入思政课实践教学，作为期末考核的必备材料。

（2）联系学校实行的学生行为养成教育活动，全面考核学生行为活动状况，将学生的思想道德素质诸多体现形式（包括学生的日常表现、做好人好事、社会服务、参赛获奖等），通过每月的“行为养成成绩”来量化体现学生的“行为状态”，并作为期末考核的主要依据。

（3）与各二级书院联合开展的文明宿舍评比活动，面向全体学生进行“搞好宿舍卫生，健康宿舍生活”的宣传教育和检查、评比，并将结果也纳入期末考核体系之中。

4. 线上与线下混合起来

“互联网+”改变了我们的生活，也使“线上教学”与“线下教学”混合式教学成为一种趋势。适应微时代的发展，设立与学生交流的“微信群”，探索“微化”教学模式，将课程章节知识点、课堂教学案例、美文赏析等材料及时上传，实现了师生的实时互动，学生在网络学习中获得成长。现在大多数老师已经实施了网络教学。

五、推行“四阶段”实践教学，深化思政课功能

为了使思政课教学与学生学习成长过程紧密联系保持一致，起到阶段性

引导、递进性促推的积极作用。我们顺应时代变化脉搏，仿效“化鱼成龙”的循序渐进特性，锐意变革思政课实践教学形式。

改革开放40多年来的社会转折与生活变迁，造就了一代全新的青年，他们的心理情感、思想观念和行为方式已经具有鲜明的时代烙印。因此，大学教育，尤其是思想政治理论教育更要切近时代、切近社会、切近学生的心理倾向和思想需求。所以，转变观念、创新机制，精心谋划以“鱼化龙”精神为核心的教育教学特色项目，实施“鱼化龙”课实践教学模式，借助鱼化龙的阶段渐进性与层次跃升性的发展机理，全面推进和切实落实思想政治理论课的实效性。依据大学生成长的基本规律和现行本科培育计划的“3+1”模式，把“鱼化龙”划分为针对大一新生的环境培育、针对大二学生的主体自觉和大三学生的引导成长等三个不同阶段的教育过程。其特点是实现了学生教育教学的阶段性和递进性的有机统一。依此分别选择实施项目和侧重安排相应的教育教学内容和社会实践活动形式。

具体措施和过程：

1. 营造“鱼化龙”育人环境，奠定学生品德修养基础

大学新生入校后，立即会感受到学校倾心打造的适合大学生心理情感和思想行为发展特征需要的丰富多彩的浓郁校园文化的熏陶，奠定了学生得以健康成长和全面发展的良好“育人环境”。帮助学生熟悉大学生活，适应大学生活，加快融入、投入到大学生活中来，成为一名彻底的大学主人所必须具备的“角色”到位和“情景”吻合。

首先，按照《思想品德修养与法律基础》课的教学目标和要求，设定学生行为养成教育和觉悟意识培育的社会实践活动教学。通过与西安市雁塔区鱼化寨养老院、西安儿童福利院合作开展的志愿者服务活动；便捷灵活的勤工俭学活动；温暖亲切的多项社会公益活动；兴趣广泛、爱好多样的科技研发与创新活动，帮助学生自觉养成个人品德磨炼的正向心理定式和情感倾向。

其次，依据《中国近现代史纲要》课的教学目标和要求，规划坚信马克思主义、中国共产党和走社会主义道路的正确选择是历史的必然的社会实

践教学活动。通过参观革命圣地延安与北方红都照金，接受革命传统教育活动；开展城市、农村专项问题和当前社会热点、焦点问题的调查活动；每年寒暑假组织学生赴美、日、韩等国游学活动等，实现革命传统的感召和激励教育作用。

2. 坚持正面理论引导，促进“鱼化龙”主题的思想自觉

进入大学二年级后，学生重在开始践行在大一时已经为自己设定的奋斗目标和发展计划，做到积极主动、乐观进取、发展个性、学有所成。

首先，结合《马克思主义基本原理概论》课的教学任务和内容特点，设计好坚定马克思主义基本原理、基本观点和基本方法的社会实践教学活动。通过与社会主义新农村建设典型袁家村合作开展的社会实践教学活动；西安市经济开发区泾河工业园区的工业化道路建设模型的参观调研等，达到理论与实际、思想与行为的真正融合、贯通。

其次，符合《毛泽东思想和中国特色社会主义理论体系概论》课的中国化鲜明特色，创设坚定中国特色社会主义道路、理论、制度、文化自信的“四个自信”和建设社会主义“五位一体”总体规划的社会实践教学活动。通过联合创业学院与合作企业开展就业与创业的体验和尝试活动；西安市沣东新城建设“现代田园生态都市”体验活动；大学生艺术团文化下乡和文化惠民演出活动；暑期大学生系列社会考察活动；等等，造就学生自觉投入社会、积极建设社会的真实本领。

3. 教育学生必须热心公益，养成“鱼化龙”的纯正品格

学生到了三年级后，思政课教师仍然是以学生“导师”的身份继续和学生保持紧密的联系，他们既是学生思想理论学习的直接指导者，也应该是学生完成学业和健康成长的有益引导者。

遵循大学生思想政治教育的长效性原则，依照《形势与政策》课的目标任务，主要开展旨在明确大学生责任义务的社会实践教学活动。通过与西安公交公司合作的大学生义务维护乘车秩序，做文明乘客的活动；大学生义务献血宣传活动；设立重点公共区域（西安火车站、西安长途汽车站）“大

学生便民服务站”（学生节假日和寒暑假）；等等，培养学生切近生活、切近时代、切近社会的能力。

六、创新社会实践形式，加强实践过程管理

（一）实践教学的主要内容

思想政治理论课实践教学形式包括三大类：

第一，调研类，学生结合种树、带薪实习、学农、学工和学军等活动，通过深入农村、社区和工矿企业等基层，运用所学的马克思主义理论并联系社会经济发展重点、热点、难点和疑点等实际问题进行调研，每人至少撰写1篇有价值的调研报告。

第二，观读类，包括阅读马列主义经典原著、观看影视视频、参观当地爱国主义教育基地等，并撰写读书心得、观后感等。

第三，竞赛类，如阅读比赛、知识竞赛、演讲比赛、辩论赛、论文评奖、微视频大赛及实践报告评比、“挑战杯”各类型的大赛等。

其中调研类和观读类为基本类，学生必须完成这两大类实践形式并将成果呈交给指导教师，竞赛类作为实践教学活动的加分参考。

实践中，我们是根据学期的不同和国内形势的变化等需要在以上三大类别的活动中有选择、有所侧重地实施灵活多样、丰富多彩的实践教学活动。

（二）实践教学的基本要求

1. 对教师的要求

（1）实践指导教师在每次实践教学前都要对学生开展专题培训。在参观学习、社会调查、座谈研讨等活动结束后，实践指导教师及时评阅学生的调查报告、观后感、小论文或实践学习的心得体会，并结合学生在整个实践教学活动中的表现，综合评定每个学生的实践教学课程成绩并评选出优秀实

践教学课作业。

（2）指导教师要认真组织，亲自参加，抓好重点，指导全面，保证每次活动收到应有的教学效果。每次实践教学活动结束后，指导教师要组织学生进行总结交流会或报告会（学生谈收获、体会等），并对本次实践活动情况进行总结、评价，写出总结报告备案。整个实践活动结束后，指导教师可以组织学生通过展板、优秀论文集出版等形式展示实践教学的成果。

2. 对学生的要求

（1）实践课程前，要在教师指导下选定调研课题，并做必要的准备工作。

（2）实践教学活动中，要服从指导教师的统一安排和指挥，遵章守纪。

（3）每次实践课程结束后，要完成一份调查报告或通过实践学习对所学理论加深理解的心得体会文章。

（4）积极参加分组讨论和班级、学院或全校的研讨交流。

（三）实践教学的监测考评

1. 思想政治课实践教学成绩评定采用百分制，平时表现占 40%，成果（论文等）占 60%。学生的成绩达到 60 分及以上为及格，60 分以下为不及格，不及格者一律重修本门课程。

2. 学生必须亲自参加实践教学活动，杜绝任何形式的抄袭、“搭便车”等行为。一经发现，成绩记为零分。以团队形式参加实践教学活动的学生，第一执笔人的成绩可以获得优秀，其余成员的成绩不能获得优秀。没有调研类实践成果的学生，该门课程成绩不能获得优秀。

第二节　拓展德育领地、融汇学科育人资源，开创德育新篇章

“课程思政”是新时代新形势新任务下探索和增强我国高校思想政治教

育的新形式、新途径和新举措，同时也是高校思政课教育教学改革创新发展的有益延续与内涵扩展。顺应了时代的变革趋势和新一代大学生成长环境的全新转换境况。它要求我们必须以崭新的理念和变革的思路，创新性地清晰审视和准确评价我们今日的社会、我们今日的世界、我们今日的生活等等事物与问题，对社会与人、环境与人及人的价值等重大关系作出富有时代意义的解释和阐发，重点回答并解决中国特色社会主义新时代的青年大学生的理想信念、核心价值、精神追求及其对国家、民族和人类应该担当的社会责任和历史使命。

一、理念与思路

（一）基本理念

高举中国特色社会主义伟大旗帜，以马克思列宁主义、毛泽东思想、邓小平理论、“三个代表”重要思想、科学发展观和习近平新时代中国特色社会主义思想为指导，以党的十九大精神为指引，深入学习贯彻落实全国、全省高校思想政治工作会议精神以及习近平总书记在学校思想政治理论课教师座谈会上的重要讲话精神，坚持社会主义办学方向，落实立德树人的根本任务，充分发挥思想政治理论课主渠道、主阵地、主旋律作用，深入挖掘通识课程、专业课程及各教学环节育人功能，形成各类各门课程协同育人格局，把思想政治工作贯穿教育教学全过程，实现知识传授、能力培养与价值引领的有机统一，着力培养有社会责任、有创新精神、有专门知识、有实践能力、有健康身心的应用型高级专门人才。

（二）主要思路

从高等教育“育人”本质要求出发，树立“课程思政”核心理念，强调学校教育应具备 360 度德育“大熔炉”的教育合力作用，课堂教学过程本身就是育人最主要的过程，也是教书育人最重要的途径；知识传授与价值引领是育人的基本实现形式，也是学校最具效能的实现形式，在教育教学中，既要注重在价值传播中凝聚知识底蕴，又要注重在知识传播中强调价值引领，突出显性教育和隐性教育相融通，实现“思政课程”与“课程思政”的同向同行，形成协同效应。①

通过科学的制度设计和机制激励，探索高校“课程思政”可复制可推广路径。重点是两个方面：一是强调高校党委主体责任，明确高校各门课程都具有育人功能，所有教师都负有育人职责。二是逐步修订专业人才培养方案，深入发掘各类课程的思想政治教育资源。

二、设计与规划

（一）整体设计

1. 建设方向

从国家意识形态战略高度出发，牢牢把握思想政治理论课在思想政治教育中的核心课程地位，充分发挥其他所有课程育人价值，构建思想政治理论课程、综合素养课程、专业课程“三位一体”的高校思想政治教育课程体系。②

“课程思政”实质不是增开一门课，也不是增设一项活动，而是将高校思想政治教育融入课程教学和改革的各环节、各方面，实现立德树人润物无声。

围绕《知识传授与价值引领相结合》的课程目标，强化显性思政，细化隐性思政，构建全课程育人格局。

---

① 《从“思政课程”到“课程思政”——上海探索构建全员、全课程的大思政教育体系》，《光明日报》2016 年 12 月 12 日。

② 高燕：《课程思政——课程思政建设的关键问题与解决路径》，《中国高等教育》2017 年第 15 期。

2. 功能定位

具体来说，是将高校所有课程划分为思想政治教育显性课程和隐性课程。显性课程即高校思想政治理论课（四门必修课+形势政策课），是对大学生进行社会主义核心价值观教育中的核心课程，在大学生思想政治教育中发挥价值引领作用；隐性课程包含综合素养课程（即通识教育课、公共基础课等）和专业教育课程（即哲学社会科学课程和自然科学课程）。

前者在思想政治教育中发挥浸润作用，注重在培育人的综合素养过程中根植理想信念；后者发挥深化和拓展作用，在知识传授中强调主流价值引领。通过推动思想政治理论课显性育人与其他所有课程隐性育人相结合，使思想政治理论教育与专业教育协调同步、相得益彰，真正实现在课堂教学主渠道中全方位、全过程、全员立体化育人。

（二）实施规划

1. 结构层次

以思政元素融入专业课为突破点树立课程观。落实党委主体责任，以教师党员岗位建功为要求，以点带面分步推进“课程思政”教学改革试点，参与试点的教师实现不同年龄阶段不同职称层次全覆盖。设计“强大的中国与变化的世界”“中华传统文化精神”“新时代核心价值”三大课程系列，遴选15门试点课程。举办“课程思政”教学改革试点培训班，建立辅导员助教制度，试点课程教师开展集体备课。

2. 分类推进

以思政元素融入专业培养方案为着力点调适专业观。从课程聚焦到专业，将育人理念融入专业点整体规划。如仿照设计文化产业管理专业的“专业培养方案—各类课程群—具体课程”三级目标结构，将专业课程分别归入“市场经济类”“文学艺术类”“文化管理类”三大课程群，设置每类课程群的知识传授、能力培养和价值引领目标。每门具体课程围绕课程群目标来铺展本课程三维目标，使课程目标自上而下层层细化与落地的做法。把全校课程划分为“人文艺术类”“经济管理类”“医学健康类”“工程技术类”四大板块，分别明晰确立不同课程群类的相关教育价值和功能定位，逐一具体落实课程思政教育内容。

3. 创建模式

探索“3+X”模式，开展融入式课堂设计。探索专业教师为主导、学生为主体、思政工作者积极配合、其他组织或个人参与的“3+X”模式。教师采用网络、座谈、竞赛、考察、调研等多种形式，每4周结合课程内容开展一次实践活动。各部门加强资源集中和整合，向专业教师提供丰富多样的课程资源。

三、目标与任务

（一）基本目标

1. 总体目标：深入挖掘拓展学校各门课程思想政治元素，充分发挥各门课程的思想政治教育功能，切实把思想政治工作贯穿教育教学全过程、各层面，提升思想政治教育亲和力和针对性，形成全过程育人、全方位育人格局，全面加强学校思政工作，全力推动学校建成有特色、高水平、国内知名的教学研究型大学。

2. 具体目标：建设学生真心喜爱、终身受益、毕生难忘的思想政治理论课；培育一批充满思政元素、发挥思政功能的示范通识课和专业课；开发一批具有学校特点的系列特色课程；培养一批具有亲和力和影响力的课程思政教学名师和团队；提炼一系列可推广的课程思政教育教学改革典型经验和特色做法；形成一套科学有效的课程思政教育教学质量考核评价体系。

（二）重点任务

1. 增加哲学社会科学与人文学科选修课的数量

哲学社会科学与人文学科中的绝大部分学科都具有鲜明的意识形态属

性，担负着对大学生进行思想政治教育不可替代的重要职责。要重点发挥哲学社会科学、人文学科在大学生思想政治教育中的功能优势，适当增加相关课程学分；整合学校相关资源。在原有哲学社会科学、人文学科选修课的基础上再增加一批优质课程，三年内实现可选课程门数增加50%，创建一批品牌课程；通过专题讲座、团队学习、理论宣讲、互动交流、集体研讨、名家辅导等教学形式，进一步开拓学生跨学科跨专业视界，全面提高学生的政治素养和理论水平。

2. 开发系列特色课程

（1）突出开发自有特色课

根据学校办学定位和学科优势，组织力量重点开发《鱼化龙》系列课程，分层分类宣传我校创办历史过程的独特文化内涵和精神信仰追求。用一个个鲜活的事例、现身说法，来讲好不懈创业、勇于进取的“外事故事”，使广大学生文化自信，激发爱国爱校情怀和民办学校自豪感。

（2）优先建设社会发展课

在总结《形势与政策》课教学经验的基础上，组织力量开发《强起来的中国与未来的世界》课程，从国际视野大格局和世界发展大势的角度来宣传好我国的外交政策与战略以及取得的重大成就，同时增加《追赶超越的陕西》和《日益变化的新西安》课程，在讲好“中国故事”的同时，也要讲好“陕西故事”和“西安故事”。

（3）重点打造地域文化课

全面落实中央和学校《推进中华优秀传统文化教育工作实施办法》，结合我校“秦文化”（关学）研究优势，在总结《中国传统文化》通识课教学经验的基础上，组织力量开发《秦文化》（关学）等中华优秀传统文化课程，激发学生传承民族文化、弘扬民族精神的历史责任与担当。

3. 挖掘通识课与专业课思政元素

（1）弘扬勇于探索真理的精神品质

各门课程都蕴含着丰富的思想政治教育元素，都要发挥思想政治教育功能，在传道授业解惑中引人以大道、启人以大智。从社会运动发展及其比较中坚定社会主义共同理想、弘扬共产主义远大理想；从其学科价值中挖掘独特的行业价值、历史内涵、文化诉求；从学科实践中分享每个教师独特的学习经验、人生体悟、事业感受；从其发展历程中挖掘代表人物不畏艰苦、勇攀高峰的精神和追求卓越、不懈奋斗的光荣历程。

（2）坚持价值引领与思想导向的正能量

在科学研究中，学会运用马克思主义立场、观点、方法辨明各学科研究方向、掌握科学思维；在教学中，使学生掌握科学的世界观和方法论，为学生一生成长奠定科学的思想基础。将价值导向与知识传授相融合，明确课程思政教学目标，在知识传授、能力培养中，弘扬社会主义核心价值观，传播爱党、爱国、积极向上的正能量，培养科学精神、工匠精神等。将思想价值引领贯穿课程方案、课程标准、教学计划、备课授课、教学评价等教育教学全过程，培育专业知识与思政元素深度融合的通识课和专业课。①

（3）根据不同学科的性质特点，把握好所要挖掘拓展的维度与重点

哲学社会科学类课程要突出体现马克思主义中国化的最新理论成果，重视价值引导和优秀传统文化的传承，引导学生自觉弘扬和践行社会主义核心价值观，不断坚定“四个自信”。

自然科学类课程要突出培育科学精神、探索创新精神，注重把辩证唯物主义、历史唯物主义贯穿渗透到专业课教学中，引导学生增强人与自然环境和谐共生意识，明确人类共同发展进步的历史担当。

医学与工学类专业课程要突出培育求真务实、实践创新、精益求精的工匠精神，培养学生踏实严谨、耐心专注、吃苦耐劳、追求卓越等优秀品质，成长为心系社会并有时代担当的技术性人才。

---

① 陆道坤：《课程思政推行中若干核心问题及解决思路——基于专业课思政的探讨》，《思想理论教育》2018 年第 3 期。

人文艺术类专业课程要突出培育高尚的文化素养、健康的审美情趣、乐观的生活态度，注重把爱国主义、民族情怀贯穿渗透到专业课教学中，帮助学生树立起文化自觉和文化自信。体育类课程要主动与德育相融合，改革体育教学模式，引导学生养成运动习惯，掌握运动技能，发展健全人格，弘扬体育精神。

4. 发挥示范引领作用

（1）明确责任

制定学校《通识与专业课思政教育教学改革方案》，坚持价值引领与知识传授相结合、课程建设与深化改革相结合、重点推进与鼓励创新相结合，明确改革目标、原则、实施步骤和任务要求。

（2）稳步推进

先行开展小规模试点，总结经验，并逐步扩大试点范围，在形成成熟做法的基础上，推广到全校所有课程。

预计在 2018 年学校将各遴选一个文科、理工科学院先行试点，2018 年、2019 年分别选择 20 门、30 门有基础的通识课、专业课进行立项建设，开展试点工作，编制课程思政教学指南，修订课程标准，切实将通识课、专业课思政教学目标融入教学设计，打造示范课程，发挥引领作用。

在总结试点经验的基础上，推进核心课程建设，开发在线开放课程，到 2020 年实现所有学院全部通识课与专业课思政教学的规范化建设，整体提高育人效果。

5. 拓展课程思政渠道

通识课、专业课在加强课堂教学的同时，根据课程特点和专业培养要求，加大实践育人力度，积极拓展第二课堂，引导学生运用所学理论知识分析、发现、解决实际问题，实现知识和行动的有机统一，真正做到学以致用、知行合一，让学生在实践活动中深化认识、提升感悟、锻炼成长。要适应课程思政教育教学改革要求，优化实践教学体系，完善实践教学质量标准，加强实践教学过程管理和实效评价。要深化实践教学队伍选聘制度改革，提高实践教学师资水平和执教能力。

四、原则与要求

从认识和实践的统一性上讲，要确保“课程思政”教育教学改革取得预期成效，应当着力抓好五个关键环节。

（一）“课程思政”建设的基础在“课程”

没有好的课程建设，“课程思政”功能就成为无源之水，无本之木。为此，尊重课程建设规律，切实强化课程建设管理是“课程思政”建设的根本基础。

1. 做好制度引导

在这项工作中，学校的教学管理部门（通常是教务处）在推进“课程思政”建设中担负着重要的甚至是引领性的作用。课程建设是高校教学改革建设的一项重要内容，课程的教学实施则是教学的常规性工作。教务处无论在课程建设还是课程教学组织实施、质量评价体系建立中，应注重有意识地将“价值引领”功能的增强和发挥作为一个首要因素；在教学过程管理和质量评价中将“价值引领”作为一个重要的监测点指标。这样方可从源头、目标和过程上都做到强化所有课程都有“育德功能”的教育理念，并通过一系列教学建设、运行和管理环节将这种理念落到实处。

2. 设置精准指标

具体而言，在培养方案、教学大纲等重要教学文件的审定中要考量“知识传授、能力提升和价值引领”同步提升的实现度；在精品课程、重点课程的遴选立项、评比和验收中应设置“价值引领”或者“育德功能”指标；在课程评价标准（学生评教、督导评课、同行听课）的制定中应设置“育德效果”的观测点。

（二）“课程思政”建设的重点在“思政”

1. 强化思政灵魂

没有好的“思政”教育功能，课程教学就会失去“灵魂”，迷失“方向”，从而导致课程教学中知识传授、能力培养与价值引领之间的割裂甚至冲突。然而，在现实的教学实践中往往存在一个认识上的误区，认为“价值引领”仅仅是“思政课”的任务和责任，其他专业课程则只管知识传授和能力培养。这是“思政课”与专业课程之间产生“两张皮”现象、各门课程之间“同向同行、协同育人”合力难以形成的一个重要根源。① 这就要求在课程思政建设中，各专业课端正认识，明确培养什么样的人，为谁培养人，真正在本专业教学中融入思政教育内容，强化思政灵魂作用。

2. 明确全员育人职责

“课程思政”教育教学改革正是针对这一高校课程体系和教学实践中长期存在的“痛点”，强调所有的教师都有育人职责，所有课程都有育人功能。不同课程在人才培养方案中都有其独特的作用，不同专业、不同课程也有其自身建设的规律和要求，实施“课程思政”教育教学改革，正是在尊重课程自身建设规律的前提下，在实现课程的知识传授、能力培养等基本功能的基础上，挖掘并凸显其价值引领功能。

这就要求，高校开设的所有课程都应以“课程思政”的新理念为指南，每日“三省吾课”：知识传授明晰否？能力提升落实否？育德功能实现否？在反思中改进，充分挖掘课程的育德功能，不断优化课程建设。唯其如此，才能真正让“各类课程与思政课同向同行、形成协同效应”的应然成为明天的实然。②

---

① 刘承功：《高校深入推进“课程思政”的若干思考》，《思想理论教育》2018 年第 6 期。

② 高德毅、宗爱东：《课程思政：有效发挥课堂育人主渠道作用的必然选择》，《思想理论教育导刊》2017 年第 1 期。

（三）“课程思政”建设的关键在教师

1. 落实教师主导责任

教师是教书育人实施的主体，也是课堂教学的第一责任人。“我的课堂我做主”是对主体和责任的宣告。马克思说：“思想根本不能实现什么东西，为了实现思想，就要有使用实践力量的人。”

“课程思政”建设要靠教师去落实，首先考验的是教师的育德意识和育德能力。建设一支具有自觉“育德意识”和较强“育德能力”的教师队伍，是确保所有课程“同向同行、协同育人”的人才资源保障。①

2. 抓好师资培训环节

学校应加强教师的培训培养，利用新上岗教师培训、专业教师培训、“课程思政”教育教学改革专题培训等多种措施，切实增强教师的“育德意识”，培养和提升教师的“育德能力”，并进而养成在课程教学中主动研究、加强思想政治教育功能的自觉意识。

3. 凝练团队、搭建平台

学校还应通过搭建“课程思政工作室”等平台，整合思政教师、专业课程教师、学生辅导员和班主任队伍，组建多学科背景互相支撑、良性互动的课程教学团队，通过教师之间的“同向同行、协同育人”来保障课程之间的“同向同行、协同效应”。

4. 争取社会思政资源

应善于借力，聘请符合条件的校外专家学者、地方党政领导、知名企业家、社会各条战线的先进人物担任高校思想政治教育特聘教师。高校之间应加强合作，根据实际情况制定相应政策，保障经费投入，形成特聘教师巡讲机制，为“课程思政”建设与实施提供优质教师资源。

---

① 邱伟光：《论课程思政的内在规定与实施重点》，《思想理论教育》2018 年第 8 期。

（四）“课程思政”建设的重心在院系

1. 必须认识到位

“课程思政”教育教学改革，既要求转变教育观念，也要求优化教学内容、创新教学方法，而且涉及全校各类各门课程，并不局限于某些个别专业点，因此，对高校教育教学改革布局、教学活动组织都带来了新的问题和挑战，需要建立起上下贯通、多元参与的运行机制。

2. 党委必须重视

学校党委应切实担负起主体责任，真正成为大学生思想政治教育的责任主体，党委书记应起到课程体系“同向同行、协同育人”体制机制建设第一责任人的作用。校长、分管思想政治教育工作的副书记、分管教学的副校长要切实负起政治责任和领导责任。

3. 务求落在实处

同时，“课程思政”的建设和实施，也应成为学校各二级学院（系）内涵建设的重要内容，明确其在“课程思政”建设中的具体责任，并上升到提升办学水平和人才培养质量所必需的高度来认识和把握。这样，才能确保将各门课程“同向同行、协同育人”的理念和举措真正落到实处。

（五）“课程思政”建设的成效在学生

学校一切教育教学活动的根本目的在于培养出更高质量的人才。因此，“课程思政”改革的效果如何，最终必须以学生的获得感为检验标准。

1. 要突出以学生为中心

坚持“基于学生学习效果的教育”理念，在人才培养方案中明确德育和素质的要求，并以此为标准制定课程体系和课程教学标准。例如，鉴于我国已经正式加入《华盛顿协议》，该协议对学生毕业时必须达到的条件或具备的素质有很细化的规定。当前，许多高校的工科专业正在推行基于这个协议的专业认证，以此作为提高人才培养质量的一个重要举措。这种从学生毕业标准出发来制订并实施教学方案和计划的思路，值得“课程思政”改革借鉴（设立一个量化的可行标准）。

2. 要加强对学生的研究

“00后”学生已经进入高校，他们成长在一个思想舆论相对多元化的时代，网络和社交媒体伴随着他们的成长过程，因此与以往的在校大学生相比有其自身的鲜明特点。来自发达地区和中西部地区、农村的学生在思想观念上也存在较大的差异。这种情况还体现在不同高校之间，适合一个学校的“课程思政”教学方案未必十分适合其他学校。为此，立足我们民办高校的办学定位、基于自身的人才培养特色、针对我们学生思想特点，有的放矢地设计教学内容、选取教学方法、制定评价标准，是保证“课程思政”实施效果的一个重要原则。

五、实施与保障

（一）组织领导

成立由校党委书记和校长任组长，分管思政工作和分管教学工作校领导及有关部门负责人为成员的课程思政工作领导小组，健全工作机构，统筹推进全校课程思政教育教学改革工作。加强制度设计与完善，把思想政治工作制度建设作为学校治理体系治理能力现代化的重要政策基点，把全员育人理念纳入学校事业发展的规划和发展战略之中，强化顶层设计，重点研究制定挖掘用好各门课程思政元素的政策措施。

（二）协同联动

建立教务处、党委宣传部、人力资源处、学生工作部（处）、团委和思政部等相关职能部门和学院各负其责，互相协同配合的课程思政教育教学改革工作机制，构建各学科体系间任课教师的交流沟通与左右联动机制，定期开展调研和专项研讨，研究提出具体政策和措施，确保课程思政教育教学改革落到实处。

（三）强化考核

定期对课程思政工作实施情况进行评价，建立动态化、常态化、滚动式评价模式，使各门课程思想政治教育功能融入全流程、全要素可查可督，及时宣传表彰、督促整改。把教师参与课程思政教学改革情况和课程思政效果作为教师考核评价、岗位聘用、评优奖励、选拔培训的重要依据；改革学生的课程学习评价方式，把价值引领、知识传授、能力培养的教学目标纳入学生的课程学习评价；将学院推进课程思政教育教学改革成效纳入学院绩效考核评价。

（四）经费支持

划拨专项经费保障工作开展，通过项目的形式对课程思政工作提供资助，试点或立项课程给予 1 万—2 万元的建设经费，确保专项建设项目顺利实施；对于工作开展突出的学院和优秀课程给予奖励。鼓励各学院设立专项经费，为课程思政工作有序推进提供保障。

（五）进展及成效

按照思想政治理论课、综合素养课及专业课三类课程的功能定位，抓好试点、扎实推进、确保实效。

1. 确立第一批试点课程，明确目标任务

人文艺术学院的中国古代文学史、中国文化概论、中西文化比较等课程；医学院的中医学、护理基础课程；工学院的计算机基础、电子电路原理课程；商学院的会计学基础、国际贸易实务课程；等等。在此基础上，预计在三到五年时间内，逐步实现全部课程的“思政化”。

2. 建立专业课教师实施“课程思政”责任制度

制定任课教师责任制度，要求试点课程教师必学按照“课程思政”的规划设计要求，编写教案、设计教学环节，明确“价值引领和思想导向”的切入点和知识点，要把“课程思政”体现在每次课上，既要有连续性，又要有针对性、说服力。并着手建立专业课教师开展“课程思政”的评价考核制度。

3. 精准细化“课程思政”的内容和方法

“课程思政”涉及不同课程的不同的内容和具体特点，也关系到如何贯通各专业的课程内容、衔接课程章节等一系列细节问题，这些都需要我们进一步加强研究，摸清情况，做到心中有数、有的放矢。

4. 不断总结经验、持续推进提升

“课程思政”刚刚开始，其中的许多问题还需进一步实践探索，积累第一手资料，获取大量的现场信息，以便印证“课程思政”的实际效果。特别是我们还需要通过对实施过程中学生综合信息的大数据分析，具体检测和真实反映“课程思政”的整体状况及下一步的运行管理。

总之，思想政治理论课改革，重在加强社会主义核心价值观教育引领作用，不解决学生思想困惑的思政课不是成功的思政课，不能解答学生困惑的教师不是好的思政课教师。基于这样的共识，西安外事学院在深化思政课改革中注重发挥思政课在大学生社会主义核心价值观教育中的引领作用，从内容建设、教学方法改革、师资团队组建乃至互联网手段载体运用上多途径推进改革，着力增强高校思想政治理论课的针对性和有效性。

第七章

队伍构建：打造新时代德育铁军

《中国普通高等学校德育大纲（试行）》明确规定：学校应当采取有效措施切实加强高等学校德育专职人员队伍建设，努力培养和造就一批思想政治教育的专家和教授。根据这一要求，西安外事学院结合民办高校的特点，为适应新时代发展与德育转型的基本要求，提出构建一支专职为主、专兼结合、数量充足、素质优良的全员、全过程、全方位育人的教师队伍。

第一节　推进思政课教师队伍发展

习近平总书记在 2019 年 3 月 18 日主持召开的学校思想政治理论课教师座谈会上发表的重要讲话中，特别突出地强调了“办好思想政治理论课关键在教师，关键在发挥教师的积极性、主动性、创造性”。思政课教师，要给学生心灵埋下真善美的种子，引导学生扣好人生第一粒扣子。习近平总书记的讲话为思政教育指明了方向，为思政课建设和思政教师队伍建设提出了根本遵循和具体指导。

一、党的十八大以来习近平总书记对教师提出的高要求

党的十八大以来，习近平总书记在不同场合多次提到有关教师的问题，充分反映了习近平总书记站在党的事业和民族复兴的战略高度、围绕着“培养什么样的人、怎样培养人和为谁培养人”的根本问题，把握住了全国教育发展的核心和根本的制约性因素。

第一，“四有”好老师标准。2014 年教师节前夕，习近平总书记考察北京师范大学，在与师生座谈时，提出了教师要有“理想信念、道德情操、扎实学识、仁爱之心”的“四有”标准。

第二，“四个引路人”标准。2016 年教师节前夕，习近平总书记考察北京市八一学校时，提出了教师要做学生“锤炼品格、学习知识、创新思维、奉献祖国”的引路人。

第三，“四个相统一”标准。在 2016 年全国高校思政工作会议上，习近平总书记发表重要讲话，提出了教师要坚持教书和育人相统一，言传和身教相统一，潜心问道和关注社会，学术自由和学术规范相统一。

第四，“三个传播”“三个塑造”。在 2016 年全国高校思政工作会议上，习近平总书记发表重要讲话进一步指出，教师是人类灵魂的工程师，是人类文明的传承者，承载着传播知识、传播思想、传播真理、塑造灵魂、塑造生命、塑造人的时代重任。

第五，三项基本要求。在 2018 年全国教育大会上，习近平总书记发表重要讲话时指出，人民教师无上光荣，每个教师都要珍惜这份光荣，爱惜这份职业，严格要求自己，不断完善自己。做老师就要执着于教书育人，有热爱教育的定力、淡泊名利的坚守。

思政课教师作为教师中的一员，理应恪守党和国家对于教师的各项要求与标准。但同时也应该注意到作为思政课教师的特殊性，更加明确党和国家对思政课教师的要求。

二、“3 · 18” 座谈会对思政课教师提出六个方面的要求

在“3 · 18”座谈会上，习近平总书记强调指出，思政课教师要给学生心灵埋下真善美的种子，引导学生扣好人生第一粒扣子。他从政治要强、情怀要深、思维要新、视野要广、自律要严和人格要正六个方面作出重要指示。

（一）政治要强

“政治要强，让有信仰的人讲信仰，善于从政治上看问题，在大是大非面前保持政治清醒。”旗帜鲜明讲政治是对思想政治理论课教师的根本要求。思政课教师政治素质强不强，直接关系到人才培养质量，直接关系到新时代中国特色社会主义事业的兴衰，直接关系到祖国未来、民族命运。思政课教师如果政治信念不坚定、政治素质不过硬，就容易在各种噪声和杂音中迷失方向。教育有信仰的学生，需要有信仰的教师。思政课教师要真正地“姓马信马”“在马言马”，坚守职业的政治站位，坚定自身的政治信念，坚持教学的政治纪律。面对意识形态领域尖锐复杂的斗争形势，要敢于发声、勇于亮剑，既理直气壮、坚持不懈地宣传党的科学理论，又旗帜鲜明、毫不动摇地与各种错误思想作斗争，帮助广大青年学生划清是非界限、澄清模糊认识。

（二）情怀要深

“情怀要深，保持家国情怀，心里装着国家和民族，在党和人民的伟大实践中关注时代、关注社会，汲取养分、丰富思想。”“国家好，民族好，大家才会好。”这是习近平总书记对“家国情怀”的深情阐述。思政课教师要有浓厚的家国情怀，做到“利于国者爱之，害于国者恶之”，时时想到国家，处处想到人民，时时处处维护国家和民族利益。这是大爱，是大德，养

大德者方可成大业。教师有了家国情怀，才能教育和引导学生热爱祖国、热爱人民、热爱中国共产党，把自己的理想同祖国的前途、把自己的人生同民族的命运紧密联系在一起，扎根人民，奉献国家。

（三）思维要新

“思维要新，学会辩证唯物主义和历史唯物主义，创新课堂教学，给学生深刻的学习体验，引导学生树立正确的理想信念、学会正确的思维方法。”恩格斯说：“一个民族要想站在科学的最高峰，就一刻也不能没有理论思维。”[①] 习近平在《求是》杂志上发表署名文章《辩证唯物主义是中国共产党人的世界观和方法论》中指出，辩证唯物主义是中国共产党人的世界观和方法论。必须不断接受马克思主义哲学智慧的滋养，更加自觉地坚持和运用辩证唯物主义世界观和方法论，增强辩证思维、战略思维能力，努力提高解决我国改革发展基本问题的本领。习近平总书记告诉我们，在前进的道路上，我们要增强战略思维、辩证思维、创新思维、法治思维、底线思维能力。这就要求我们，掌握唯物辩证法，加强宏观思考和顶层设计，坚持问题导向，聚焦我国发展面临的突出矛盾和问题。理论思维是思政课教师的必备素质。思政课教师要加强理论学习，掌握和运用辩证唯物主义和历史唯物主义，掌握贯穿其中的马克思主义立场、观点、方法。思政课教学需要有正确的思想理论支撑。教师要把科学的思维方法带到课堂上，传递正确的思想，训练学生的思维。一种理论再正确、再精妙，也要应用于实际才能让人信服。教师要紧跟时代潮流、贴近受众心理、创新表达方式，提高课堂的“抬头率”。通过对学生关心的重大时事政治问题的引导，使他们树立正确的世界观、人生观、价值观。

（四）视野要广

“视野要广，有知识视野、国际视野、历史视野，通过生动、深入、具

① 《马克思恩格斯选集》第3卷，人民出版社2012年版，第875页。

体的纵横比较，把一些道理讲明白、讲清楚。”思政课教师能否把课程讲准、讲活、讲透，这与自身是否具有深厚的人文社会科学知识功底和人文知识修养，是否具有宽广的视野，有着密切关系。要讲好马克思主义理论就必须对英国古典政治经济学、法国空想社会主义、德国古典哲学等思想流派的发展有所了解；要讲好爱国主义就离不开对我国悠久历史文化的弘扬；要讲好理想就离不开对文学、哲学、心理学等学科知识的综合运用。这就要求，思政课教师学识渊博、视野广阔，集学者、观察员、评论员等能力于一身。

（五）自律要严

“自律要严，做到课上课下一致、网上网下一致，自觉弘扬主旋律，积极传递正能量。”严于自律是思政课教师的一种高尚境界。教师的言行风范是学生最直接、最生动的“活教材”。课上课下、网上网下的行为事关教师的形象和职业声誉。如果课上一套、课下另一套，网上网下言行不一，学生怎能信服。所以，思政课教师要严格自律，珍惜名节和操守，做到表里如一、言行一致，让学生能真正地“亲其师”“信其道”，拉近与学生的空间距离、情感距离和思想距离，用“一棵树摇动一棵树，一朵云推动一朵云，一个灵魂唤醒另一个灵魂”。

（六）人格要正

“人格要正，有人格，才有吸引力。亲其师，才能信其道。要有堂堂正正的人格，用高尚的人格感染学生、赢得学生，用真理的力量感召学生，以深厚的理论功底赢得学生，自觉做为学为人的表率，做让学生喜爱的人。”思政课是育人的课程，学生不仅听你讲得对不对，而且还会密切关注你做得好不好。思想政治理论课教师的自我道德品质和人格魅力本身就是一种最具有说服力的教育。孔子说：“其身正，不令而行。其身不正，虽令不从。”思政课教师要用高尚的师风师德感召学生，用言行和人格魅力熏陶学生，真正做到言传身教。习近平指出：“好老师应该取法乎上、见贤思齐，不断提高道德修养，提升人格品质，并把正确的道德观传授给学生。”①

这六个方面的要求，是思政课教师队伍建设的重要标准，也是思政课教师提升素质和水平的努力方向。应当深刻认识到，思政课教师只有在大是大非面前保持政治清醒，在党和人民的伟大实践中关注时代、关注社会，汲取养分、丰富思想，善于引导学生树立正确的理想信念、学会正确的思维方法，以宽广的知识视野、国际视野、历史视野把一些道理讲明白、讲清楚，做到课上课下一致、网上网下一致，自觉做为学为人的表率、做让学生喜爱的人，才能适应新时代发展需要，更好担负起时代赋予的重任。

三、思政课建设必须做到“八个相统一”

习近平总书记强调，推动思想政治理论课改革创新，要不断增强思政课的思想性、理论性和亲和力、针对性，就必须做到“八个相统一”。

一是要坚持政治性和学理性相统一，以透彻的学理分析回应学生，以彻底的思想理论说服学生，用真理的强大力量引导学生。

二是要坚持价值性和知识性相统一，寓价值观引导于知识传授之中。

三是要坚持建设性和批判性相统一，传导主流意识形态，直面各种错误观点和思潮。

四是要坚持理论性和实践性相统一，用科学理论培养人，重视思政课的实践性，把思政小课堂同社会大课堂结合起来，教育引导学生立鸿鹄志，做奋斗者。

五是要坚持统一性和多样性相统一，落实教学目标、课程设置、教材使用、教学管理等方面的统一要求，又因地制宜、因时制宜、因材施教。

六是要坚持主导性和主体性相统一，思政课教学离不开教师的主导，同

① 习近平：《做党和人民满意的好老师——同北京师范大学师生代表座谈时的讲话》《人民日报》2014 年 9 月 10 日。

时要加大对学生认知规律和接受特点的研究，发挥学生主体性作用。

七是要坚持灌输性和启发性相统一，注重启发性教育，引导学生发现问题、分析问题、思考问题，在不断启发中让学生水到渠成得出结论。

八是要坚持显性教育和隐性教育相统一，挖掘其他课程和教学方式中蕴含的思想政治教育资源，实现全员全过程全方位育人。

思政课建设的“八个相统一”，是对于思政课建设的要求，同时也是对思政课教师所提出的要求。

四、发挥思政课教师关键作用的途径

思想政治理论课主要是解决“培养什么样的人、怎样培养人和为谁培养人”的根本性问题，它关乎学生的世界观、价值观和人生观及方法论的问题。它的建设与教育教学改革受制于多种因素，它需要有政治高度、理论深度、视野宽度、语言温度，是思想、思维、知识、情感、人格、情怀的有机统一。怎样才能实现让我们的思政课在学生成长的“拔节孕穗期”不误时节、在其人生成长中“扣好第一粒扣子”，真正让思政课成为学生真心喜欢、终身受用的“金课”，正如习近平总书记强调指出的那样，关键在于思想政治理论课教师的作用，特别是要发挥教师的积极性、主动性、创造性。

（一）加强党的领导是关键

加强党的领导是做好教育工作的根本保证。始终坚持马克思主义指导地位，把思想政治工作贯穿学校教育管理全过程，是我们党领导教育事业的一条重要经验。

在学校思想政治理论课教师座谈会上，习近平总书记发表重要讲话，从党和国家事业发展全局出发，强调了党的领导对做好教育工作、思想政治工作的重要性，提出了加强党对思政课建设领导的明确要求，为新时代全面贯彻党的教育方针、办好思想政治理论课作出了重要部署、明确了工作任务。

思想政治工作是学校各项工作的生命线，思想政治理论课是落实立德树人根本任务的关键课程。要把思政课办得越来越好，就必须加强党对思政课建设的领导，着力解决好“培养什么样的人、怎样培养人和为谁培养人”这个根本问题。

首先，要深化思想认识。培养什么样的人，是教育的首要问题。正如习近平总书记所强调的：我们党立志于中华民族千秋伟业，必须培养一代又一代拥护中国共产党领导和我国社会主义制度、立志为中国特色社会主义事业奋斗终身的有用人才。在这个根本问题上，必须旗帜鲜明、毫不含糊。我们办中国特色社会主义教育，就是要理直气壮开好思政课，用习近平新时代中国特色社会主义思想铸魂育人。实践充分证明，只有牢牢掌握党对教育工作的领导权，加强党对思政课建设的思想政治领导，才能确保学校思政课建设的正确政治方向，确保学校用科学理论培养人、用正确思想引导人，培养好德智体美劳全面发展的社会主义建设者和接班人。

其次，要明确责任、落实任务。习近平总书记对地方党委、学校党委提出了明确要求，必须落到实处、落到细处。习近平强调，办好中国的事情，关键在党。各级党委要把思想政治理论课建设摆上重要议程，抓住制约思政课建设的突出问题，在工作格局、队伍建设、支持保障等方面采取有效措施。要建立党委统一领导、党政齐抓共管、有关部门各负其责、全社会协同配合的工作格局，推动形成全党全社会努力办好思政课、教师认真讲好思政课、学生积极学好思政课的良好氛围。对于学校党委来说，就要坚持把从严管理和科学治理结合起来，学校党委书记、校长要带头走进课堂，带头推动思政课建设，带头联系思政课教师；配齐建强思政课专职教师队伍，建设专职为主、专兼结合、数量充足、素质优良的思政课教师队伍。加强党对思政课建设的领导，还要推动思政课建设内涵式发展；完善课程体系，解决好各类课程和思政课相互配合的问题。唯其如此，方能为思政课建设提供根本保证，让思政课堂焕然一新。

（二）思政教师政治要强

思想政治理论课教师之所以首先要政治强，是因为思想政治理论课不同于其他的专业课，在贯彻“立德树人”原则、对学生进行马克思主义理论教育、马克思主义中国化最新的理论成果宣传、思想政治教育等方面，正如习近平总书记指出的“思想政治理论课是落实立德树人根本任务的关键课程”，“建设社会主义现代化强国、实现中华民族伟大复兴，思政课作用不可替代，思政课教师责任重大”。肩负着如此重要使命和责任担当的思想政治理论课教师，应当做到以下几个方面。

1. 政治立场要稳

习近平总书记提出“让有信仰的人讲信仰”，而不是让有知识的人讲信仰，这里面本身就包含着立场问题。思想政治理论课教师应当自觉地运用马克思主义的基本原理和立场、观点、方法来设计教学内容、面对学生讲清育人和做人的道理，自觉做到从政治上看问题，在大是大非面前保持政治清醒。立场稳就是要求教师的政治态度鲜明、政治方向明确、政治意识清晰、政治底线牢固等，这样才能正确地引导学生成长。

2. 三观要正

思政课教师的责任首先在于“立德树人”。青少年是祖国的未来、民族的希望。我们党立志于中华民族千秋伟业，必须培养一代又一代拥护中国共产党领导和我国社会主义制度、立志为中国特色社会主义事业奋斗终身的有用人才。在这个根本问题上，必须旗帜鲜明、毫不含糊。青少年阶段是人生的“拔节孕穗期”，最需要精心引导和栽培。我们的教育就是要通过我们的教师的言行，对学生施加价值引导，就像小树成长一样要去歪刺，使其长直顺。这个过程中教师对于学生的影响往往是超过学生父母及其他一些因素的。

3. 意识要清

作为思想政治理论课教师，首先是需要有明确的阵地意识。思想政治理论课具有极强的意识形态性，这一点丝毫不需要有任何的避讳。思想政治理论课教师有责任守好这块儿作为“主渠道”的阵地。其次是需要有牢固的底线意识。“研究无禁区、宣讲守纪律”是思想政治理论课教师的基本坚守。要有规矩底线，这也是思想政治理论课教师的基本政治素养。再次是要有为国家为民族培养堪当大任的建设者和接班人的责任意识。思想政治理论课教师不能仅仅把从事思想政治理论课工作作为一种职业，而应当作为一项事业，要有使命、担当的意识，从而才会有坚定的自信和自豪感。

4. 信念要定

坚定马克思主义信仰，是思想政治理论课教师必备的素质，要求思想政治理论课教师真正相信马克思主义的真理光辉和科学力量，自觉运用马克思主义的立场观点方法，既要解决自身的思想认识问题，又能够帮助学生树立对于马克思主义的信仰。强调思想政治理论课教师必须坚定马克思主义信仰，也是思想政治理论课实现自身所带有的“育人目的与功能”的需要。同时，思想政治理论课教师是对学生进行价值引导的主体。通过教师的讲授，使学生真正相信马克思主义真理性，从而内化为学生自身的精神力量。只有真正地对共产党执政规律、社会主义建设规律、人类社会发展规律有深入的认识和把握，才能真正从理论上学懂，从信仰上弄通，从行动上做实。

（三）要充分调动思政课教师的积极性

积极性是一个由外而内动力发生的过程。一是靠外在的政策激励而产生，二是由内心的追求而激活。外在激励最终还是通过内在机制起作用，激发思想政治理论课教师加大对于教学的投入。

在制度设计层面，要有利于思政课教师成长的政策导向。应该认识到思政课教师的重要性、特殊性，建立适用于思政课教师的评价制度。在职称评审、晋升等方面凸显学科的特点，通过政策使得教师把主要精力放到教学研究、教法研究以及模式创新上。从而使得思政课教师充分发挥积极性，把思政课教好，让学生把思政课上好。

（四）要充分调动思政课教师的主动性

“水之积也不厚，则其负大舟也无力。”① 传道者自己首先要明道、信道，育人者要先受教育。思政课教师要主动追求并确立大境界、大胸怀、大格局，才能给学生指点迷津、引领人生航向。广大思政课教师要积极主动自觉与习近平总书记提出的六个方面要求对标，以德立身、以德立学、以德施教，坚持教书和育人相统一，坚持言传和身教相统一，坚持潜心问道和关注社会相统一，坚持学术自由和学术规范相统一，自觉发挥积极性、主动性、创造性，用高尚的人格感染学生、赢得学生，用真理的力量感召学生，以深厚的理论功底赢得学生。

（五）要充分调动思政课教师的创造性

思想政治理论课是事关学生成长成才的“关键一课”，它所起的作用是其他任何课程都不可替代的。思想政治理论课是一门创新性很强的课程，涉及人文社会科学各个方面，与时俱进地、不断地去将我们党的创新理论，特别是将习近平新时代中国特色社会主义思想研究透、讲清楚，思想政治这门课就要朝着这个方向去改革去创新。

思政课教师要认真研究分析当代大学生的思想实际、思想困惑，认真研究教材，注重将党的最新的理论成果渗透在教学设计当中并用其来指导本科和具体的教学过程，创新课堂教学，通过有深意、有新意的学习体验，引导学生树立正确的理想信念、学会正确的思维方法。在教学方法上面，要因势而化、因时而进、因事而新，能够因势利导抓住每一次同学的困惑，及时为他们解惑，能够把我们的价值观教育真正的深入人心。在教学内容上，要推动思想政治理论课改革创新，要不断增强思政课的思想性、理论性和亲和力、针对性。要以透彻的学理分析回应学生，以彻底的思想理论说服学生，

① 庄子：《逍遥游》，岳麓书社 2018 年版，第 4 页。

用真理的强大力量引导学生。

总之，思政课作用不可替代，思政课教师队伍责任重大。我们要按照习近平总书记提出的要求，打造一支可信、可敬、可靠、乐为、敢为、有为的思政课教师队伍，把思政课办得越来越好。思政课教师将牢记使命、不负重托，落实立德树人的根本任务，努力培养担当民族复兴大任的时代新人，培养德智体美劳全面发展的社会主义建设者和接班人。

第二节　组建正蒙导师队伍：打造“职业化、专业化、专家化”的导师队伍

德育工作性质的特殊性决定了德育教师队伍的“职业化、专业化、专家化”。德育教师队伍的建设，既要符合高校教师队伍发展的一般规律，又有其特殊性，即职业化、专业化和专家化。“职业化”就是德育教师队伍要形成明确的发展路径、健全的职业体系、良好的职业环境，打造一支信念坚定、职责明晰、业务精湛的德育队伍；“专业化”就是德育教师队伍中的每一个人都要有专门的工作领域和特定的研究方向，既了解学生成长规律，又了解教育教学规律；“专家化”就是要在德育教师队伍中培养出一批具有深厚理论功底和丰富实践经验的学术骨干和科研精英，有效破解当前高校德育热点、难点问题。

一、正蒙与正蒙导师

2018 年年初，西安外事学院在全校深入学习传统文化的基础上发出倡议，在全校为学生设立“正蒙导师”。“正蒙导师”遵循自愿申请的原则，在教师自愿申请的基础上学校对其进行传统文化知识和德行考核，最终遴选出 400 余人组建成一支德育教师团队——正蒙导师队伍。

在西方，“蒙”指的是蒙昧，或者说是一种遮蔽的状态，因而“启蒙”在西方的特定内涵，就是将人从在宗教神学统治下的愚昧无知状态中解放出来，通过外向性的求索知识和获得技能，使人成为具有个体精神和个性价值的独立存在。

在中国，“蒙”最早出自《周易》的蒙卦，指的是童蒙：“蒙（坎下艮上）：亨。匪我求童蒙，童蒙求我。初筮告，再三渎，渎则不告。利贞。”朱熹以“昧”解“蒙”，即是言生物之初的状态。程颐和朱熹在解释“童蒙”时都用到了“未发纯一”一词，以此形容童子心无成见、质地纯洁的状态，故“正蒙”具体来说乃是就童蒙之初，从大本上来正其始而立其志。《周易》曰：“蒙以养正，圣功也”，将蒙昧无知的人培养成具有贞正之德的人，这正是教育要引导的意义所在。“正蒙”一词也是关学代表人物张载的代表书名。

张载《正蒙·乾称上》对“正蒙”含义及其精神实质的阐发可谓详尽至极。对张载“正蒙”思想的探究可以通过三个方面进行：“正蒙”的上达——天人一体、“正蒙”的下学——仁孝之理、“正蒙”的内转——正己立诚。

“正蒙”的上达——天人一体。张载在《横渠易说》中解“蒙以养正”一句为“养其蒙使正者，圣人之功也”。张载认为童蒙正，则邪说淫蛊不足以扰乱人心，故言养蒙之功圣矣、久矣。而蒙正之始，必植根于体证“天人一体”这一大本之处。

“正蒙”的下学——仁孝之理。程颢认为张载《西铭》中的“民胞物与”一句与其“仁者以天地万物为一体”的观点相一致，故称赞曰：“某得此意，只是须得他子厚有如此笔力，他人无缘做得。孟子以后未有人及此。得此文字，省多少言语。且教他人读书，要之仁孝之理备于此须臾而不于此则便不仁不孝也。”

“正蒙”的内转——正己立诚。张载强调“正蒙”之初需要立大本天地相参和，进而将侍天地运用到侍父母，故能够戒慎恐惧无所欺，孝顺不失无所愧，并以存心养性为毕生不懈怠的追求。

“正蒙”和“启蒙”皆就人言，是促使人从一种状态向另一种更高境界的升华的过程，但是它们在中国是具有不同于西方的独特的价值内涵的。中国语境下的“启蒙”即“正蒙”，是与中国传统哲学的精神与文教制度相一致的，它虽然出现在17世纪中国资本主义萌芽产生之际，并通过那个时代的先知先觉者所阐发的具有振聋发聩的时代言论为标志，但“启蒙”的自觉意识从《易传》中就能窥见其源，而在宋代政治文化极其恢宏的时代，又通过理学家特别是张载的发挥，再一次申明天人合德、天人一物这一命题。张载所言说的“正蒙”精神对于儒学复兴时期所面临的道德主体意识的确立、道德秩序的建构以及形上依据和价值根源的确立有不可小觑的意义，故有养正于蒙、圣功之说。此命题在中国思想史上不仅具有针对个体性教化的意义，在现在社会更具有重建“理想的人间秩序”的时代性意义。

在中国传统哲学看来，正蒙揭示将蒙昧无知的人培养成具有贞正之德的人，这正是教育的意义所在。教育要慎始，开始的方向，是人生最重要的课程，决定了人生的方向。正因为如此，西安外事学院将这样一支德育教师队伍命名为“正蒙导师”。这也正是西安外事学院正蒙导师的使命所在。

二、正蒙导师制度体系

正蒙导师队伍是我校思想政治工作、德育工作、校风建设的核心和骨干力量，是“爱岗敬业、感恩奉献”的榜样。黄藤董事长强调正蒙导师队伍要做爱岗敬业、感恩奉献、有爱心、有担当、有道德、有作为的老师，作为德育工作骨干力量要“蒙以养正”，不懈学习，身正为范。

正蒙导师制度可以概括为“一一三四”体系，一个书院，每一个书院为一个正蒙导师工作组；一个正蒙导师负责管理50个学生；正蒙导师从学生养成教育、党员组织教育管理、团结凝聚师生三个维度开展工作；正蒙导师的工作要达到固本强基、提升素质、团结协作、传承创新四个方面的效果。正蒙导师制度具体包括正蒙导师的工作职责、正蒙导师公约、正蒙导师工作落实方案、正蒙导师工作评价制度等内容。

（一）正蒙导师工作职责

坚持“立德为先，化鱼成龙”的教育理念，按照对学生“思想引导、心理疏导、生活指导”的要求，学校对“正蒙导师”的主要工作职责作了要求，主要是：

1. 用“铁纪严律，和语善言，春风化雨，身先为范”作为自身行动的指南，做德育和校风的践行楷模。

2. 全面引导帮助学生树立正确的世界观、人生观和价值观，积极践行《西安外事学院德育教育和行为养成十项规定》和《大学生修养与日常行为规范》，做好学生行为养成的日常考察记录，督促学生养成良好的行为习惯。

3. 做学生的人生导师，积极开展进课堂、进宿舍、进家庭“三进”活动，从而走进学生、了解学生、关爱学生，掌握学生的学习、生活和思想动态，做学生知心的长辈、心理上的医生、生活中的益友，引导学生努力学习、文明生活、健康成才。

4. 承担学校通识课程的教学、辅导工作。

5. 每学期末将学生日常行为、综合素质考核结果按时上报，同时报送至学生所在书院、辅导员及学工部留存备案，并做好相关考核资料的归档工作。

6. 完成学校交办的其他工作。

（二）正蒙导师公约

为了规范正蒙导师行为，约束导师品德行为养成，学校制定了正蒙导师公约。其中对导师的个人行为养成以及规范要求作出明确要求，每一位正蒙导师都签署了公约，履行导师职责。具体内容如下：

我自愿做正蒙导师，承先贤张载“为天地立心，为生民立命，为往圣继绝学，为万世开太平”之志，认真践行“明道、修身、利他、共荣”。

积极主动学习、践行马克思主义、中国优秀传统文化、社会主义核心价值观、习近平新时代中国特色社会主义思想和党的教育方针，做德育和校风的践行楷模和导师。

坚持自省自查，自觉接受组织和群众监督考核，不合格时自愿辞去工作职务。

（三）正蒙导师工作落实方案

为了构建全员、全过程、全方位育人工作机制，持续推进特色德育和校风建设，全面落实立德树人根本任务，学校对“正蒙导师”“教职工正蒙学习小组”工作提出具体指导意见，要求各学院、部门结合实际，提出具体可行的实施方案、推进办法。

西安外事学院关于启动“正蒙导师”和“教职工正蒙学习小组”工作的意见

为了构建全员、全过程育人工作机制，持续推进特色德育和校风建设，全面落实立德树人根本任务，现就启动“正蒙导师”“教职工正蒙学习小组”工作提出以下意见。本意见仅作为启动工作的指导意见，具体实施方案、推进办法等由各部门结合实际自行制定，学校鼓励把握要领、创造性工作。

1. 组织领导

“正蒙导师”“教职工正蒙学习小组”工作在学校董事会、党委的领导下开展。学校成立正蒙书院，负责“正蒙导师”“教职工正蒙学习小组”工作的统筹指导，正蒙书院与七方书院结合设置。书院下设各正蒙分院（以各学院为单元成立，商学院为“正蒙一院”、人文艺术学院为“正蒙二院”、医学院为“正蒙三院”、工学院为“正蒙四院”、国际合作学院为“正蒙五院”、继续教育学院为“正蒙六院”，以下简称“分院”）。各分院作为实施主体，具体负责“正蒙导师”工作的组织实施，分院可根据需要下设“部”，“部”可下设“组”，扎实细致做好工作。有关协调工作由学工部牵头负责。各学院、工作部、直属单位负责做好“教职工正蒙学习小组”的组织实施。有关协调工作由行政部牵头负责。“正蒙导师”“教职工正蒙学习小组”组织者人事隶属关系不变，导师和学习组织工作对口接受各分院、各部门安排。

2. 主要任务

承先贤张载“为天地立心，为生民立命，为往圣继绝学，为万世开太平”之志，认真践行“明道、修身、利他、共荣”；作为“正蒙导师”，全面引导、帮助学生树立正确的世界观、人生观和价值观，养成良好的行为习惯；作为“教职工正蒙学习小组”组织者，负责组织其他教职员工积极学习、勇于实践，通过“比、学、赶、帮、超”，带动良好校风、教风、学风和工作作风的形成。

3. 组织实施

制定方案：2018 年 3 月 15 日前，各分院、各部门根据本意见精神，结合各自实际，制定实施方案。分院报送学工部，各学院、工作部、直属部门报送行政部。

人员配备：2018 年 3 月 12 日前，各分院、各部门根据本单位“正蒙导师”和学生、教职工数量，按导师与学生 1 : 50（左右）的比例、与教职工 1 : 3（左右）的比例，在征求导师个人意见（可以“导师组”或导师个人等多种方式开展工作）的基础上进行配备。导师数量不足的，由分院或部门提出需求计划，报行政部人力资源管理办公室，由学校统筹各工作部、直属单位所属导师对口配备。人员配备到位后，各分院、各部门分别组织“正蒙导师”“教职工正蒙学习小组”组织者与学生、教职工对接，并尽快组织工作开展。

考核组织：各部门、各分院在工作开展过程中，结合实际，制定“正蒙导师”“教职工正蒙学习小组”组织者考核细则，报学校审定通过后作为考核依据实施考核。

4. 工作要求

高度重视，落实责任。各部门、各分院要切实加强对“正蒙导师”和教职工学习的组织领导，学院院长、部门“一把手”是第一责任人、分院院长是直接责任人，要建立架构、安排专人负责工作开展。要发挥各自优势和主体能动性，创造性、求实效、成体系地开展工作。工作启动后，要定期研判进展，分析问题，边行边改。

精准对接，有序推进。各部门、各分院担负“正蒙导师”和教职工学习工作的日常管理，要做好督促检查工作，确保导师和学习组织工作落到实处。各“正蒙导师”工作小组应每周至少集中进行一次工作交流（个人单独开展工作的，由部门或分院安排到其他组交流），部门、分院每两周集中研讨总结一次，并形成书面材料以备交流、检查。

完善机制，形成合力。各分院要做好“正蒙导师”与辅导员工作的衔接，使二者既互有分工，又相辅相成，充分发挥教育的整合效应。

及时总结，深化提升。鼓励各部门、各分院及“正蒙导师”小组和个人立足实践、不拘一格、大胆创新、形成经验。学校将以简报形式对工作开展情况、存在问题及好的做法进行通报。

（四）正蒙导师工作评价制度

正蒙导师工作作为一项影响学校长远发展的工作，如何评价正蒙导师的工作非常重要，为此，学校于 2018 年 12 月出台了《西安外事学院“正蒙导师”工作考核办法（试行）》。各分院也根据自己的实际，提出了具体可行的正蒙导师考核、评价办法。在学校的“正蒙导师”工作考核办法中，对正蒙导师的任职条件、考核内容、考核方式、考核结果及其应用作了详细规定。

（五）正蒙导师工作原则

坚持“雅乐育人”的原则。树立“以生为本，立德为先，能力为重，知行合一，乐于有用、全面发展”的教育理念，培养学生的责任意识与担当精神，培养德智体美全面发展的合格人才。

坚持质量为核心的原则。充分发挥课堂教学的主渠道作用，通过学科专业建设，教育教学改革，完善人才培养方案，逐步形成结构优化、特色鲜明的人才培养格局。

坚持以师德建设为基的原则。以正蒙导师队伍建设为引领，教师要学为人师、行为世范，以教师的人格魅力和学识魅力教育感染学生，做学生健康成长成才的指导者和引路人。

坚持以优化整合资源为依托的原则。优化整合学院书院教育资源，形成全体教职工、全体学生及家长、校友、产学研合作基地等社会育人资源等共同参与的学校与社会、家庭协作共进的育人新格局。

坚持管理制度保障的原则。建立健全“三全育人”的各项规章制度，以构建沟通协调机制、评价考核机制等制度建设为抓手，完善协调互动的长效育人机制。

三、以正蒙导师为骨干队伍，探索“三全育人”新途径

（一）正蒙文化进课堂

在教学人员中以正蒙导师为骨干力量，带动全院教师规范课堂秩序，明确上课教师是课堂的第一责任人，规范学生在课堂的思想行为，帮助学生自觉维护教学秩序，养成良好的课堂学习习惯。重点克服以下问题：

学生上课期间迟到、早退，随意进出教室；上课玩手机、接电话，睡觉、喧哗，影响老师上课和同学学习；不按秩序集中前排就座；乱扔杂物，

将纸屑扔在桌兜内；没有节约意识，离开上课教室不关灯，不关闭空调、风扇。

（二）正蒙文化进书院

全体正蒙导师进入书院开展工作，通过弘扬中华优秀传统文化，组织学生对以关学、心学为主的儒学文化进行学习、交流、讨论，学礼、明礼、守礼，提高思想文化素质和道德水平，引导学生文明守礼，遵守大学生的道德行为规范。重点克服以下问题：

宿舍脏乱差，不打扫卫生；缺乏安全意识，乱拉电线，乱用违规电器；晚归、夜不归宿；进门不刷卡，跨越门禁；乱扔纸屑、烟头，乱丢垃圾；恶意毁坏宿舍公用设施。

（三）正蒙文化进思想

通过文化熏陶，端正思想，凝心聚力，围绕三年再建一个新外事的愿景，在全体教职工中树立政治意识、大局意识、核心意识、看齐意识。重点克服以下问题：

个人主义，凡事以个人为中心，集体观念淡薄；本位主义，只考虑本部门的利益，不顾及校院的发展和大局；好人主义，只为人不做事，对于歪风邪气和存在的问题，听之任之，不闻不问；泛化民主，缺乏核心意识、看齐意识，只讲民主，不讲集中，考虑问题片面、情绪化；信仰缺失，理想信念动摇，庸俗、媚俗、低俗，是非观念模糊，道德修养缺失。

（四）正蒙文化促校风

把正蒙文化和鱼化龙校园文化相结合，大力弘扬“爱岗敬业，感恩奉献”的校风，增强教职工的责任感、使命感，在全院形成“追赶超越，争创一流”的工作氛围，不断提高办学水平和人才培养质量。重点克服以下问题：

缺乏责任意识，推诿扯皮，粗疏懒惰，消极工作；缺乏职业道德，违反工作纪律，损害学校和学生利益；缺乏奉献精神，以功利论工作；缺乏感恩观念，爱校意识淡薄。

（五）正蒙文化促教风

通过正蒙导师的道德引领，弘扬“以生为本，立德为先”的教风，在全体教职工中树立育人意识、服务意识和以生为本的意识。重点克服以下问题：

重教书，轻育人，只传授专业知识，不关心学生成长；重管理，轻服务，对学生缺乏爱心，管理生硬教条，只求自己方便，不考虑学生感受，对于学生诉求和困难冷漠、不作为；重形式，轻效果，工作中缺乏认真务实的精神，满足于会议开了，要求提了，缺乏跟踪问效和监督检查。

（六）正蒙文化促学风

围绕审核评估和一流学院建设，把正蒙文化育人和学生的学习成长密切结合，大力弘扬“发展个性，注重养成”的优良学风，培养应用型的优秀专业人才。着力解决以下问题：

沉迷电脑游戏，玩物丧志，厌学、弃学；在教学楼等公共禁烟区域内抽烟，边走路、边抽烟；将食品带入教学场所就餐；穿拖鞋、背心等不雅服装进入教学、办公场所；不珍惜学业，随意旷课、缺考；诚信缺失，不遵守考场规定，考试违纪作弊。

（七）正蒙文化进心理

学校高度重视心理健康教育工作，工作体制健全，有制度保障，特别是学生心理危机预防干预体系制度健全；学校注重心理育人探索研究，将育人育德相结合，建立“学院+书院”特色育人体系，深挖传统文化的育心功效。在育人过程中，学校为教师和学生制定了行为标准——《为师修己歌》

《为生律己歌》，从生活中的点点滴滴育人。黄藤董事长写成《为师修己歌》《为生律己歌》两首诗，将“明道、修身、利他、共荣”这一内涵从“知”“行”两个方面进一步明确，为我们提供了“知”“行”的规范，供大家学习践行。引导全校师生身体力行“明道、修身、利他、共荣”，从而从根本上践行“立德树人”的根本任务。

附：《为师修己歌》《为生律己歌》

《为师修己歌》

使命乃责任，树人是根本。
时时严律己，事事利他人。
见面问声好，弯腰捡纸巾。
天天留笔记，日日抚瑶琴。

《为生律己歌》

立志成才路，做人是根本。
时时严律己，事事利他人。
见面问声好，弯腰捡纸巾。
天天留笔记，日日抚瑶琴。

总之，新时代高校德育工作，必须高举习近平新时代中国特色社会主义思想伟大旗帜，全面贯彻党的十九大精神，坚定社会主义办学方向，深入落实全国高校思想政治工作会议精神，以立德树人为根本，以社会主义核心价值观为引领，弘扬传统文化，传承红色基因，积极推进学生思想政治工作的思想理念创新、体制机制创新、内容形式创新和方法手段创新，强力推进思想政治教育信息化建设，不断完善教书育人、科研育人、实践育人、管理育人、服务育人、文化育人、组织育人的长效机制，构建符合学生身心发展规律、具有鲜明特色的全员全过程全方位育人格局，着力培育学生的家国情怀、职业道德、科学精神和人文素养，努力培养“人格健全、道德高尚、身心健康、全面发展”的社会主义合格建设者和可靠接班人。

第三节　吸收优秀文化精髓，提升德育教师专业化水平

高校德育教师专业化，需要职前的教育培养，更需要与教师专业成长相适应的职后培训。为了使全体教师能够适应新时代高校德育转型发展的需要，西安外事学院从2017年开始，对全体教师员工实施以优秀传统文化为主的研习培训工程。

一、挖掘传统文化精髓，提升教师人文素养

（一）优秀文化中的德育资源

中华文化源远流长、内涵丰富，蕴含着优秀德育资源。其中包括：

1. 进取精神

"刚健有为，自强不息"是中华民族千百年来形成的民族精神，深藏于中华优秀传统文化之中，是中华优秀传统文化最基本的精神，是中国人的积极人生态度最集中的理论概括和价值提炼。《周易》中"天行健，君子以自强不息"；孔子倡导"士不可以不弘毅，任重而道远"；老子强调"知人者智，自知者明；胜人者有力，自胜者强；知足者富，强行者有志；不失其所者久"，都体现了中华民族积极进取、奋发向上、自强不息的精神。这种坚韧不拔的精神也是现代成功者必备的条件，对今天的师生具有特别重要的意义。

2. 爱国情怀

在中华民族悠久的发展史上，一直强调民族至上、国家为本的爱国主义精神和社会责任意识，倡导"天下为公""国而忘家，公而忘私"。这种爱国主义情怀是中华优秀传统文化中最可贵的精华，也是海内外炎黄子孙民族

凝聚力的源泉。从孟子的“以天下为己任”，到林则徐的“苟利国家生死以，岂因祸福避趋之”；从范仲淹的“先天下之忧而忧，后天下之乐而乐”，到东林书院的“风声雨声读书声，声声入耳；家事国事天下事，事事关心”；等等，都是爱国主义精神的集中体现。深入挖掘这一资源，可以促使人们以前人为榜样，懂得爱国家、爱民族、爱人民是一个人的基本品德，从而自觉地以热爱祖国为荣，以危害祖国为耻。

3. 处事原则

“和”是中国传统文化的内在精神和显著特征，它的基本含义是和谐，主张“和为贵”“天下一家”“以和为贵”“持中守和”等思想，一直是中国传统文化所追求的美好境界。孔子强调的“允执其中”告诉人们，“持中”就能“和”。“中和”观念已积淀成为中国人的一种心理定式和特有品格，并造就了中国人处世性格的鲜明特点。挖掘这些文化资源，既可以帮助学生以一颗平常心面对纷繁复杂的世界，又可以帮助学生在多元世界中学会包容和体谅。

4. 宽厚之道

主张宽厚，推崇“仁爱”，是中国传统文化的重要思想。《周易》说“地势坤，君子以厚德载物”，老子讲“报怨以德”“心底无私天地宽”，孟子提倡“爱人者，人恒爱之；敬人者，人恒敬之”“老吾老以及人之老，幼吾幼以及人之幼”等都包含了理解、宽容、善待他人的精神。这种宽厚之道经过漫长的历史发展，已融入中国人的思想观念和性格情感，支配着人们的行为方式和价值取向，成为中国文化精神的重要内容。挖掘这一资源，对于大学生培养良好道德品质，协调各种人际关系有着积极的意义。

5. 思想境界

中国传统文化鄙视只顾一己利益的行为，主张“见利思义”“义然后取”“不义而富且贵，于我如浮云”。在获取个人利益时，主张要考虑是否符合“取之有道”的原则，先义后利，义以为上，必要时“舍生取义”，不能为了物质利益而牺牲自己的道德人格。孔子主张“杀身成仁”“三军可夺帅也，匹夫不可夺志也”，孟子强调“富贵不能淫、贫贱不能移、威武不能屈”，都是重视气节和人格的体现。千百年来，这种坚守气节、“士可杀不可辱”的浩然正气激励了一代又一代的中国人，造就了一批又一批的仁人志士，铸造了中华民族的脊梁。挖掘这一资源，为大学生树立科学的人生价值观，培养自尊自立的现代人格提供了有力保证。

6. 优良品德

以诚相待，言而有信是中国人的道德信条和优良传统。以诚相待，言而有信，敢于对自己的言行负责，这是一个人人格必备之义，也是人际交往的必要条件。人无诚信不立，家无诚信不和睦，业无诚信不兴旺，国无诚信不稳定，世无诚信不安定。古人说“人而不信，不知其可也”“自古皆有死，民无信不立”“诚信者，天下之结也”。这些思想和原则，从传统到现代，从理论到实践，依然是个人处理与家人、他人、社会等各种关系的行为准则。在发展市场经济的新阶段，讲诚信、重承诺日益成为全社会的呼声。在大学生中大力提倡和弘扬传统诚信思想，帮助大学生树立正确的道德价值观具有重要的现实意义。

7. 修养方法

修身养性，重视人的道德修养是中国的优秀传统文化，而且形成了丰富的内容。儒家特别重视心理感化对道德修养的作用，认为加强道德修养的基本方法就是“慎独”和“内省”。“慎独”是指一人在独处，无人监督的情况下，仍能自觉地遵守道德操守。“内省”是指经常反省自己的言行，通过自觉的“省察”使自己日臻完善。一个人良好品德的形成，应该通过慎独内省、见贤思齐的修养方法，把道德由外在的约束转化为内心的自觉，把道德认识转化为道德实践，从而较好地解决知与行的问题。

（二）传统文化研习培训

俗话说，打铁还需自身硬。育人者先育之。为了培养一支儒雅大气、精神高尚、知行合一的育人“铁军”，给学生树立立德树人的榜样，感召学生。只有教师做到精神高尚、知行合一，才能通过自身传统文化修养的魅力去引导当代大学生进行传统文化知识的学习，动之以情，晓之以理，行之以爱，这样不但弘扬与传承了中华民族传统文化，而且教师和学生的人文修养也都会得以提升。

西安外事学院深入挖掘传统文化的精髓，以阳明心学、道德经和关学为核心，对全体教职工进行以传统优秀文化为主的研习培训。

研习培训工程的第一个阶段为 2017 年 7 月 5 日至 7 月 28 日，培训对象为全体教职工，培训的内容为《王阳明心学思想》十八讲，《道德经》的国学智慧两讲和东西方哲学背景下的儒道禅。

研习培训工程的第二阶段为 2018 年 1 月 5—20 日，培训的内容为王阳明心学思想（第 1—5 讲）、关学文化高级研修课（第 1—5 讲）、张载关学与阳明心学的汇通、王阳明心学核心思想专题讲座（第 1—4 讲）。

培训的方式为专题报告与分组讨论相结合，集中学习与个人自学相结合，充分发挥各部门和全体教职工的主动性，形成内容多元、方法灵活、形式多样的培训模式。

在全体教师接受优秀传统文化学习的基础上，打造传统文化育人的“铁军”队伍。

在阳明心学学习的第一阶段，先培训教师骨干，对骨干教师进行了为期 3 天的培训，在全体教师接受培训的 6 天中，骨干教师不仅要参与全体教师学习，而且必须组织教师进行讨论。

在关学学习的第二阶段，学校以全体中层干部为基础，组建了一支“正蒙”导师队伍，然后由每一位“正蒙”导师指导 50 位学生对关学进行学习，并对学习应达到的水平进行评估，学校据此对导师进行奖惩。

二、注重加强思想品德的培养

教师作为要承担“立德树人，教书育人”的主体责任者，其思想政治素质的高低会直接影响到德育效果。为此，学校应对教师进行理想信念教育，不断提高教师师德水平。

（一）加强理想信念教育

中共中央、国务院颁布的《关于全面深化新时代教师队伍建设改革的意见》中，明确提出加强理想信念教育，要深入学习领会习近平新时代中国特色社会主义思想，引导教师树立正确的历史观、民族观、国家观、文化观，坚定中国特色社会主义道路自信、理论自信、制度自信、文化自信。引导教师准确理解和把握社会主义核心价值观的深刻内涵，增强价值判断、选择、塑造能力，带头践行社会主义核心价值观。引导广大教师充分认识中国教育的辉煌成就，扎根中国大地，办好中国教育。理想信念教育是高校大学生思想政治教育的核心和永恒主题。学校要始终把理想信念教育放在首位，切实发挥思想政治理论课的主渠道主阵地作用。

1. 坚定理想信念

坚定理想信念，必须加强学习。思想理论上的坚定清醒是政治上坚定的前提。必须毫不动摇坚持马克思主义指导思想，必须坚持不懈抓好理论武装，必须自觉抓好学习、增强党性修养。把马克思主义理论作为必修课，认真学习马克思列宁主义、毛泽东思想、邓小平理论、“三个代表”重要思想、科学发展观、习近平新时代中国特色社会主义思想，认真学习党章党规，不断提高马克思主义思想觉悟和理论水平。

加强党性教育。理想信念动摇是最危险的动摇，理想信念滑坡是最危险的滑坡。必须注重加强党性教育，深入开展“两学一做”学习教育，强化党的理想信念宗旨、优良传统作风、社会主义核心价值观教育，切实增强师生政治意识、大局意识、核心意识、看齐意识，坚定道路自信、理论自信、制度自信和文化自信，始终在思想上政治上行动上与党中央保持高度一致。必须永远保持建党时中国共产党人的奋斗初心，要以实际行动让师生感受到理想信念的强大激励与牵引力量。

落实意识形态工作责任制。意识形态工作是党的一项重要工作，是党的建设和政权建设的重要内容，是加强党的思想教育的必要手段。学校党委以及支部要把意识形态工作摆在全局工作的重要位置，纳入重要议事日程，纳入党建工作责任制。加强宣传思想工作，坚持正面宣传为主，提升舆论引导能力。以先辈先进为镜，以反面典型为鉴，教育师生把好思想“总开关”，始终保持善于干事创业和勇于攻坚克难的“精气神”，敢于担当谋发展，心无旁骛干实事。

2. 准确把握社会主义核心价值观的内涵，精准解读社会主义核心价值观

习近平总书记指出：“富强、民主、文明、和谐，自由、平等、公正、法治，爱国、敬业、诚信、友善，传承着中国优秀传统文化的基因，寄托着近代以来中国人民上下求索、历经千辛万苦确立的理想和信念，也承载着我们每个人的美好愿景。”学习习近平总书记的重要论述，全面理解、准确把握社会主义核心价值观的丰富内涵和本质要求，对于在当前复杂的国内外环境和多变的社会思潮下，坚定正确的政治方向，不断提高我们的理论自信和文化自信，具有十分重要的意义。

3. 加强对中华优秀传统文化和革命文化、社会主义先进文化的学习

习近平总书记说：“中华优秀传统文化是中华民族的精神命脉，是涵养社会主义核心价值观的重要源泉，也是我们在世界文化激荡中站稳脚跟的坚实根基。”中华民族在长期实践中培育和形成了独特的思想理念和道德规范，有崇仁爱、重民本、守诚信、讲辩证、尚和合、求大同等思想，有孝悌忠信、礼义廉耻、仁者爱人、与人为善、敬业乐群、扶危济贫、见义勇为、自强不息等传统美德，至今依然深深影响着我们的生活。鲁迅先生早就说过，我们自古以来，就有埋头苦干的人，有拼命硬干的人，有为民请命的人，有舍身求法的人。他称之为“中国的脊梁”。在几千年的历史流变中，中华民族尽管经历了无数艰难困苦、曲折磨难，但都挺过来了，走过来了，其中一个很重要的原因，就是世世代代的中华儿女培育和发展了独具特色、

博大精深的中华文化，为中华民族克服困难、生生不息提供了强大的精神支撑。这是令我们每一个中华儿女、炎黄子孙引以自豪的！社会主义先进文化是新时代社会主义核心价值观的具体实践。社会主义先进文化以强国富民为主线，融入社会建设和改革的方方面面。在社会主义现代化建设以及改革开放四十多年的实践中进行了卓有成效的探索，使中国从贫穷落后走向了富裕先进。在这走向富裕、富强的道路之中，社会主义核心价值观在逐渐形成，特别是当代中国"一带一路"倡议等的提出与实践，成为新时代社会主义核心价值观成型的关键时期。

在倡导社会主义核心价值观中，必须坚守中华文化立场，传承中华文化基因，展现中华审美风范。特别是在意识形态领域，我们要理直气壮地弘扬主旋律，大张旗鼓地传播正能量，牢牢把握话语权、主动权，固本强身，增强免疫力，坚决抵制一切错误思潮的侵蚀。

4. 带头践行社会主义核心价值观，增强思想政治工作的实效性

党的十九大报告把"立德树人"作为教育的根本任务。习近平总书记指出，希望全国广大教师带头践行社会主义核心价值观，自觉增强立德树人、教书育人的荣誉感和责任感。

教师对学生践行社会主义核心价值观是极其重要的，也是极其必要的。人一辈子都活在价值取向当中，价值观所衡量的不仅是物质价值，更是人生的意义和价值。对于青少年而言，学生时代的价值取向如何确立，直接影响其能否健康成长，能否成为社会的有用之材，这是人生目标的问题，也是人生内涵的问题。教师的使命与责任在于教书育人，教书和育人这二者应该是有机统一的。每一门学科都蕴含着丰富的育人价值，教师在教育教学的过程中不能人为地把传授知识技能和教会学生做人割裂开来，不能人为地把学科的育人价值剥离出去，更不能陷入"育分不育人""求学不读书"的教育误区。

教师要带头践行社会主义核心价值观，落脚点在于"聚焦立德树人"。深化教育领域综合改革的一个核心要义，就是教育要回归它的价值本原，将

“立德树人”作为教育的根本任务。但要把“立德树人”落到实处，确实有一个方法论的问题，其中最关键的问题，就是提高全体教师的育德意识和育德能力。为此，要明确学校各个岗位教职员工的育人责任，将学生的全面发展作为学校一切工作的出发点和落脚点。

教师要带头践行社会主义核心价值观，“带头”二字蕴含深意、内涵深刻。首先，“带头”体现的是一种要求，凸显和强调的是教师群体区别于其他社会群体的使命与责任。教师是立教之本、兴教之源，承担着让每个孩子健康成长、办好人民满意教育的重任。其次，“带头”体现的是一种激励。长期以来，教师队伍中不断涌现出具有很强社会影响力的道德楷模、先进典型，强调教师“带头”践行社会主义核心价值观，某种程度上是对教师群体一直以来在引领社会道德风尚方面所发挥的重要作用的肯定，同时也是对教师群体今后如何更好地正面影响青少年学生、引领和带动社会其他群体自觉践行社会主义核心价值观的激励。

教师带头践行社会主义核心价值观，需要制度支撑和文化支持，最终是要落在教师个体的认识自觉与行动自觉。这种自觉意识的形成与强化，关键要靠教师个体的努力，但同样也需要有相应的外力推动。比如努力营造尊师重教、崇德向善的良好社会氛围和舆论环境，通过相关政策、制度的制定和出台发挥引导、支持和推动作用等等。

（二）着力提升教师师德水平

师德是教师拥有的“教书之德、育人之德、学术之德”，是教师的灵魂，是教师人格特征的直接体现。中共中央、国务院颁布的《关于全面深化新时代教师队伍建设改革的意见》（简称《意见》）中，明确提出新时代教师队伍建设的基本原则之一就是突出师德。要把提高教师思想政治素质和职业道德水平摆在首要位置，把社会主义核心价值观贯穿教书育人全过程，突出全员全方位全过程师德养成，推动教师成为先进思想文化的传播者、党执政的坚定支持者、学生健康成长的指导者。

要着力提升师德，就是要推动师德建设常态化、长效化，提升教师自身素质，创新师德教育内容方法，完善师德规范要求，引导广大教师以德立身、以德立学、以德施教、以德育德。

1. 提升教师自身素质

美国心理学家麦克利兰的“冰山模型”认为，内在动力是驱动、引导和决定一个人外在行动的最重要和最深层次的影响因素。著名教育家叶圣陶先生曾说：“教育工作者的全部工作就是为人师表”。孔子将“默而识之、学而不厌、诲人不倦”作为教师追求的境界。因此，教师要主动加强自身修养，有意识地提高自身综合素质，获取广博的知识，从注重传授知识转变为注重引导学生学会学习、学会合作、学会生存、学会做人，关注学生的全面发展。

2. 创新师德教育内容方法

师德教育内容是师德教育的载体，它决定了师德教育的质量和效果。长期以来，师德教育多以师德规范、师德准则等一些刚性内容为主，单一的师德教育内容必然会导致教师产生心理上的厌倦，拓宽师德教育内容是当下进行师德教育的必然选择。

师德教育内容的选择也应适应时代发展的需要，除了刚性内容外，还应有能够激发教师进行师德修养和促进教师师德发展的内容。在对高校教师进行师德教育时应突出学以致用，教育内容应多与教师的日常工作和生活相联系，把教师在日常工作生活中涉及道德方面的突出情形进行教育、引导，使师德教育内容能够适应教师道德需求。除了关注教师的职业生活外，也对教师的家庭和社会生活进行关注，拓展师德修行领域，能在全方位、多层次上对师德进行触及，给教师前所未有的刺激，使教师能从道德升华、专业成长和身心修养等多个方向进行自我道德提升，使教师时时刻刻都能在自我修养、专业发展甚至人生幸福上不断追求和进步，使得教师能够通过接受师德教育内容获得长期的发展。

创新师德教育方法。集中宣讲式的师德教育有助于教师形成师德认知，但若要培养教师的师德情感及强化教师的道德实践，那就需要采取更为有效的师德教育方法。体验式的师德教育可作为师德教育的一种新方法，使教师参与到身边的活动中，以活动为背景，让教师进行亲身体验，在活动中与团队成员进行交流互动，并注重教师的回顾与反思，提高教师的理论认知水平、增进知识与技能，进而改变教师的态度和行为。

3. 完善师德规范要求

学校要以制度、纪律引导和约束教师向更高的师德修养方向发展。通过制度建设，把师德师风建设纳入学校师资管理体系。根据《教师法》《高等教育法》对教师职业道德的明确要求，制定科学、有效、可行的师德建设工作条例和实施细则，对教师教学工作规范、教师学术道德规范、教师的岗位职责均有明确、具体的要求，引导教师自觉履行。

一方面要建立激励机制。每年评选师德先进单位、先进个人活动，对师德高尚、业绩卓著的教职工予以表彰和奖励，充分发挥典型人物的激励、导向和示范作用；在同等条件下，对师德优秀的教师在评聘、职称评审和晋级等方面予以优先考虑。

另一方面要建立学校考核评价机制。《意见》指出，要强化师德考评，体现奖优罚劣，推行师德考核负面清单制度，建立教师个人信用记录，完善诚信承诺和失信惩戒机制，着力解决师德失范、学术不端等问题。

一是将师德建设作为学校工作考核和办学质量评估的重要指标，将师德表现作为教师业绩考核、职称评审、岗位聘用、评优奖励的首要条件。

二是建立和完善学生、家长、社会参与的师德监督机制，形成对教师师德全方位、宽覆盖、多角度的监督工作网络。

三是严格落实师德奖惩办法，将民主评议与师德评先活动相结合；对违反教师职业道德的行为，坚决予以通报处理，对严重失德、影响恶劣的教师按有关规定予以严肃处理。

学校要把师德考核结果作为教师绩效考核评价指标中“职业道德”部分的评价结果；实行师德“一票否决制”。师德考核不合格的教师不能上岗，其内部津贴、晋升、晋级都要受到影响。

三、提升教师专业素质

教师的专业素质是指能顺利从事教育活动的基本品质或基础条件。是教师在其职业生活中，调节和处理与他人、与社会、与集体、与职业工作关系所遵守的基本行为规范或行为准则，以及在这基础上所表现出来的观念意识和行为品质。主要包括教师的一般综合素养、教师的学科专业素养、教师的教育专业素养以及教师的职业道德素养。

要提升教师专业素质需要搭建校级教师发展平台，组织研修活动，开展教学研究与指导，推进教学改革与创新。加强院系教研室等学习共同体建设，建立完善传帮带机制。全面开展高等学校教师教学能力提升培训，为高等学校培养人才培育生力军。

（一）加强创新型教师队伍建设

创新是社会进步的灵魂，是我国现代化教育改革的需要。创新型人才的培养需要创新型教师。创新型教师指的是拥有丰富知识储备，且具有一定创新精神和创新能力的教师。

创新型教师必须具有以下素养：

一是渊博的知识储备和扎实的理论基础；

二是一定的质疑能力；

三是一定的探索能力。

作为创新型教师在工作中提出问题后应善于使用新思路、新方法解决问题。

如何加强创新型教师队伍建设？高校应该结合自身的办学特色，对教师进行积极引导，鼓励教师参与到创新活动中。在这个环节中，高校要对学校的教师资源进行专业化分析、进行优化配置；同时，加大对学科研究经费的投入力度，健全相关制度，从而打造一支具有较强凝聚力的创新型教师队伍。

（二）完善传、帮、带制度

师资队伍建设是高校工作的重要内容，关系到学校的生存和发展。青年教师是师资队伍建设的希望和未来，因而也是师资队伍建设的重点。因此，就需要完善传、帮、带制度。作为老教师要做到“三带”，带师魂，即党性坚定、作风过硬、务实创新；带师能，即掌握工作规范和岗位技能；带师德，即做好文化的传承与创新。作为新教师要做到“三学”，即学思想，坚定理想信念；学本领，练好岗位基本功；学做人，求真、求善，融入团队。

（三）全面开展教师素质提升培训

教师培训是教师队伍建设的一项关键工作。培训要改变过去“千书一面、千人一面的大一统、一般齐”的状况，以分级分类为导向，以个性化定制为核心，探索队伍专业化发展的精准帮扶培训模式，逐步建立适应高等教育发展要求和教师自身工作需要的分级、分类、分层次的专业化培训体系，以培训的专业化推动技能的专业化，从而助力队伍的专业化发展。培训形式方面，可尝试开发出情景模拟、案例教学、拓展训练、团队研讨、实践操作等课程形式，设计校内轮岗、团队带教、海外访学、骨干研修、哲社研修等培训模式；通过优化培训模式以及调整培训内容，让教师培训工作成为师资队伍创新能力培养的一项长效机制。对于教师培训还应进行跟踪管理，让教师在不断学习中提高自己。同时，结合之前所提及的激励机制，增强教师的自主培训意识，让教师根据自身需求来选择合适的培训方向。

当然，还应该推动学生德育工作队伍的联动，通过组成科研同盟、加强学科融合、搭建研讨平台、建立例会机制等方式，加强辅导员队伍与哲学社会科学教师队伍、思想政治理论课教师队伍、党务工作队伍、行政管理人员队伍的协同，通过教育主体力量的融合推动德育工作者队伍专业化进程。

四、提升教师身心素质

教师身心素质主要是教师应备的与从事教师职业相匹配的身体素质和心理（健康）素质。身心素质主要表现为仪表端庄、精力充沛、生理适应良好、人格健全及心境良好五个方面。如何来提升教师身心素质？

（一）全面提高身体素质

身体素质健康是指人体在运动、劳动与生活中所能表现出来的力量、速度与耐力以及灵敏性和柔韧性的能力。教师的素质要全面发展，重点体现在较强的耐受力、反应敏捷、精力充沛、耳聪目明、声音洪亮。

健康的体质是教师能有效地承担繁重教学任务、科研任务以及学生管理工作的前提。教师的工作既是体力活，也是脑力活。因此，教师要重视自己的身体健康。精力充沛、反应敏捷是以人的身体素质为基础的。主要表现在感知敏锐、思维敏捷，具有较强的应变能力、综合分析能力和创新能力。

（二）不断塑造高尚人格

俄罗斯教育家乌申斯基曾说，教育工作一切都是以教师的人格为依据，教育力量的源泉只能是来自教师的人格。所谓育人先育己，要教育和引导学生树立正确的价值观，教师自己必须首先做到立德做人，以自己的道德品格来引领学生形成完善的人格，以自己的真才实学激发学生的求知欲，以自己的审美情趣来熏陶和感染学生，才能做国家放心、老百姓放心的“梦之队”的筑梦人。心理行为符合年龄特征，热爱生活、乐于工作，了解自我、悦纳自我，人际关系良好，情绪稳定，心理适应良好，这都是人格健全的标志。

教师自身要塑造高尚人格，关键要做到以下三点：

首先是要觉悟。教师要以崇高的精神境界来做务实的工作。只有把所从事的日常教育教学工作与国家事业、百姓民生联系在一起，才能做到登高望远。

其次是要坚守。面对当今社会的多元文化和多元价值，教师更加需要坚守岗位，吃苦耐劳，这也是教师的责任、使命和尊严。

再次是有信仰。教师的信仰就在于培养学生，英才辈出是教师最大的幸福。信仰有着巨大的穿透力，一个人有了信仰就有了脊梁骨。如果学校教育能够培养出数以万计、十万计、百万计、千万计的国家脊梁，中华民族美丽灿烂的“中国梦”一定能够实现。

（三）培育健康心态

心态，即心理状态。心理过程是不断变化着的、暂时性的，个性心理特征是稳固的，而心理状态则是介于二者之间的，既有暂时性，又有稳固性，是心理过程与个性心理特征统一的表现。良好的心态主要是教师常怀有平静、良好的心情。

大量理论研究及实践证明，一个情绪饱满、乐观积极、对未来充满希望的员工能在工作中最大限度地发挥其能力水平，为企业创造效益；反之，心情郁闷、悲观消极的员工差错率和被投诉率都会比其他人高出许多。为此，高校培育教师健康心态，提升教师内在动力的重要性必要性不言而喻。

要如何培育健康心态？

一是要保持如饥似渴的心境，坚持学习；

二是要保持心平气和的心境，培育脚踏实地的作风；

三是要保持心细如丝的心境，培育细心品质；

四是要保持心静如水的心境，培育顺其自然的心态。

总之，新时代要求德育教师继承中华民族的优良师德传统，树立“学为人师，行为世范”的崇高目标，严于律己，以德施教，以高尚情操、丰富学识和人格力量影响教育学生。充分发掘蕴含在各门课程中的思想政治教育资源，提高德育水平，增强学科育人魅力。使学生在教师的对育人契机恰到好处的把握和高超的育人艺术中，体验和感悟“正确的价值观”并作出正确的选择。

第八章

评价管理：推进新时代德育的保证体制

随着传统德育向新时代德育的转型，其评价体系与管理体制也必须由传统德育的评价体系与管理体制向新时代德育的评价体系与管理体制转换。

第一节　构建新时代德育的科学评价体系

一、高等院校传统德育评价的误区

1. 重知性轻德行

从心理学的角度讲，德育是与心灵和生命有关的事业，德育工作者应该走进人的内心，探求生命的本质，而不是将其整体性地外化为概念和知识。德育工作应该重德行轻知性，注重潜移默化的熏陶，而不是完全通过组织严密的课堂讲授来实现目的。但是我国高等院校现行的德育工作却似乎正好与此相反。在对德育工作的效率和效果进行评价时，往往以纸上的论文代替真实的育人效果，在进行德育学科建设的同时，却未见学生在成长中表现出来的德育知性，这种做法已经严重背离了德育的使命和初衷。

2. 重科研轻育人

当下，高等院校德育工作还存在着以下纰漏：对德育课程的设置与内容的确定给予了必要的关注，但是最终的教育效果如何却较少有人问津；对德育的工作方法和工作思路表示认可，但是对学生是否接受德育中的价值观却较少顾及；对德育工作的评价结果十分重视，并且将其作为考核一所学校，一个部门，一个教师的关键指标，但是对评级方法的科学性、评价指标体系的系统性、评价过程的客观性却较少关注，这种舍本逐末的做法实际上牺牲了学生的创造性、教师的责任感以及我国宝贵的教育资源。

3. 重理论轻实践

德育工作的载体包括意识、文化、历史以及人格道德等，这些都与人的“精神世界”有关。因此，德育工作往往强调“标准之一”而不是“唯一标准”，这是区别于其他学科的又一迥异之处①。此外，德育工作特别注重同行间的主体性评价，比如该领域权威人士的评价意见往往具有强大的效力，高校的德育并非是单纯的理论工作，其实践性同样不容忽视。这是因为，德育的研究和教育的对象直接指向了人的思想和行为，而不是自然或者社会，这与自然科学和社会科学形成了鲜明的对照。德育间的主体性评价，比如该领域权威人士的评价意见往往具有强大的效力。但是，在我国高等院校德育工作的评价中，以上所述的两个方面都不同程度的存在着弊端。

二、新时代德育对评价体系的基本要求

由于传统德育评价存在着诸多误区，在一定程度上影响了评价结果的客观性，使评价工作陷入表面化，这将影响德育工作的科学开展与大学生身心的健康发展。因此，新时代德育在评价上，应全面体现对“人”的关注：

---

① 赵静华：《高等院校德育评价体系构建研究》，《信阳农业高等专科学校学报》2014 年第 1 期。

反映人的全面发展、发掘人的潜力、适应人的个性。只有这样，才能将社会发展和人的发展兼顾协调。

1. 反映人的全面发展

从社会学的角度讲，“人的全面发展”反映的是人民群众的根本利益，是对人的内在要求和实现基础的最直接的表达；并且“人的全面发展”与社会的发展是同一的过程，是社会物质生活进步和精神生活发展的全面统一，同时，“人的全面发展”也更加广泛的表现为人、自然、社会的协调统一。因此，在高等院校的德育评价工作中，应进一步拓展评价范围，除了要对学生的校内活动成果进行衡量外，还应对其社会实践活动进行衡量，全面反映其能否适应社会发展的规律和要求，从中体现个体的综合素质。

2. 发掘人的潜力

高等院校德育评价体系的建立应该采取“现在+未来”的评价模式，除了要对现在表现出来的德育指标进行评估外，还应从更加长远的视角去关注学生，并从中寻找未来的发展趋势，也即评价工作要注重人的潜力的发掘。因此，需要在德育评价的内容、方式和手段方面进行积极的创新，在原有评价工作的基础上，寻找与人的潜力开发有关的指标，这样建立起来的德育评价体系才能符合可持续发展的时代要求。

3. 适应人的个性

高等教育的宗旨之一便是“培养独立的人格”，这在任何时期、任何高校的德育工作中都是第一位的。尤其在当今社会，人格教育已经成为包括大学生群体在内的全社会教育的主题之一，在人格教育模式下，德育工作必须注重人的主体的解放，培养其具有人道主义的情怀，迎合其人格特性，通过为大学生群体提供必要的外部条件，促使其形成自我实现的主体意识。只有这样，评价工作才能在一定的时空背景下，对被评价对象的过去、现在进行了解，对其未来进行预测，才能作出全面、客观的评价。

三、新时代德育评价体系构建的原则

结合高校在创新德育评价体系中的实践经验，提出如下创新的原则。

1. 合理指导与有效评价相结合

对大学生进行德育评价，目的在于促进大学生德育思想的发展，促进高校德育工作顺利开展。合理指导与有效评价都是必不可少的，空有评价却没有合理的指导就等于纸上谈兵，而空有指导却没有有效的评价就是对牛弹琴，只有将二者相结合才能够发挥高校大学生德育评价体系的作用。有效的评价是指德育评价体系的可信性，保证结果的有效性才能真正发现问题。合理指导是普遍性与特殊性相结合的指导，将大部分学生存在的问题进行总结，以深度与高度兼具的思想理论为指导，对不同的学生有不同的指导，坚持“以学生为本”，坚持“立德树人”，使指导更加规范，培养德育品质高尚的高校大学生，推动中国特色社会主义事业的发展。

2. 评价结果与实践过程相挂钩

道德品质是在一点一滴的实践过程中形成的。高校德育工作中要将德育评价贯穿学生大学学习的始终，不能只关注最后评价的结果，过程往往比结果更加重要。许多高校都在推行学生思想道德修养考评制度，以学年为单位，让同学、班委以及老师进行评价，并将评价内容录入学生档案，作为学生德育评价的内容之一。但是，在实践中这种方式遇到了瓶颈，学生考评制度工作量大，特别是对于班委和老师来说，加之评价往往放在学年末，往往大部分评价都是敷衍了事，千篇一律，并无法真实反映学生的德育教育成果。因此，学校要加强考核制度人力、物力、财力的投入，提高重视，不要让这种创新的德育评价体系只流于形式而缺乏实质。

3. 评价要定性与定量相结合

单纯用分数的多少来衡量一个学生的思想道德素质太过单一，也十分武断，缺乏可信性。因此，要结合学生的纪律观念、组织意识、政治立场等因素，但是，有相当一部分因素无法进行定量，依据客观公正的原则，要综合考虑各个评价因素的比例权重，确保评价指标的科学合理。如果有无法数字定量的因素也可以借助评价体系的相应系统来完成，以事实为依据，将具体道德行为记录结果中，这也可以解决因为因素无法定量而排除在评价体系之外从而影响评价结果的问题。

4. 全方面、多层次、多角度、多方法进行评价

大学生在现阶段的思想道德素质是不断发展的，并且可塑性高，要对其进行德育教育综合评价存在难度。因此，要全方面、多层次、多角度、多方式进行评价，点与面相结合，有的放矢与面面俱到相结合，尽量做到客观公正、真实有效。

5. 多元化主体评价

能够评价学生职业道德是否达标的评价主体是企业，能够对学生客观认知更为了解学生个人情况的是同学，能够对学生秉性以及成长经历完全熟悉的人是家长。因此，在高校德育评价体系的创新过程中，必须重构评价对象的确立，只有引导多元化的评价主体，才能让评价结果更为客观、更为有效。

6. 坚持民主与集中

在大学生德育评价体系中，教师与学生都是不可或缺的关键要素，二者共同促进德育工作的开展。要完善德育评价体系，就要让教师与学生共同参与到评价体系中来。促进师生平等关系的建立，在互动和交流中不断发现问题，促进学生思想道德素质的发展。①

① 董优：《关于构建新时期大学生德育评价体系的思考》，《文化创新比较研究》2018 年第 25 期。

四、西安外事学院建构新时代新德育评价体系的实践

（一）民办高校创新德育评价体系的现实意义

1. 促进学生道德判断能力的提升和道德水平的发展

由于民办高校的大学生学籍层次较多，有统招大专和统招本科，不同层次的学生年龄也不一样，他们的道德判断能力存在较大差异，道德水平也因受教育程度的不同而不同。对民办高校各类别学生的道德评价采取过程性评价，有助于他们在评价别人的过程中，能够对其他同学的言语表现和行为表现结合制定的道德标准认真判断，划出优劣等级，在评价过程中学生的道德判断能力也随之提升。同时，在对同学进行评价的过程中也进行自我反省，能够不断提高自律意识，从而促进大学生的思想道德水平。

2. 促进学生内化道德观念外化道德行为

行为的效率对民办高校大学生进行道德评价采取定量与定性相结合的方式，有助于大学生快速消化道德理论知识，提高外化道德行为的效率。量化的德育理论知识的学习，虽是枯燥的，但它易于理解便于接受，大学生能够较容易地将这部分量化分拿到手，另外，道德实践活动吸引大学生，他们愿意走出校外参加道德公益活动，当代大学生的热情洋溢更在于课堂外，将理论付诸实践是激情满怀的“95 后”大学生最得意的课程。

3. 创新德育评价体系和方式方法，可以切实增强民办高校德育实效性

德育评价是德育工作的航标，引领整个德育工作的方向。德育评价体系的科学性直接影响德育评价效果，进而影响学生德育水平的提高，构建基于学生成长过程的民办高校德育评价体系，即树立以学生为德育评价主体的全新理念，能够顺利推进德育评价工作开展，并能以客观有效的评价结果激励大学生提高道德素养，从而增强德育效果。随着国家教育部对高校学生德育

要求的不断提高，结合当今民办高校大学生心理特点和行为习惯呈现出来的新特征，大学生的德育评价工作的道路还很漫长，对德育评价体系设计和评价方法的研究还需要德育工作者继续努力，以期在新时代下找到更加符合现代大学生特征的评价体系和方法。

（二）西安外事学院建构新时代新德育评价体系的实践

德育评价指标体系不仅对高校学生的德育水平进行综合评价，也是一种引导、激励和约束的手段，提醒广大学生时刻牢记肩负的责任与使命，严格自我要求，自觉率先垂范，充分体现高校学生的先进性。西安外事学院从道德品质、日常行为以及社会规范三个方面入手，对学生提出要求，建构起具有外事学院特色的德育评价体系。

1. 道德品质

（1）先锋模范带头作用

这项指标主要对高校学生在社会和学校中所起到的积极作用进行考核。高校学生应当积极主动参与社会实践活动、青年志愿者活动等校内外各类健康有益的活动，善于学习，乐于创新，树立主动为师生服务的意识，处处体现先进性，积极创先争优，以自己的言行感染、凝聚并带动广大同学和青年，起到先锋模范带头作用。

（2）科学的人生目标

高校的学生要建立科学可行的人生目标，即对自己和所处的环境有准确认知，结合学校实际、自身实际制定可行的人生规划。

第一步是详细制定科学的人生规划，包括职业生涯规划、时间规划、目标规划等，将分阶段目标细化到在校的各个阶段并适时调整。

第二步是对自己进行准确的定位、分析和总结，进一步确定自己的性格特征和个人特长，完善自己的综合素质和能力。

第三步是在制定科学人生目标的基础上，充分发挥自身优势和主观能动性，以实际行动去实现既定目标。

（3）良好的心理素质

大学生必须要具备良好的心理素质以适应社会环境的发展和变化，包括正确认识自我、建立和谐人际关系、与社会环境协调一致等积极健康的心态。保持良好的心理素质和积极的心态，切实提高学习积极性，充分挖掘自身潜力，形成关心理解他人、人际交往健康、积极乐观向上、不惧困难挑战的阳光性格，带动并影响其他广大青年。

（4）端正的个人作风

高等学校培养出的人才必须要具有坚韧不拔、刻苦拼搏、坚持不懈的完善品德，要建立端正的思想、学习、工作、生活作风，不能重智育轻德育，不沉迷于网络虚拟世界，勇于创新实践，乐于积极奉献，热爱集体，诚实守信，实事求是。

（5）乐观的人生态度及行为方式

对于大学生来说，要有坚韧不拔、乐观向上的人生态度，少一分悲观消极，多一点自尊自立，保持诚信、积极、执着等可贵品质，通过自身不断的努力改变现状。除了要以乐观的人生态度面对大学生活外，还要培养积极的行为方式，包括乐于参加校内外各类健康有益的活动，乐于与人交往沟通，乐于为他人和集体奉献力量，善于思考、发现并积极解决问题，有创新意识和创新成果。

2. 日常行为

（1）遵纪守法

高等学校的学生作为青年群体中奋发进取、表现突出的先进分子，要具备很强的法制观念和纪律意识，包括遵纪守法、依法办事、维护社会公德及公序良俗、诚实守信，在学习、生活和工作中牢牢树立法律意识，维护党、国家和人民的利益，自觉遵守校规校纪，率先垂范。

（2）个人文明习惯

当代大学生除了应当具有良好的个人修养和高尚的个人品格外，还要养成良好的个人文明习惯。包括主动维护课堂纪律、考场文明秩序、保持环境卫生，为人诚实可靠，与人交往和谐，言行举止文明，尊重理解他人，培养良好的学习及生活习惯。

（3）参与活动及诚信互助情况

大学生应当积极主动地参与校内外各类健康有益的活动，包括社会实践活动、社会公益活动、青年志愿者活动、校园文化活动、班级事务等，从而为社会、集体、他人奉献自己的绵薄之力，充分展示大学生的蓬勃朝气。此外，还应当做到诚实守信、关心集体、互相帮助，建立很强的集体观念、荣誉感和主人翁意识。主动关心学习或生活上有困难的同学，积极参加集体活动，维护集体荣誉，处处以身作则。

3. 社会规范

（1）具备爱国主义情怀

高校学生应该具备浓厚的爱国主义情怀，将国家和民族置于心中神圣的地位，关心国家的前途及改革进程，有强烈的民族自豪感，对国家未来的发展充满信心，并以个人的努力创造服务。

（2）高度的社会责任感及良好的适应能力

高等学校的学生要深刻认识、正确理解社会责任，明确在社会中的正确行为并自觉履行社会责任，通过实践活动促进自身进一步认识世界、了解国情、增长才干、锻炼能力、奉献社会，形成社会责任认同，在青年群体中充分发挥良好的示范作用。还要注重理论联系实际，正确认识、掌握客观世界，勇于面对现实生活中的挑战，妥善协调社会环境与自身的关系，以积极的心态面对社会，提高为人处世的和谐程度。

（3）弘扬浩然正气

高校的学生要充分展示当代大学生崭新的时代风貌，继承中华民族匡扶正义、见义勇为的传统美德，弘扬社会浩然正气，为建设平安、和谐、绿色校园作贡献，同违法犯罪行为及社会不良现象作斗争，胸怀远大理想，勇于自立自强。

综上所述，建立科学合理的高校学生德育评价指标体系，是客观真实地反映学生德育水平的基础，也是提升高校德育工作水平的关键。通过道德品质、日常行为和社会规范三个方面，详细阐述了高等学校学生德育评价指标体系的科学内涵和指标含义，能够使参与评价者进一步透彻理解指标体系、评分有据可依，提高评价结果的科学性和可信度。

第二节 构建新时代新德育管理体制

一、传统德育管理体制在提高学生的思想道德水平方面发挥了积极作用

百年大计，教育为本，百年树人，德育为首。高校是培养和造就社会主义事业的建设者和接班人的重要基地，德育工作以解决立德树人问题为主要任务。而这一任务的完成，需要实行全员的、全过程的、全方位的系统育人，这就要求有一个与之相适应的大范围的工作循环机制，这较之观念、内容、方式的转变更具有“改革含义”。改革开放四十多年来，高校形成的德育管理体制，在立德树人中发挥了重要作用。

1. 完整的德育系统为高校德育运作提供了组织保证

经过四十多年的改革实践，我国高校在探索中已建立起了以学生管理体制为主要依据的德育系统。主要体现为：校（党委副书记、职能部门：学生处、学工部）、院或系（党总支副书记、辅导员、班主任）、班级。有的在班级增设了导师制，导师既授业，又育人。在这一系统中形成了分工合作，各司其职的工作格局：

决策指挥：党委。

主管部门：学生处、学工部及思想理论教学单位。

执行中介：院或系组织系统。

具体落实：班级。

群众组织：校、院或系的团组织与学生会。

由此可见，在高校管理中，德育体制主要体现为单线运转的工作机制，与专业课教学、后勤管理等相对应，是专门的事务。

2. 多方面、多层次的德育队伍为高校德育实施提供了有力保障

德育队伍是实施德育的主体。为调动全体教职员工育人积极性，经过探索高校已基本建立起了由多方面、多层次人员构成的德育队伍，这支队伍包括：（1）专职政工干部（规划管理）；（2）思想理论课教师（理论探讨）；（3）基础、专业课教师（教书育人）；（4）机关、后勤人员（管理、服务育人）；（5）校外特邀、特聘人员（多为专题报告）。并明确了这支队伍的德育任务，即以爱国主义、集体主义和社会主义为主旋律，培养、塑造学生的政治品质、思想品质、道德品质和人格品质。正是广大教职工通过理论研究、日常管理、专业课教学等多方面的实践，引导学生确立正确的世界观、人生观、价值观，激发他们积极向上、全面发展，为做社会主义现代化“四有”新人提供精神动力。

3. 灵活多样的育人方式为立德树人任务的完成创造了条件

高校德育贯穿于大学生整个历程，体现于学习、科研、劳动、生活各个方面，因此，也要求多种形式予以体现，除系统的思想品德课和日常管理外，还健全了正常化、制度化的党团组织生活、政策理论学习；举办业余党校；组织社会考察和社会实践（如大学生社区服务队、爱心社、寒暑假的“三下乡”活动）；创造了丰富多彩的校园文化生活（如墙报宣传、主题演讲、专题辩论等）。学生正是通过多形式、多渠道参与，在获取知识的同时怡情明志、陶冶情操，使自我从政治信仰到日常行为都不断进步。

二、传统德育管理体制的弊端

改革开放四十多年来，高校德育以较为完备的体制、多层次的育人队伍和多形式的育人手段，在提高学生的思想道德水平方面取得了可喜的成绩，为高校的改革和发展提供了稳定的内部环境。但是德育体制仍然存在一些弊端：

1. 高校德育工作领导体制存在多元化和责、权、利分离的现状，影响了德育工作的指导性、权威性和实效性

我国高校德育工作领导体制呈多种形式。有的学校是学生工作领导小组，有的学校是学生工作指导委员会，有的学校是德育工作领导小组。这个领导机构本应在培养合格大学生中就德育工作如何开展提出思路、制定方针、作出规划、组织实施、实现德育目标；但在大多数学校实际上是一个协调机构，既无近期目标，也无长远规划，在实际工作中也没有制约机制，缺乏权威性，影响了德育工作效果的发挥。

我国高等教育体制中的德育工作机制也不尽合理。教育部设立思想政治教育司，而下属对口单位不明确，有的省有高校工委，有的省在教委下设处室；国家部委所属院校更是五花八门，有的部委教育司也没有德育工作的职能。各院校德育工作只好自己对号入座，不利于上下形成一个富有成效的工作机制，更不利于在宏观上对我国高校德育工作的统筹和指导，也容易造成工作的互相推诿、互相扯皮。

学生工作职能部门繁多，不利于学生德育工作的统筹规划。如有的学校是宣传部管学生德育工作，有的是团委代管，更多的学校则是与学生处、学工部两块牌子、一套班子。行政领导负责的偏重于管理，有职有权，思想政治工作是附带的；而党委单纯负责做学生思想政治工作，只有义务，没有权利，并且缺乏有效的运行机制。一般来说，高校有宣传部、学生处、团委等职能部门和各系的分管学生工作的副书记抓德育工作。从系（院）级单位来看，主任分管教学，书记分管德育工作，教师也随之分化为两支队伍：一支队伍是专业教师，一支队伍是政治辅导员，专业教师在教学过程中有的仅仅是传授知识，对学生思想品德上的问题是不管不问，片面地认为那是辅导员的事。这种体制从表面上看，重视德育，加大了对德育的管理力度，实际上，恰恰是这种“重视”，造成了德育工作的低效。

“三全育人”工作在高校全员德育氛围中还没有形成合力和有效的机制。加强教职员工的思想政治工作，由于受诸多因素的影响，实际效果不明显，优化育人环境的功能还没有很好地开发出来，直接影响着全方位培养合格大学生目标的实现。

2. 高校思想政治教育缺乏系统性、实效性、合理性的现状，使得高校德育工作很难在培养大学生思想道德素质中达到德育大纲的要求

在我国的教育中从小学到大学，建立了逐步完备的文化知识传授体系，循序渐进，衔接紧密。而思想政治教育从传授到实效还没有形成较完备的体系。小学讲文明礼貌，中学讲集体主义、公民道德、远大理想，到大学还是讲这些，既无衔接性，又无系统性。

3. 高校德育工作队伍还存在不受重视、素质高低各异、人员不足、思想不稳定的状态

对高校德育工作不正确的认识，导致对从事德育工作教师和专职人员的偏见。相当多的人，甚至包括院校和有些职能部门领导也认为德育工作可有可无，或者是讲起来重要，干起来不重要。工作得不到尊重，辛苦得不到理解，职称评定排不上队等等，久而久之，德育工作者本身也感觉前途渺茫。

把日常学生思想教育工作等同于学生的行政管理工作，大量的事务性工作代替了学生思想教育工作。更为矛盾的是这支队伍的人员本属教师队伍，在做思想政治工作的同时还担任一定课时的思想品德课，但在评定职称时，日常思想教育工作量不予计算，只用有限的课时作为评定职称的硬性指标，且要与专业课教师同等对待。这样既不能准确反映这些同志的实际工作和实效，又严重打击了他们做好德育工作的积极性。

辅导员队伍不稳定。高校中的学生辅导员是德育队伍中的主要力量，应由一些政治思想和业务素质较高，工作责任心和能力较强的教师担任。但由于辅导员队伍中存在着评职称难、提职务难、搞创收难，工作清贫、要求高、担子重、压力大等问题，几乎没有人自愿担任辅导员。因此有些高校辅

导员队伍以刚出校门的青年教师为主。高校辅导员队伍的年轻化趋势越来越明显。这些青年教师大多非科班出身，政治理论水平不高，缺乏德育工作的经验，往往以行政代替思想工作，以管理代替教育。

4. 高校德育模式滞后、失衡

高校德育模式计划经济的色彩浓重。现行模式与计划经济体制高度契合，通过“以某种学说或观点去封闭，禁锢学生的思想，让学生只接受某一种特定道德价值或道德规范体系”，从而培养了大量依附性人才，适应了计划经济的需要。而随着市场经济体制的确立，市场经济需要具有创新意识、创造能力和创新精神的人才。虽然，高校德育教育模式中计划经济的痕迹正在削弱，但未从根本上消除计划经济的影响。

现行德育教育模式结构失衡。在高校德育的政治教育、思想教育、道德教育三部分构成中，前两部分所占比重很大，而道德教育所占比重较小。

三、新时代高校德育体制的基本原则

1. 从高校的根本任务出发认识德育工作与学校整体工作的统一性，以走出就德育抓德育的狭窄圈子

高校的根本任务是培养社会主义的合格建设者和可靠接班人，人才的思想道德素质和科学文化素质如何，关系到中华民族伟大复兴的中国梦的目标能否实现。高校又是社会主义精神文明的窗口，高校师生的思想道德水平和面貌既受社会影响，同时又体现着新时代方向，对全社会起着重要辐射和示范作用，要完成这一根本任务，提高大学生思想品德，仅靠政工干部是远远不够的。必须发挥校长及行政系统的组织协调功能，把教学、科研、管理、后勤服务同思想政治工作紧密结合起来，并且把德育工作纳入高校的办学体制、管理体制及其运行机制的变革之中，纳入高校党的建设和精神文明建设之中。从而，在认识和实践上真正从学校整体工作的高度来认识、规划，走出以往就德育抓德育的狭窄圈子。

2. 明确党委和校长的职责，提高政工干部队伍素质，以避免原有德育队伍的弱化

提出高校德育要在党委统一部署下以校长及行政系统为主实施的管理体制，并不是指高校德育工作由原来的党委抓变成行政抓，而是德育实施主体的扩大。党委和行政都负有德育职责，只是具体任务不同。党委是德育工作的领导核心，主要是根据形势发展的需要和党在新时期的重要任务，结合实际统一研究一定时期内德育工作的目的、任务、内容、方法，制定思想政治工作的目标体系。

校长主要是负责落实与实施，把德育工作融入学校各方面工作之中，将思想道德教育与科学文化教育紧密结合起来，做到“两手抓”“两手硬”，真正体现校长对学生德智体美劳全面负责。因此，建立和完善新的德育体制既不是党委包揽行政，也不是行政取代党委，更不是要取消原有专业政工干部队伍。政工干部是高校思想政治工作的专家，是学生日常思想行为的管理者，对学生德育工作负有更直接的责任。在提倡全体教职工参与德育工作的同时，必须加强专业政工干部队伍建设，关键是提高队伍素质。加强学习和锻炼，要求既有优良的品质和高尚的情操，又能深刻地把握德育工作的规律和特点，提高德育工作的管理能力。

3. 确定目标体系，强化“三全育人”，真正形成齐抓共管的工作格局

建立和完善在党委统一部署下以校长及行政系统为主实施的德育管理体制，不仅为长期以来形成的少数人抓德育，脱离知识抓德育的被动局面提供强有力的组织保证，也为学校广大教职工自觉履行德育职责提供制度和措施约束。要使全校教职工积极参与德育工作，形成合力，除观念转变外，还必须规定明确具体的目标任务和切实可行的措施。党委和政工干部要通过对本校情况的深入研究，将德育任务层层分解并适当量化，结合教学、科研、管理、服务任务予以落实，而且进行相应的检查监督，真正形成“三全育人”、齐抓共管的工作格局。“三全育人”即“全员育人”“全过程育人”

"全方位育人"。"全员育人"是指学校全体工作人员通过各自的工作职责完成育人任务；"全过程育人"是指将德育工作贯穿于高校学生的整个学习生涯，针对不同年级特点，明确德育重点，解决实际问题；"全方位育人"是指要形成丰富多彩的德育内容、灵活多样的工作方法和科学多元的育人手段，开辟德育工作新境界，提高德育工作的有效性。

四、西安外事学院构建新时代德育管理的措施

（一）德育管理的基本职能

1. 决策与计划职能

决策是管理的一项基本职能，主体是管理者。它是管理者识别并解决问题的过程，或者管理者利用机会的过程（Lewis，Goodmanandfandt，1998）。计划就是指为了实现决策确定的目标，提前进行的行动安排。决策与计划职能是高校德育管理的首要职能，也是德育管理者的首要任务。高校德育决策就是对高校德育一系列重要问题的决定，是为了实现既定的目标而提出若干个可行性方案用以进行比较，并且选择最优行动方案的过程。

（1）高校德育决策过程

一是诊断问题。首先必须要求决策者发现高校德育中存在的问题，知道在哪里需要改进。实际情况与预期状况的差异，并提示管理者潜在的机会或者问题的存在。

二是明确目标。管理者需要在发现问题的基础上确立所要解决的问题和达到的目标，目标体现的是组织想要获得的结果，所以说明确目标是高校德育决策中最基本也是最首要的职责。

三是拟定方案。一旦德育目标被正确地识别出来，高校德育管理者就要提出达到目标和解决问题的各种方案。这一步骤既需要结合上级精神和自身实际，也需要发挥创造力和想象力，在大量研究和分析相关数据与信息的基

础上搞好科学预测，而且要提出尽量多的方案。

四是筛选方案。这一步是评估所拟定的各种方案的价值或恰当性，并选择最满意的方案。由于最好选择通常是建立在准确判断的基础上，所以德育管理者必须仔细考察所掌握的全部事实，并确信自己已获得足够的信息。

五是执行方案。选定方案之后，紧接着要对选定的方案组织实施，具体转化落实为一个个可行的步骤和措施，并在一步步解决各环节中出现的各种问题的过程中不断向设定目标推进。

六是评估效果。对方案执行效果的评估是指将方案实际的执行效果与德育管理者当初所设立的目标进行比较，检查是否有偏差，并及时收集反馈信息，以确保决策目标的顺利实现。

高校的德育计划是高校德育决策的组织落实过程，德育计划通过将组织在一定时期内的活动任务分解给组织的每个部门、环节和个人，从而不仅为这些部门、环节和个人在该时期的工作提供了具体的依据，而且为决策目标的实现提供了保证。

（2）高校德育计划的内容

第一，提出做什么（What），即明确高校德育的目标与内容。

第二，说明为什么做（Why），即阐述完成事情的原因。为了充分调动高校德育工作者的工作热情与激情，更好地实现高校德育目标，必须明确计划制订的原因和目的。

第三，指出由谁去做（Who），即明确实施计划的有关部门和具体工作人员。

第四，指出在何地做（Where），即明确计划实施的地点或场所，了解计划实施所处的环境。

第五，指出什么时候去做（When），即规定计划开始和完成的时间，并且明确实施计划时的时间分配，以便于更充分地运用学校的德育资源。

第六，确定怎样去做（How），即明确计划实施的方式和手段。高校德育的决策与计划是指引高校德育活动的蓝图，在高校德育管理活动中具有重要意义。①

2. 组织职能

组织有两层含义：其一是指两个以上的人在一起为实现某个客观的、外在的共同目标而相互协助行动的集合体。这是从组织本身作为一个实体的角度来考虑的。其二是指作为一个实践过程的组织，是一个安排特定集体各种活动的过程。

我们认为作为德育管理的一项基本职能，就是建立并利用学校的组织机构和工作氛围，科学配置并有效使用学校的各种资源，将高校德育过程中的各要素连接成一个系统，提高工作效率，强化德育管理，将计划付诸实施并实现德育目标的过程。

高校德育的组织职责包括以下几个方面：

一是设计高校德育组织结构。当德育目标确定以后，德育管理者首先应对为实现德育目标而制定的各种工作内容进行分类，把联系密切或者性质相似的工作进行合并，并成立相应的工作部门，而且要根据具体的管理幅度来确定德育的纵向管理层次，最终形成一个完整系统。

二是分权和授权。当确定了德育组织结构形式以后，就要根据具体要求进行适度的分权和正确的授权。分权意味着把德育管理的职权由高层管理者委派给不同的层次和各个部门，所以一定要讲求适度。授权就是把权力委任给各个管理层和各个部门的过程。处理好组织中的分权与授权，有利于组织系统内部的协同工作。

三是组建德育队伍。在科学设计德育组织并分权和授权的基础上，还应该适当配备德育人员，包括人员的选拔、培训、考核、任命、奖惩以及对其行为的激励等。

四是德育活动的组织与实施。高校德育管理者为了实现德育目标，在决

① 任佳伟：《高校德育管理的内涵及其职能》，《教书育人》2010年第21期。

策、计划的基础上充分调动各种管理资源，做好协调和保障工作，开展丰富多样的高校德育活动。高校德育管理组织是高校德育决策和计划得以实现的根本，也是高校德育管理者对高校德育进行有效控制的前提，它能大大提高德育资源的使用效率。高校德育管理的目标并非依靠少数人或者零散的力量就可以实现的，必须有一个有效的组织来创造良好的工作环境，使系统中的每个人都能为完成共同的目标而努力工作。

3. 领导职能

“领导”从名词和动词的角度来考虑各自的含义：名词属性的“领导”就是指“领导者”，动词属性的“领导”是指领导者所从事的活动。“领导职能”中的“领导”就是指在一定的组织或者团体中，通过管理者的引导、指挥和协调实现既定目标的过程。高校德育管理的组织职能是对组织的资源进行配置和使用。必须通过实施高校德育管理的领导职能，才能使这些资源运作起来。高校德育管理的领导是为了达到既定的德育目标，运用一定的管理手段和方法对管理对象施加影响，指挥、协调、激励管理对象的过程。高校德育管理能否发挥预期作用，在一定程度上取决于高校德育领导者和管理者的自身素质。领导是指挥、带领、引导和鼓励下属为实现既定目标而努力的过程。所以说，领导者必须拥有影响追随者的能力或力量，取得被领导者的认可，这既需要组织赋予其责任范围内的支配力量也就是权力，也需要领导者个人所具有的影响力也就是威望。

高校德育领导者的能力与职责包括：

首先，需要有清醒的头脑、宽广的胸怀，能够高瞻远瞩、运筹帷幄，能给组织成员指明组织活动的目标和达到目标的途径。

其次，要能够协调好组织成员之间的关系，创造和谐的工作氛围，让全体组织成员劲往一处使，为共同的目标努力。

再次，要能为组织成员提供发展的空间。

因此，提高德育领导者与管理者的自身素质非常重要。高校德育队伍管理是德育领导的核心，事关整个高校德育工作。德育队伍是德育工作的组织者和实施者，是增强德育有效性的关键。建设一支结构合理、政治坚定、业务性强、专兼结合的高素质的德育队伍，是构建高校德育体系的关键，是完成教育任务、实现组织目标的基本保证。

4. 控制职能

斯蒂芬·罗宾斯曾这样描述控制的作用："尽管计划可以指定出来，组织结构可以调整得非常有效，员工的积极性也可以调动起来，但是这仍然不能保证所有的行动按计划执行，不能保证管理者追求的目标一定能达到。"控制是管理工作的重要职能之一。高校德育的控制，就是保障高校德育计划与实际德育工作相适应，以便顺利实现目标的活动。

高校德育控制职责包括以下几个方面：

一是确定标准。标准是人们检查和衡量工作及其结果的规范，制定标准是进行控制的基础。高校德育管理实施控制，首先就要根据既定的计划的要求和控制对象的客观情况来确定控制的标准。具体地说，控制标准就是要制定出对学生的自身素质和高校德育效果进行检查和衡量的指标及其体系。

二是衡量绩效。衡量绩效就是高校德育管理者根据预定标准对高校德育实际工作的成效和进度进行检查、衡量和比较，获得并掌握高校德育具体工作与计划目标之间的偏差及其严重程度的信息，并进行具体分析。

三是纠正偏差。德育管理者利用科学的方法，依据客观的标准，对高校德育工作绩效进行衡量，可以发现计划具体执行中出现的偏差。纠正偏差就是在此基础上分析高校德育偏差产生的原因，并且制定实施有效的纠正措施。

高校德育控制就是依据高校德育计划的要求，设立衡量高校德育绩效的标准，然后把具体高校德育工作结果和预定的标准相比较，来确定德育过程中出现的偏差及其严重程度，并对这个偏差进行纠正，以确保组织资源的有效利用和组织目标的圆满实现。高校德育控制是高校德育组织机构健康运转的重要条件，也是实现德育计划目标的有力保障。

（二）德育管理体制的体系框架

1. 决策调控机制

建立科学规范的决策机制是实现高校德育目标的重要前提。根据现行高校领导体制，应建立以党委书记、校长为核心，由副书记、副校长及学生处、教务处、校团委、系部负责人及辅导员代表组成的学校德育管理指导委员会，全面负责学校德育管理工作，研究决定德育方面的重大问题；以校长为首的行政系统主持制定学校德育工作实施方案。调控机制（实行目标管理、健全反馈体系、强化调控权威）就是通过对德育工作的预警分析和效果分析后对德育工作原定计划和方案进行调整、修正、补充和完善，使德育工作的计划更加完善，做到重点突出、措施得力、方法科学、效果明显。

2. 运行整合机制

有了健全的决策机制，还必须有科学、规范、有序的运行机制来保障德育工作的顺利进行。实行由党政“一把手”负总责，学生处、团委、思政部牵头，系部和班级为单位，教职工参与的全员育人和家庭、社会、学校联手育人的德育管理运行机制。着眼德育管理运行机制的转换，健全体制改革的配套管理。结合招生就业制度改革和教育教学改革，着力研究和探索学分制与自主学习并轨条件下的学生管理机制转换，把握管理的重要环节和薄弱环节，切实加强学生德育工作的针对性，增强德育管理的力度。要进一步加强以宿舍为基础群体单位和管理基本环节的管理机制，改善学生宿舍的软硬环境。运行设计中的整合机制要求运行系统化，就是按照现代社会要求，形成体系完善、功能齐全、环节配套的系统，即有咨询、研究、决策系统，有实施、执行、协调系统，有反馈、调节、检测评估系统，保证德育管理科学、系统、有序地运行。

3. 协调互动机制

根据学校自身的实际，合理规划德育发展目标，建立学校、家庭、社会一体化德育管理的外部协调机制；完善全员关注和参与的内部协调机制，强化各职能部门和院系的学生管理职能，调动一切积极因素，构建互联互动的动态开放的德育管理系统；各部门、各院系、各班级制订具体的德育工作计划，使德育工作的开展进一步细化、可操作化。充分利用一切可以利用的教育手段，如校园电视台、广播、班会、板报、团刊、报告会、辩论会等，以活动为载体，常规教育与主题实践活动相辅相成，努力促进学生良好习惯的养成。德育的对象是具有主观能动性的人，我们不能只看到道德的约束性、规范性，而忽略道德的主体性、发展性特征，忽视德育对象的主动性和创造性。因此，德育管理要发挥其实效性，首先必须使德育系统内各要素之间、德育系统与其他系统之间建立互动的关系，激发学生主动、积极地进行自我教育。教师在德育管理中应明确自己的角色是辅助者和指导者，而不是指令者和领导者，这样才能在德育系统中成为互动的桥梁和催化剂。其次必须明确学校教育、家庭教育、社会教育在育人中的功能定位和工作重点，促进三者的融会贯通，切实解决当前家庭教育和社会教育中存在的“缺位”“错位”现象，努力形成三者之间的良性互动机制，真正落实好德育在学校教育中的“首位”问题。

4. 监测预警机制

预警机制是通过多种渠道了解学生的思想动态、社会思潮、道德风尚、情绪状态和精神面貌等等，主要包括对党的路线、方针、政策和国家政策、法令的态度与认识，全面了解大学生的不正确或片面的思想认识、有害的社会思潮以及这种思潮可能对主流价值体系的冲击，为教学部门及决策机构及早提供对策建议。以学校为主体建立预警监测网络，充分利用各种信息，及时分析综合，确定重点关注对象，建立隐患自查制度、各教育主体的分工落实制度、重点预警对象定期了解制度等。健全群防机制和社会家庭联系联防制度。确立预警监测责任人员，预警监测可分校内和校外，校内以辅导员、心理辅导教师、行政人员、任课教师、班干部等为重点人员；校外主要是家庭人员、交往朋友、游戏厅/网吧管理者、居住区域的治安管理人员等人员。畅通预警信息渠道，保证信息的及时有效，要对预警过程所获取的信息整合处理，建立重要信息登记、通报制度及首问责任制度。

5. 保障动力机制

学校将德育管理工作纳入学校发展的总体规划，通过建立一系列制度和规章，为德育管理工作的开展提供组织领导、人员队伍、资金、场所等措施条件保障，使学校德育工作能够正常有序地进行，保证德育管理落到实处。西安外事学院在“学院+书院”的管理模式下，科学合理地整合校内外一切德育资源，调动一切积极因素，壮大德育力量，形成德育合力，增强德育管理的有效性。保障包括组织保障、制度保障、队伍保障和物质保障。

6. 考核评估机制

要坚持政策性、客观性、全面性、定性与定量、静态与动态的考评原则，选择科学的考评方法，比如实践检验法、模糊综合评判法等。要探索建立切实可行的、定性和定量相结合的考核机制。一种选择是尽可能量化；一种是倾向模糊把握，尽可能广泛地进行定性评议。两种选择各有利弊。量化考核强调的是可证性，是人的“到场”，易于造成格式化的机械的强制；而模糊评议强调的是工作的到位，倾向综合评价，但缺乏可证性且过于主观性。德育管理评价需要定性与定量相结合。以工作效果为主，以平时德育工作开展情况和积累的基础材料和原始数据为依据，工作过程和工作结果相结合。评价目标应突出重点，简明、科学与合理。评价办法要易于操作和切实有效，不能过于繁琐。应把辅导员的育人工作列为重点，把考核的结果与辅导员的遴选、职称职务晋升等环节相挂钩。对学生个体的评价应与业务评价结合起来，与学生的学年考核结合起来，与学生的奖惩结合起来定期进行，严格把关。并且要把它作为学生参加论文答辩、授予学位和参评优秀学生、参评奖学金的重要条件。对学生个体的评估要避免流于形式、有形无实的“软约束”和“一好遮百丑”的重智轻德的现象。

7. 激励约束机制

激励措施包括外在激励与内在激励、物质激励与精神激励、环境激励与情感激励。约束措施也就是惩罚措施。通过考评，将教师的德育工作成绩作为对教师晋级评先、职称评定的主要依据，把思想素质好、业务水平高、奉献精神强的优秀教师选聘为辅导员，提高待遇。将辅导员和其他德育工作者的工作经历和业绩作为评聘职称、评选优秀教师的重要依据。对优秀辅导员和优秀德育工作者进行表彰，给以物质奖励和精神奖励。实行“一票否决”，对违背教师职业道德要求、有损教师职业形象的行为，给予批评教育、行政处分乃至辞退。

8. 自我教育机制

自我教育，是指自己促进自身品德发展的活动，即主体有意识地把社会的道德规范或自己主动提出的道德目标转化为道德品质的自我完善活动。高校德育管理工作只有激发受教育者自我内在的需要，使受教育者能够从内心深处感觉到这种教育的必要性、可行性与实用性，受教育者才会去热烈地接受教育者的教育。而要想真正做到思想政治教育工作深入大学生的内心世界，就必须将他人教育、外在教育转化为自我教育。西安外事学院实行“学院+书院”的管理模式下，各书院设立党员服务站、团建中心、学生服务中心、学生实习实践中心、社团中心、先锋训练营等学生自治工作室，进一步加强了对学生教育管理模式的探索，实现了学生的自我教育、自我管理和自我服务提高学生的综合素质，走出了一条学生思想政治工作的新思路，促进了全员育人机制的建立。

9. 整体育人机制

关注社会环境变化、整合高校德育资源，形成整体育人格局，是时代赋予高校德育工作队伍的共同责任。高校德育工作者不仅要完成自己的直接育人责任，还要发挥影响、辐射、带动的作用，使育人作为教育的目标归宿，建构整体德育运行机制。通过教书育人，实现专业教育与德育的结合；通过管理育人，做到管理与育德相一致；通过服务育人，把德育渗透到生活中；通过环境育人，发挥环境对人的陶冶作用。

上述机制构成德育管理机制体系，相互协作、有机整合，能有力提高高校德育管理工作的针对性、主动性和实效性。目前由于高校内部院系设置造成的管理条块分立，造成德育工作者职责多元、劳动重复。打破原有条块，建立良性运行机制，实现更为精细的职业分工，将大大提高工作效率，有力推动专业化进程。

五、西安外事学院德育管理体制的创新

1. 制定科学合理的德育目标

学校德育目标是学校德育实效性价值判断的标准和依据，是学校德育工作的指南，它在很大程度上影响着学校德育工作的实效。因此，制定科学合理的德育目标，有利于加强德育工作的针对性，提升学校德育工作的实效。

学校德育目标的制定：一是要使德育目标适应社会发展，符合社会生活要求。

二是要使德育目标满足学生品德健全发展的需要。学生在成长过程中，有根据自己的价值标准追求真善美的需要。这种需要是学生进取的动力，道德发展的源泉，也是接受教育、参与活动的基础。学校的德育目标应该满足学生的这种需要。德育目标，特别是德育行为目标的制定要广泛地听取学生的意见，满足学生的这种需求。

三是德育目标要与学生心理发展水平相适应。学校德育目标标准既不能超出也不能低于学生的心理发展水平，目标要定在学生的最近发展区域内，让学生通过努力能实现。只有这样，德育目标才能成为学生的自觉追求。

2. 创新德育管理制度

学校德育管理制度是学校内部对德育管理行为的硬性规定，是实现学校德育目标的制度保障。多年来，学校德育管理制度在遵循主体性和全员性方面及制度的人性化方面都有所缺失。学校德育管理在注重辅导员工作的同时，忽视了任课教师和其他教职工的德育管理行为和责任；在对学生进行道德规范的同时，忽视了学生的接纳程度与学校德育目标的一致性；在重视制度刚性的同时，忽视了制度与人文关怀的结合。因此，不能充分调动德育工

作者的积极性和发挥学生的主动性，显性的德育管理制度总是不能内化为师生潜在的道德意识，学校在德育管理工作中收效甚微。因此，学校应明确规定教师和学生是德育工作的主体，规范德育管理，让师生共同参与学校德育制度的制定与实施，不断创新德育管理制度，全面提高德育制度的实效性。

（1）建立全员育人制度

学校全员育人制度就是明确全校教职工的德育工作职责，让教职工主动参与学生管理。同时，制定教职工参与全员育人考核制度，对全员德育工作进行专项检查，将检查情况列入学校年度考核范畴，以此形成学生管理全员化的良好氛围。2014 年，西安外事学院以学生“个性化培养”为核心，推行学分制、“3+1”、小学期改革，传统的以班级为单位的管理体制不再适应教学需要，与之配套，构建“学院+书院”学生教育管理模式，将学生的德育重心向书院转移，书院与所对应的学院无缝衔接，构建了全方位、全员、全过程育人机制。2018 年年初，对书院工作进行了梳理，建立正蒙书院及分院，统一以“正蒙”命名，进一步凸显其德育属性。在“书院”平台上，有四支队伍协同负责，即辅导员、思政课教师、学业导师和“正蒙导师”。

（2）建立“三位一体”育人制度

学生的思想是在学校、家庭、社会各方面的综合影响下形成和发展的。学校不仅要有全员育人意识，更要有全过程育人意识，要充分利用家庭和社会的德育资源育人。为此，学校明确要求辅导员定期和家长交流。学校要和执法部门合作，优化校园周围环境。学校还要充分利用校外德育资源，建立起校外德育基地。

（3）坚持德育管理的人性化

在强化制度管理的同时，我们还大力提倡在德育工作过程中实行人性化管理。用平易近人、和蔼可亲、关怀备至的态度去对待每一个受教育者，努力营造团结、和谐的校园文化氛围；用公正无私、勤恳敬业、严谨的工作作风去形成班级和年级的凝聚力、向心力；用正直、大度、宽容、慈爱的胸怀去感染学生、影响学生，促进学生良好行为习惯和优良思想品德的形成。教师不仅要在学习上关心学生，更要在生活上和思想动态上关心学生，为学生解决生活上的困难、思想上的疙瘩，真正成为学生的知心朋友，成为学生心目中可信、可亲、可敬的人。对于违纪学生，我们要做到预防在前，惩戒在后，严格按制度行事，做到惩之有理、罚之有据，让学生心服口服。同时在惩罚之后，给学生以人文关怀，使学生在正视错误的同时又不失去进取的信心。

3. 提高教师队伍德育素质

教师的德育素质包括政治思想、教育观念、心理状态、德育能力和人格魅力。教师作为学校德育工作主体，其自身德育素质对德育工作的实效性有着至关重要的影响，加强师德建设，提高教师德育素质是提高德育实效性的重要途径。

（1）提高政治素养

一个具有马克思主义哲学素养的教师，如果他在教学中能经常渗透辩证唯物主义的哲学思想，对学生科学世界观的形成有着极其重要的促进作用。因此，学校应关注教师的政治素养，以多种形式组织教师进行政治学习，提高教师的政治理论水平。

（2）转变教育观念

考试分数高的学生最受教师青睐，成绩差的学生总是令教师头疼，应试教育产生的这种学生观在一些教师中根深蒂固。这种以成绩论英雄的学生观严重地摧残了学生的身心健康。要使教师改变这种错误的、陈旧的学生观，除教师自身加强现代教育理论学习之外，更重要的是社会和学校要改变对教师教学效率和教学能力的评价方式，不能只以学生的考试成绩作为评价教师教学的主要指标。对教师自身而言，要树立全员发展、全人发展的学生观。教师对学困生要做到：感情投资多一点、学习指导多一点、锻炼机会多一点、肯定表扬多一点。教师对学生个体的评价要全面，要从发展的视角看待每一个学生。

（3）调整教育心态

教师的教育心态直接影响学生的心理健康。目前学校很多青年教师来自独生子女家庭，他们在顺境中成长，有强烈的自尊心，心比天高，做事急于求成，承受挫折的能力差。他们往往把因生活和工作中的不顺产生的不良情绪带进课堂，形成师生情感上的对立。为了防止将不良情绪带进课堂，教师要适时调整自己的心态和情绪，进行必要的心理移情换位，做到理解学生、尊重学生、宽容学生，与每一个学生平等相处。

（4）提高德育能力

教师的才学是一名合格教育工作者的基础，西安外事学院非常重视教师的才学。教师的德育能力包括了解学生、把握德育内容、灵活运用德育方法、心理辅导、后进生转化、德育环境创设、德育研究等能力。

教师德育能力的提高，一是靠自身的不断学习和实践。

二是要有计划地进行专项培训，学校以“坚持日常培训和专题培训相结合”“坚持业务口径与培训内容相结合”“坚持普遍提高与重点培养相结合”的原则，以省高校辅导员培训和研修基地培训为重点，学校日常培训为主体，有计划、有步骤地安排辅导员参加校内外各种形式的培训、交流和学术活动，提高高校辅导员理论水平和业务能力。

三是传、帮、带制度。一些学校在新老辅导员之间进行师徒结对，提高青年教师德育能力。

（5）增强人格魅力

如何培养教师的人格魅力，从教师个人角度来看，首先要加强自身修养。教师不仅要有崇高的精神境界，而且还要有得体的言谈举止。因此教师应选择健康的人格理想作为发展价值的参照系，从点滴入手，自觉加强各方面的修养，不断完善自己。

其次要丰富文化底蕴，强化教师人格根基。教师必须不断潜心学习，努力拓宽自己的知识视野，不断地提高和拓宽自己的知识面，不断更新自己的知识结构，以满足学生的求知欲。教师的知识愈丰富，其个人对知识、科学、生活的态度就愈鲜明，学生就会从教师身上看到智慧的光芒，敬佩之情就会油然而生，教师追求知识的精神就会内化为学生的学习行为。

再次，教师要以“平常心”对待一切事物，做到“不以物喜，不以己悲”；要接纳他人，以诚待人，建立良好的人际关系；要扬长避短，培养自己良好的个性；要热爱教育工作，为提高工作质量不断提高自己；要期望适度，步步落实目标，不断体会成功的快乐，增强自信心；要培养多种兴趣与爱好，陶冶情操，提升思想境界。

从学校方面看，学校应该创造一个健康的校园环境，为教师个体人格的健康发展创造良好的外部条件。例如，在政治学习中引导教师处理好职业与事业的关系，缓解个体与社会的矛盾冲突；建立和谐的校园人际关系，营造良好的校园文化环境，促进教师心理健康发展；等等，这些举措都有利于提高教师的自身修养，使之形成令学生钦佩的人格魅力，并以之影响、陶冶学生。

4. 创新德育工作内容

德育工作内容包括政治思想教育、伦理道德教育、遵纪守法教育、心理健康教育。在组织具体的德育内容时，我们一定要考虑德育对象的年龄特征和个性特征，加强德育内容的针对性，要直面社会现实，严防德育内容的空洞性和单调性，开展一些能感动学生心灵的活动，实现德育认知、德育情感、德育意志、德育信念、德育行为的统一，保证德育内容的实效性。

西安外事学院认真探索“立德树人”的实践途径和工作机制，从课程教学育人、校园文化育人、管理服务育人、社会实践育人入手，建立相应的工作机制，切实培养德智体美劳全面发展的社会主义事业的建设者和接班人，取得了一定的成效。这些做法不但创新了民办高校“立德树人”的途径和机制，提高了民办高校培养应用型人才的质量和水平，而且对于其他民办高校坚持“立德树人”，进一步加强思想政治教育工作具有重要意义。

5. 创新德育工作方法

当前德育工作理念与工作方法滞后于社会形势发展对德才兼备型人才的需求，是影响高等德育工作有效开展的重要因素。从传统狭隘的工作理念中转变过来，结合全新的现代化数字教学设备开展多样化德育工作方法是至关重要的。西安外事学院坚持一切从培养创新人才出发，把科学精神、思想品德、实践能力和人文素养的培养贯穿于人才培养的全过程，着力提高学生服务国家服务人民的社会责任感。学校坚持立德树人，注重课程教学育人，构建特色德育体系，建立了思想政治理论课“四保障”模式。

(1) 坚持课程教学育人，构建具有特色的德育体系

“立德树人”要发挥课程教学育人的吸引力、说服力、影响力，首先要构建特色德育体系。西安外事学院在学生思想政治教育深化、细化、艺术化、本土化等方面狠下功夫，将学生的思想政治教育和社会主义核心价值观教育、传统文化教育与学校“鱼化龙”校园文化精神教育紧密结合起来，建立了具有学院特色的德育体系。该体系以“立德树人，化鱼成龙”为目标，按照“有价值、有看点、可操作、可总结、可持续”的指导原则，从思想教育、行为养成两个方面开展工作，抓好爱国爱校教育、理想信念教育、博雅教育、书香校园建设、公寓自理自治、爱心公益活动等十个着力点，结合学分制改革，将学生的行为养成量化为德育学分，全方位发力，培养学生良好的思想道德素质。

建立思想政治理论课“四保障”模式，抓住思想政治理论课这个思想政治教育的主渠道。思想政治理论课“四保障”模式，从民办高校的办学使命和办学条件出发，坚持社会主义办学方向，以“高举旗帜、遵循规律、改革创新、强化基础”为指导思想，以“组织保障、物质保障、人才保障、教学方法保障”为重点措施，以“提升思想政治理论课教师素质、增强思想政治理论课教学效果”为途径，以“提高学生思想政治素质”为目标，从而加强思想政治理论课教学，把理想信念教育作为大学生思想政治教育的核心任务，将积极的情感和正确的价值观融入课程教学全过程，充分发挥课堂教学主渠道作用，培育学生践行社会主义核心价值观，树立正确的理想信念。“四保障”模式形成了一个学校领导重视、思想政治理论教学科研部牵头、各部门共同参与、齐抓共管的思想政治教育管理机制，建立健全了强有力的教学保障制度，强化并保证了思想政治理论课在民办高校思想政治教育

中的“主阵地”和“主渠道”地位。实施“四保障”模式后，思想政治理论课更加具有吸引力，受到了学生的喜爱。对 2015 级本科生评教结果显示，思想政治理论课教师良好率达到了 83.3%；校内入党学生人数、获得各级“优秀学生”的人数逐年增加，学生思想政治素质不断提高；该模式在 2013 年全国高校思想政治理论课教学方法改革现场经验交流会上进行了经验交流和推广。

（2）强化管理服务育人，构建“学院+书院”的学生教育管理模式

“学院+书院”的学生教育管理模式，就是在宿舍楼设立书院，将德育教育延伸到书院，形成教书和管理育人一体化的学生教育管理模式。书院坚持以社会主义核心价值体系和“鱼化龙”精神为指导，以人为本，全面推进素质教育，充分发挥学生自我管理、自我教育、自我服务的积极性，以积极健康的内容和活泼多样的形式，大力开展科技创新、社会实践、志愿服务、党建团建和校园文化活动。通过多种层面组织、引导学生社团活动，为广大学生提供“发挥才能，展示自我”的平台，加强以党团组织为主导的“第二课堂”德育教育，不断培养和提高学生的组织协调能力、社会交往能力、社会适应能力、社会竞争能力和社会成长能力，提高学生综合素质，引导学生适应社会，促进学生成长成才。实施“学院+书院”学生教育管理模式，实现“五个结合”。即学院与书院相结合、第一课堂与第二课堂相结合、人生导师与学业导师相结合、教育与管理相结合、教书与育人相结合，营造了“全员、全过程、全方位”的管理育人氛围，提升了学生教育管理水平，为学生建立了良好的学习生活环境。

（3）强化校园文化育人功能，创建特色校园文化，加强大学文化建设

打造特色校园文化，积极营造、培育和践行社会主义核心价值观的校园文化氛围。西安外事学院将所在地“化鱼成龙”的传说和中华民族“望子成龙”的美好愿望融入自己的办学理想，通过不断积累逐渐形成了以“多元集纳，自强创新，爱岗敬业，感恩奉献”的“鱼化龙”精神为核心的特色校园文化。“多元集纳，自强创新”就是既鼓励学生博采众长，兼容并

包，又具有独立、挑战的精神，敢于批判质疑，勇于创新创造。注重把创新自主学习和实习实践结合起来，让学生在实践中提高解决实际问题的能力。“爱岗敬业，感恩奉献”就是引导学生干一行，爱一行，养成精益求精、追求卓越、善谋实干的职业精神，形成正确的劳动观和职业观，养成吃苦耐劳、慎独自律、甘于奉献的良好品格，培育民办高校大学生爱岗敬业、诚实守信、办事公道、服务社会的良好品质；引导学生永存感恩之心，永存奉献之心，培育学生知恩图报、孝老爱亲、谦虚友善、明理包容的社会责任感。通过弘扬“鱼化龙”校园文化精神，突出了德育的针对性和实效性，培养学生的社会公德、职业道德、家庭美德和个人品德。

开展以“三个融入”为特点、以“做人教育”为主要内容的校园文化活动，突出发挥校园文化的价值导向功能。西安外事学院始终坚持不懈地对学生进行以健康人格培养和高尚思想品德养成为内容的“做人教育”，把以理想信念教育为核心的政治思想教育融入“鱼化龙”精神教育之中；把以社会主义价值观为核心的大学生文明规范教育融入“多元集纳，自强创新”的校训教育之中；把爱国主义、集体主义、社会主义教育融入爱校教育之中，把以“三个融入”为特点的课外德育活动，作为“两课”课堂教育的重要补充与延伸，在学校广泛持久地加以开展。“融入式”课外德育活动以校园精神文化为载体，不但具有马列主义的政治内涵，具有政治思想的高度和深度，而且富有深厚的人文意蕴和独特的校园色彩，在无形之中洋溢着文化感染的魅力，增强了文化育人对大学生的亲和力与实效性。

（4）强化社会实践育人，建立实践实训平台，开展社会实践活动

实践育人是“立德树人”的基本途径。实践是认识的源泉，也是育人的基本途径之一。习近平同志指出：“道不可坐论，德不能空谈。于实处用力，从知行合一上下功夫，核心价值观才能内化为人们的精神追求，外化为人们的自觉行动。”这一重要论述，突出强调了社会实践对“立德树人”养成的重要作用。社会实践的形式丰富多样，中共中央、国务院颁布的《关于进一步加强和改进大学生思想政治教育的意见》中，要求积极探索和建

立社会实践与专业学习相结合、与服务社会相结合、与勤工助学相结合、与择业就业相结合、与创新创业相结合的管理体制。西安外事学院认真组织大学生参加军政训练、社会调查、生产劳动、志愿服务、公益活动、科技发明和勤工助学等实践活动，使学生在社会实践活动中受教育、长才干、作贡献，增强社会责任感，对于学生树立正确的人生价值观和社会责任感以及发展他们的社会实践能力起到不可替代的重要作用。

强化实践实训，注重学生个性选择和发展。西安外事学院遵循“因材施教、分类培养”的原则，将“实践教学、实习实训、社会实践、毕业设计（论文）与综合训练、创新创业”的实践教学体系落实到本专业人才培养方案中去，整体、系统地优化设计各专业的实践教学体系。在人才培养环节全面推行学分制，探索建立“3+1”和“小学期”人才培养新模式，为学生多元化成才道路和宽口径成长拓展空间，给学生以就业、创业、出国、升学等多方面的发展选择，例如选择创业的学生由创业学院指导其创业，选择留学的学生由国际合作学院培养并完成留学梦想，选择升学的学生由七方书院负责升学辅导，各二级学院主要负责就业方向学生的辅导与服务。这样就赋予学生更多选择和提高的空间，将学校的特色教育和应用型人才培养目标落到了实处。

附录一

新时代民办高校践行立德树人使命的创新实践

——西安外事学院“鱼化龙”特色校园文化建设调查

陕西省委政策研究室、省委改革办调研组、西安外事学院

坚定文化自信，推动社会主义文化繁荣兴盛，是党的十九大明确提出的奋斗目标。西安外事学院在董事长黄藤教授的率领下，坚持以社会主义核心价值观为引领，坚定以生为本、立德树人的办学方向，从培育特色鲜明、务实管用的“鱼化龙”特色校园文化入手，自始至终把铸造优秀校园文化品牌、弘扬校园文化精神作为立德树人的战略举措，立体化融入教书育人全过程，持之以恒、常抓不懈，在实践中取得阶段性成效，积累了有益经验，创新探索出一条可学可鉴的新时代民办高校德育工作新路径。

挖掘弘扬传统文化　厚培高校精神基因

西安外事学院是一所以本科教育为主的民办普通高校，在校学生 2.1 万名、教职工 1700 人。为适应新形势下立德树人要求，切实扭转高校在德育中普遍存在的“讲与学脱节、学与用分离、学生不愿意、学了不能用”的突出问题，西安外事学院将所在地“化鱼成龙”传说和中华民族“望子成龙”的美好愿望深度融入办学实践，挖潜归纳、倡导弘扬，凝练成以“鱼化龙”为核心理念的学校文化建设体系，为民办院校可持续发展奠定了深厚的文化基因、提供了精神动力。

借鉴传统文化，筑梦立魂强基。该校特色校园文化建设以“精神高远、

风气高尚、环境高雅”为鲜明特色，以精神文化建设、制度文化建设和环境文化建设三个层面有机统一、和谐共进为原则，以“突出价值导向、全面素质养成和持久情操陶冶”为三大基本功能，以培养高尚人格、形成优良校风、营造高雅环境、全面提高素质、培育创新能力为主要内容，以提升人才培养质量、培育优秀人才为目标，将所在地“鱼跃龙门”这一独特地域文化与立德树人有机融合，确立了“化鱼成龙”的办学使命，提炼出“多元集纳、自强创新”的校训，真正形成“爱岗敬业、感恩奉献”的校风、“以生为本、立德为先”的教风、“发展个性、注重养成”的学风。

坚持“知行合一”，坚定信念追求。“鱼化龙”特色校园文化建设的重点在于“化”，是“内化思想”与“外化行为”的统一，是自我约束、自我激励和环境熏陶、相互感召的同步过程。学校为真正把学生“化鱼成龙”的理想追求落到实处，有效发挥立德树人的引领作用，实打实在“化”教职员工为“优秀教师”“师德模范”“教学名师”上下功夫，硬碰硬在“化”学生为“三好学生”“优秀学生”上做文章。总而言之，就是教师以教书育人提升自己的人生价值，学生通过学习完成自己的人生蜕变，师生在教与学的互砥互砺中，共同实现教书育人的名师、品学兼优的学生的理想升华。

秉持多元集纳，勇于自强创新。“鱼化龙”特色校园文化建设的实现途径是多元集纳、自强创新。学校紧扣大学知识人才荟萃、科学雕琢之地、培育有用人才的定位，立身“学无长幼、校无大小、教无高下、育无国界”的境界，秉承“多元集纳、自强创新”的理念，激励教师献身科学、追求真理，大胆实施教学改革和学术创新，倡导学生胸怀天下、脚踏实地，敢于探索、创新实践，在聚力提高学校办学水平和教育质量中全面增强师生综合素质。

立足爱岗敬业，感恩奉献社会。“鱼化龙”特色校园文化建设的基本要求是爱岗敬业、感恩奉献。学校在特色校园文化培育建设中，始终把广大师生员工共同参与、踊跃投入作为能动过程。教师以献身民办教育事业为志向，立足本职岗位，顽强拼搏进取，争取出色教学科研业绩和优异教书育人成果，充分发挥“学高为师、身正为范”的示范引导作用；学生坚定热爱母校情怀，牢固树立“我以外事为荣、我为外事添彩”的信念，奋发学习、勤于实践、立志成才，通过“爱岗敬业、感恩奉献”的校风塑造“外事人”的特有品格，为实现中华民族伟大复兴的中国梦注入不竭动力。

彰显个性特色　深耕文化沃土

西安外事学院在“鱼化龙”特色校园文化建设中，紧密结合办学实际，顺应形势发展要求，兼顾师生利益诉求，自始至终把彰显个性特色、深耕文化沃土作为培育特色大学校园文化的重中之重，注重引导、脚踏实地，遵循规律、循序渐进，着力使“鱼化龙”精神内化于师生之心、外化为自觉行为，成为“外事人”追求的共同理想和行为准则。

形式多样宣传，浓厚特色文化。学校为切实增强“鱼化龙”特色校园文化建设的感染力，确保立德树人取得实效，不拘一格、形式多样，大力营造“鱼化龙”特色校园文化氛围。充分运用广播电视、网站校报、橱窗墙报和大型集会广为宣传，组织专业人员创作了《鱼化龙之歌》；相继举办16届“鱼化龙”文化艺术节和陕西省5届“鱼化龙”大学生创业节；编印下发《化鱼成龙》读本3万余册，全校师生人手一册、深学细研；“鱼化龙”校徽人人佩戴，“鱼化龙”校歌人人传唱，营造形成了浓郁的“鱼化龙”特色校园文化氛围，发挥了校园文化对陶冶师生情操的独特功能。

硬件多措并施，打造特色文化。学校为真正把优秀传统文化精神变为有形可感的行为文化，以校“鱼化龙”中心文化广场为主体，打造形成了由120多处景点组成的文化设施群，命名了“鱼化龙”亭、台、楼、堂、廊、桥、路、塔、湖等文化景观，构筑了雕塑景观、山水景观与建筑景观有机统一的校园特色文化风貌体系。“鱼化龙”雕塑校园高耸，“鱼化塔”巍峨矗立，“鱼化龙”中心文化广场开阔壮观，“鱼化龙”吉祥物喜庆可爱，使全校师生时时处处都置身于“鱼化龙”特色校园文化的情景氛围之中，耳濡目染的环境熏陶，增强了师生的“鱼化龙”意识，打造了“鱼化龙”精神，发挥了环境塑造人、提升人的作用。

牢筑平台载体，做实特色文化。学校注重运用现有“鱼化龙”文化创新成果，搭建“鱼化龙”载体平台，激活释放“鱼化龙”孕育养成功能，尽力彰显“多元集纳、和谐发展、人性管理、张扬个性”的育人特色。充分发挥“鱼化龙”民办教育研究中心在资助师生图书出版等方面优势，推动民办教育研究，扩大民办教育社会影响；以大学生就业指导中心为依托，创新设立“鱼化龙”基金会，相继在有关省市建成毕业生实习基地10余处，为学生就业创业提供便利；邀请刘墉、张锦秋、张维迎、肖云儒等著名专家学者，举办“鱼化龙”大讲堂70余场次；建造“鱼化龙”演艺厅，借鉴国内外艺术表现形式，开阔大学生艺术视野；组建传承经典、弘扬高雅的“鱼化龙”大学生文化艺术团，活跃在世界文化艺术舞台，深耕了以“鱼化龙”精神为核心的大学文化土壤，促进了大学生的健康成长，为国家培养了大批合格建设人才。

健全激励机制，弘扬特色文化。学校为使师生直接感受、深刻领会“鱼化龙”文化，自觉践行“鱼化龙”精神，改进完善教职工工作生活条件和福利待遇，帮助教师实现职业发展，建设教职工住宅，解决子女就近入托入学难题，切实增强教职工的主人翁意识、归属感和凝聚力。坚持“以生为本”的教育理念，变管理为服务，健全完善学生学习生活娱乐条件，合理确定各种收费项目和水平，控制学校饭堂饭菜质量和价格，加大对困难学生补助、资助和帮扶力度，增强学生对“鱼化龙”精神的普遍认同和自觉践行，凝聚形成了“赶世界水平、创百年名校”的向心力和创造力。

深化教学改革　丰富教学方式

西安外事学院在以“鱼化龙”特色校园文化为魂、聚力构建特色德育体系中，转变观念、锐意创新，全面落实德育教学课程设置，精心谋划德育教学特色项目，顺时应势变革德育实践教学形式，确保德育教学的针对性和实效性，着力打造以“鱼化龙”特色校园文化为引领的德育教育体系。

科学区分不同学段，精细设置教学科目。学校依据大学生成长规律和现行本科培育计划“3+1”模式，把打造以“鱼化龙”特色校园文化为轴心的德育体系分为三个不同阶段，依据不同阶段分别设置相应教学内容，即按照前三年在校学生实施理论知识教育、第四年进入岗位实习并完成毕业设计的要求，把“鱼化龙”德育教育划分为大一新生的环境培育、大二学生的主体自觉培育和大三学生的引导成长培育三个不同阶段，努力做到“讲学统一、学用统一、行用统一”，力求达到学生教育教学阶段性和递进性的有机衔接，以实现德育教育的具体化、现实化和个性化。

紧贴课程目标任务，精准教育教学内容。学校在打造以“鱼化龙”特色校园文化建设为引领的德育体系中，严格遵循现行思政课开设学期特点要求，质化量化五门课程的直接教育目标和功能指向，明确具体教学内容、优化课程设置，适合学生特点、力求形式多样，过程管理严格、反映状况全面，考核标准清晰、评价办法科学，真正使学生了解当前国内外大事、知晓党和国家方针政策，全面提高品德修养，帮助指导学生认识和解决自身成长过程中的问题，坚信中国特色社会主义理论，坚持中国特色社会主义制度，坚定中国特色社会主义道路。

依据过程阶段特征，全程实践教学育人。学校在打造以“鱼化龙”特色校园文化建设为引领的德育体系中，从新生入学到毕业全过程，坚持把实践教学贯穿始终，依据不同学段、三措有机衔接、互促互动。环境培育对应基础课，组织学生开展志愿服务活动，参观革命圣地延安和照金革命纪念馆，开展社会热点焦点问题调研等。主体自觉培育对应原理课，组织师生到先进村开展实践教学，赴工业园区考察学习，与合作企业开展就业创业体验，参加文化下乡和文化惠民演出。成长引导培育对应实践课，组织大学生开展社会服务。在理论教学与实践教学的联动共进中，为大学生加速成才提供机会、指明方向、注入活力。

创新体制机制　优化育人模式

西安外事学院在打造以“鱼化龙”特色校园文化建设为核心的德育体系中，紧扣民办高校特点、厘清工作思路，加大资金投入、整合使用力量，按照学生住宿区域，创新体制机制，优化育人模式，在抓点示范、积累经验的基础上，组建成立七方书院，在各二级学院分别设立书院分院，统抓统管，为学生健康成长和全面发展搭建了平台、拓展了路径。

明确书院育人职能，绘制发展育人蓝图。学校下发了成立书院的《实施意见》，明确界定书院既是优秀传统文化教育学习与养成训练之所，又是个性爱好、施展特长的全面多样发展之地，也是实现学生自主成长、自我管理的用武之基；发展目标是创新成长环境、增强主体自觉、促成个性发展、注重行为养成；功能作用是搭建多元育人平台，创新全方位育人模式，拉近德育主导与主体的空间距离，构建多元德育载体，强化德育养成训练，促使学生德育工作落地，强化专业技能培养，为打造动手能力强的应用型、专门化人才提供体制和制度保障。

优化机制夯实职责，丰富多彩书院文化。学校为汲取中华优秀传统文化精华，丰富“鱼化龙”特色校园文化，以“汇南北之气、凝东西之髓，顺乾坤之理、成雅乐之人”的育人理念，以琴、棋、书、画、诗、乐、茶等中华优秀传统国粹为承载，广泛开展博雅教育，把古琴、围棋、书画、茶道、戏剧等纳入教学内容，发挥教学和雅乐教育等多元化功能，培养“知行合一、乐于有用”的合格人才。对教职工实施以“阳明心学”和“张载关学”为主的中华优秀传统文化培训，为学生开设优秀传统文化公共选修课，培育师生立志、勤学、改过、择善的品质品德，有效增强特色校园文化可持续推进的生命力。

创新形式灵活方法，打造精品校园文化。学校把打造精品作为繁荣发展“鱼化龙”特色校园文化的重要之举，创新推出名著改编的话剧《白鹿原》，充分发挥戏剧艺术在加强思想政治教育、培养道德情操、提高审美意识等修养方面的特殊功能和潜移默化的育人效果，相继在全国 12 个省市演出 33 场次、观众达 6 万多人次，中央广播电视总台等主流媒体盛赞该剧为“艺术人才培养模式的大胆创新”，受到上级领导的充分肯定和社会各界的广泛好评，跻身省级重大文化精品项目，荣获全国高校校园文化建设成果一等奖。

做好做实结合文章，构建特色德育体系。学校以社会主义核心价值观为引领，以“鱼化龙”特色校园文化为灵魂，将学生德育教育与习近平新时代中国特色社会主义思想、“中国梦”、中国优秀传统文化学习传承相结合，倾力构建“一体两翼、五个着眼点、二十个着力点”的特色德育体系。“一体”是立德树人，“两翼”是思想教育和行为养成，“五个着眼点”是爱党爱国、爱校、爱文明、爱学习、爱创造，“二十个着力点”包括节日升旗、缅怀先烈、党团活动、琴棋书画、爱心公益、文明校园等方面，权衡轻重、分类量化，纳入学生学分考核，在知行合一中全面培养提升学生高尚的道德情操和人格品行。

践行落细落小落实，提高自我管理能力。学校以繁荣发展“鱼化龙”特色校园文化为切入点，将行为养成和“修身”作为德育工作的重要抓手，制定了《为生律己歌》，在学生公寓全覆盖设立书院，建立“学院+书院”学生教育管理模式，专业课教师下书院，思政课教师进书院，辅导员住书院，将德育教育延伸到书院，课上学院、课下书院，使教书、管理、育人融为一体，实现学院与书院相结合、第一课堂与第二课堂相结合、教育与管理相结合、教书与育人相结合、服务与育人相结合。既从根本上解决了教学与管理“两张皮”的难题，又锻炼提高了学生自我管理、自我教育、自我服务、自我监督的水平和能力。

扎实有序推进　成效初步显现

西安外事学院创新开展的“鱼化龙”特色校园文化建设，是在深入挖掘中华优秀传统文化蕴含的思想观念、人文精神、道德规范基础上，融合社会主义核心价值追求，紧扣学校办学实际，坚守自己的文化根基，培育自己的文化土壤，为立德树人提供了丰沛的精神支撑和强劲的前行动力。

一是依托富有成效的特色校园文化建设的凝聚引领作用，坚定了社会化、公益性办学方向。学校建立和完善了“董事会决策、校长负责、党委监督、教授治学、民主管理、依法治校”的自身特色彰显的现代民办大学制度；大力加强治理体系建设，建立了大部制、大学院制，优化了科学规范管理、推动学校良性发展的内部环境；积极推进学校民主政治建设，落实教代会制度，形成了领导、教授、群众相结合的民主决策机制，切实保障了师生员工的民主权利，调动了广大师生参与学校改革发展的积极性、主动性和创造性。

二是通过潜移默化的特色校园文化建设，全面提升了学生综合素质。学生人生价值取向科学，人生态度积极向上，社会责任感与使命感普遍增强，追求上进、弘扬正气、乐于奉献成为校园的主流价值观，追求真善美、热心社会公益事业在全校蔚然成风。2013—2017 年全校共涌现出各类优秀学生 5051 名，思想道德素质显著提升；学生思想政治状况良好，主流积极向上，学校开展的问卷调查表明，“赞同中国必须坚持走中国特色社会主义道路”“必须持续推进社会主义法治国家建设”等观点的学生占比高达 99%，2013—2017 年全校培训入党积极分子达到 24827 名，发展党员 3776 名，思想政治素质持续提高；学生专业技能明显提升，2015—2017 年学校学生参加省级及以上各类学科竞赛项目共获奖 611 项，其中国家级奖项 388 项、省级奖项 223 项，毕业生就业率连续三年平均达到 92. 91%。

三是通过发挥特色校园文化的品牌效应，拓展释放了文化兴校的生机活力。在“鱼化龙”特色校园文化建设牵引下，学校组建起大学生艺术团、舞蹈协会等社团组织 100 余个，参与学生万余人；圆满承办了第六届全国喜剧美学研讨会，举办了祖国颂、声乐、书画摄影等校园各类文化艺术节 37 届，促进了学生的全面发展。师生共同创作表演的小品《伞》和《味道》分获陕西省小品大赛二等奖和特别表演奖，学校被陕西省文化厅授予“大学生艺术实践育人基地”、被陕西省教育厅授予“高校实践育人创新创业基地”“大学生创业孵化基地”，被教育部评为“2016 年度全国高校创新创业 50 强”高校。

四是通过常态化特色校园文化建设，构建了大学文化建设可持续发展的长效机制。学校在打造推进以“鱼化龙”为轴心的特色校园文化建设中，杜绝急躁冒进、急于求成心态，坚持常抓不懈、明确目标定位，有序有效推进，从弘扬优秀传统文化入手，将学生思想政治工作、培育践行社会主义核心价值观和挖掘弘扬中华优秀传统文化深度融合，把以文化人、以文育人作为立德树人的重要举措，着力打造“鱼化龙”特色校园文化，建设优秀校园文化品牌。学校成立了由党委书记任组长的校园文化建设工作领导小组和学生工作委员会，制定了校园文化建设“十三五”发展规划和年度工作计划，从而使特色校园文化建设有章可循、有规可依、量化分解、夯实责任，凝聚了特色校园文化建设的强大合力，推动了校园文化建设的可持续推进。

五是通过特色校园文化建设，培育形成了积极承担社会责任、努力回报社会的奉献精神。学校按照办人民满意大学的要求，把培养合格人才作为第一要务，创新实施德育、国际合作、创新创业三大特色教育，培养形成了“多元集纳、自强创新，爱岗敬业、感恩奉献”的“鱼化龙”精神，坚持把感恩奉献、回报社会作为义不容辞的责任，累计支付帮困助学资金数千万元，实施全国最大的“温暖工程”，免费招收贫困生 1214 名，面对重大自然灾害为国分忧、为民解难，累计用于公益事业八千余万元。特别是在教育扶贫攻坚中，帮扶榆林子洲县开发电子商务精准扶贫项目，帮助贫困村高塄村建成高标准山地苹果种植示范区，在由“输血”式扶贫向“造血”式扶贫的转变中发挥了应有作用。

创新探索实践　经验可资借鉴

文化是一个国家、一个民族的灵魂。文化兴则国运兴，文化强则民族强。西安外事学院紧扣高校人才培养、科学研究、文化传承、服务社会的功能定位，把传承中华优秀传统文化与培育和践行社会主义核心价值观、加强思想道德建设融为一体、互促共进，真正在落细落小上把立德树人的根本任务落到了实处，做法可圈可点、经验可资借鉴。

借鉴一，构建以特色校园文化为核心的德育体系，必须坚持领导重视、率先垂范。思想道德教育是百年树人的长效工程。学校董事长黄藤同志面对艰巨复杂的立德树人任务，没有采取头痛医头、脚痛医脚的短视行为，而是将学校所在地“化鱼成龙”的传说和中华民族“望子成龙”的美好愿望深度融入办学理念，用“处鱼化龙之地、为鱼化龙之事、寄鱼化龙之望”的“鱼化龙”精神激励学生成才，以特色丰富的校园文化引领推动德育建设。在头雁的率领下，营造了浓厚的创建氛围，形成了全员参与的合力。这是西安外事学院能够在立德树人上取得阶段性成果的关键所在。

借鉴二，构建以特色校园文化为核心的德育体系，必须坚持党委领导、制度护航。品德行为的养成不是一朝一夕就能完成的，更不可能一蹴而就。为真正使德育教育常态化开展、长效化推进，学校以“鱼化龙”特色校园文化建设为抓手，成立了由党委书记任组长的思想政治教育工作领导小组，设立思想政治教育研究院，凝心聚力、齐抓共管、狠抓落实。下发了《加强和改进思想政治理论课教学工作的意见》《特色德育体系建设指导意见》《〈品德行为养成〉课程考核工作实施方案》等规定，把大学生德育教育贯穿于教学、科研、管理、服务全方位全过程，用制度规范学生的日常行为，培养学生良好的思想品德。这是西安外事学院能够在立德树人上取得阶段性成果的根本保障。

借鉴三，构建以特色校园文化为核心的德育体系，必须坚持改革创新、筑牢阵地。创新路径、搭建载体是德育教育可持续推进的动力源泉。为真正使以“鱼化龙”特色校园文化建设为核心的德育教育落地生根、开花结果，学校在全国高校中首创了“学院+书院”的学生教育管理工作新路径，确立了特色德育体系建设核心任务，建立了学生自治组织，推行了德育教育“四保障”模式，实施了“翻转课堂”式教学，开辟了主渠道、夯实了主阵地，增强了学生德育教育的灵活性和有效性，满足了学生成长发展的需求和期待。这是西安外事学院能够在立德树人上取得阶段性成果的真招利器。

借鉴四，构建以特色校园文化为核心的德育体系，必须坚持竞争择优、配强队伍。建优队伍、提高素质是保障德育教育工作有效推进的压舱之石。为切实做到德育工作全员共抓、全程共管，学校紧抓“鱼化龙”特色校园文化建设契机，各学院由主管学生工作的副院长兼任党总支书记，配备了专职工作人员，健全了学校—学院—班级—宿舍四级联动抓德育教育工作网络。按照民主、公开、竞争、择优原则，以师生 1∶150 和 1∶2800 的比例，分别配备了一线专职辅导员和心理健康教师，设立专项培训经费，坚持日常培训和专题培训、业务口径与培训内容、普遍提高与重点培养相结合，建立评优表彰激励机制，推动辅导员队伍建设，有效提升了德育教育的履职能力和综合素质。这是西安外事学院能够在立德树人上取得阶段性成果的有力保证。

借鉴五，构建以特色校园文化为核心的德育体系，必须坚持培树典型、示范带动。榜样的力量是无穷的，带动作用是无限的。学校始终把打造以“鱼化龙”特色校园文化为核心的德育体系作为有效之举，树立先进典型，建立正向激励机制，每年评选优秀教师、师德模范、教学名师和优秀学生、优秀共产党员等先进人物，隆重举行表彰大会，举办先进事迹报告会。建立了党建 QQ 群和微信公众号平台，设置了“跟党走”“每日党建”“党建要闻”“思政园地”“书院风采”等主题栏目，广为宣传、入脑入心，用身边事教育身边人，用榜样的力量激励人，示范带动了教师精心教书育人、学生积极向上发展。这是西安外事学院能够在立德树人上取得阶段性成果的重要举措。

附录二

基于书院制的雅乐“三全育人”模式的探索与实践

西安外事学院实行“书院+学院”的学生教育管理模式，这种模式旨在以“汇南北之气、凝东西之髓，顺乾坤之理、成雅乐之人”。“雅乐”指的是知行合一、乐于有用。引导学生认真学习，增长知识，开阔视野，培养独立生活能力与自理能力，真正传承知行合一。这种育人模式实质就是用中华优秀传统文化来滋养“三全育人”，实现立德树人的根本目标。

一、西安外事学院育人成果

西安外事学院从2015年开始实行“书院+学院”的学生教育管理模式，四年来，取得了一系列成果。

（一）思想认识到位，领导重视，出台了一系列相关制度

学校董事长黄藤将学校所在地“化鱼成龙”的传说和中华民族“望子成龙”的美好愿望深度融入办学理念，用“处鱼化龙之地、为鱼化龙之事、寄鱼化龙之望”的“鱼化龙”精神（“鱼化龙”精神是雅乐育人的重要内容）激励学生成才，成立了由党委书记任组长的德育教育工作领导小组，设立思想政治教育研究院。营造浓厚的德育特色育人氛围，对教职工实施以

"阳明心学"和"张载关学"为主的中华优秀传统文化培训，为学生开设优秀传统文化公开选修课，培育师生立志、勤学、改过、择善的品质品德，有效增强学生的德育教育。

近四年，持续推进特色德育和校风建设，全面落实立德树人根本任务，学校先后制定出台了《西安外事学院特色德育体系建设指导意见》《西安外事学院关于落实〈德育教育和行为养成十项规定（试行）〉的实施方案》《关于启动"正蒙导师"和"教职工正蒙学习小组"工作的意见》等一系列文件。

（二）具有我校特色的德育体系初步形成

学校成立了七方书院和正蒙书院，传承中华优秀传统文化精华，以琴、棋、书、画、诗、乐、茶等中华优秀传统国粹为承载，广泛开展博雅教育，培养"知行合一、乐于有用"的合格人才。

2016年学校出版《化鱼成龙》读本，设立了"鱼成龙"教研室，并作为全校学生各专业的必修课程，在大一新生中开设"化鱼成龙"课程，促进构建具有本校特色的德育体系：以社会主义核心价值观为引领，以"鱼化龙"特色校园文化为灵魂，内容包含"一体两翼、五个着眼点、二十个着力点"。"一体"是立德树人，"两翼"是思想教育和行为养成，"五个着眼点"是爱党爱国、爱校、爱文明、爱学习、爱创造，"二十个着力点"包括节日升旗、缅怀先烈、党团活动、琴棋书画、爱心公益、文明校园等方面，权衡轻重、分类量化，纳入学生学分考核，在知行合一中全面培养提升学生高尚的道德情操和人格品行。

与延安梁家河、西安市西辛庄小学等建立大学生社会实践基地、志愿服务基地，与西安高新经济开发区50余家企业建立了创新创业基地，经常组织学生参观革命圣地延安和照金革命纪念馆，开展社会热点焦点问题调研等。组织师生到先进村开展实践教学，赴工业园区考察学习，与合作企业开展就业创业体验，参加文化下乡和文化惠民演出，真正使学生了解当前国内外大事、知晓党和国家方针政策，全面提高品德修养，帮助指导认识和解决自身成长过程中的问题。

（三）思想政治工作队伍已经建立

基于书院制的模式，西安外事学院成立了由思政教师、辅导员、各级中层领导组成的“三全育人”的正蒙导师队伍。各学院由主管学生工作的副院长兼任党总支书记，配备了专职工作人员，健全了学校—学院—班级—宿舍四级联动抓德育教育工作网络。以师生 1∶150 和 1∶2800 的比例，分别配备了一线专职辅导员和心理健康教师，设立专项培训经费。依据大学生成长规律和现行本科培育计划“3+1”模式，分为大一新生的环境培育、大二学生的主体自觉培育和大三学生的引导成长培育三个不同阶段。学校制定了《关于进一步深化改革学生教育管理工作的实施方案》《关于推进思想政治理论教学科研部教师进书院的实施意见》《西安外事学院辅导员书院值班制度管理办法》，在学生公寓设立书院，建立“学院+书院”学生教育管理模式，专业课教师下书院，思政课教师进书院，辅导员住书院，将德育教育延伸到书院，课上学院、课下书院。2018 年，原校党委书记孙黎明主持的《民办高校学生德育主体性教育机制建构的实证研究》和思政研究院院长第五太卓主持的《大数据时代高校特色文化与陕西地方文化协同创新路径研究》两项省社科重大课题获准立项，西安外事学院被陕西省社科联授予第三批“陕西省社会科学普及基地”，做到把学院与书院相结合、第一课堂与第二课堂相结合、教育与管理相结合、教书与育人相结合、服务与育人相结合的“五结合”。

（四）思政教育的工作体制机制基本已经形成

学校把思想政治工作与书院管理有机结合起来，思政老师、各级领导既是正蒙导师，又是思想政治教育的工作者。西安外事学院已建立了较为规范的领导体制，形成了从校党委领导下的党政办、宣传部、学工部以及各个二级院党委共同进行思政教育的工作机制。建立了直属学校领导、与学校其他二级院系行政同级的思想政治理论课教学科研组织二级机构，承担全校本、专科生思想政治课教学任务。另一方面，充分发挥课程、科研、实践、文化、网络、心理、管理、服务、资助、组织等良性互动工作机制，构建“三全育人”一体化工作体系。

学校把打造精品话剧《白鹿原》作为繁荣发展“鱼化龙”特色校园文化的重要之举，荣获教育部“第九届高校校园文化建设优秀成果推选展示”一等奖。学校以校“鱼化龙”中心文化广场为主体，打造形成了由120多处景点组成的文化设施群，命名了“鱼化龙”亭、台、楼、堂、廊、桥、路、塔、湖等文化景观，构筑了雕塑景观、山水景观与建筑景观有机统一的校园特色文化风貌体系。“鱼化龙”雕塑校园高耸，“鱼化塔”巍峨矗立，“鱼化龙”中心文化广场开阔壮观，“鱼化龙”吉祥物喜庆可爱，使全校师生时时处处都置身于“鱼化龙”特色校园文化的情景氛围之中，发挥了环境塑造人、提升人的作用。

2013—2017年全校共涌现出各类优秀学生5051名，思想道德素质显著提升；学生思想政治状况良好，主流积极向上，学校开展的问卷调查表明，“赞同中国必须坚持走中国特色社会主义道路”“必须持续推进社会主义法治国家建设”等观点的学生占比高达99%，2013—2017年全校培训入党积极分子达到24827名，发展党员3776名，思想政治素质持续提高；学生专业技能明显提升，2015—2017年学校学生参加省级及以上各类学科竞赛项目共获奖611项，其中国家级奖项388项、省级奖项223项，毕业生就业率连续三年平均达到92.91%。

二、西安外事学院基于书院制的雅乐“三全育人”模式的探索

（一）基本思路

坚持以习近平新时代中国特色社会主义思想为指导，深入贯彻落实党的

十九大精神，全面落实党的教育方针，充分发挥中国特色社会主义教育的育人优势，以理想信念教育为核心，以社会主义核心价值观为引领，以书院制和“鱼化龙”特色校园文化为抓手，以全面提高人才培养质量为关键，切实提高工作亲和力和针对性，强化基础、突出重点、建立规范、落实责任，一体化构建内容完善、标准健全、运行科学、保障有力、成效显著的高校思想政治“三全育人”工作体系，使思想政治工作体系贯通学科体系、教学体系、教材体系、管理体系，创新探索一条可复制的民办高校“三全育人”体系。

（二）总体规划

1. 工作原则

坚持雅乐育人的原则。树立“以生为本，立德为先，能力为重，知行合一，乐于有用，全面发展”的教育理念，培养学生的责任意识与担当精神，培养德智体美全面发展的合格人才。

坚持以质量为核心的原则。充分发挥课堂教学的主渠道作用，通过学科专业建设，教育教学改革，完善人才培养方案，逐步形成结构优化、特色鲜明的人才培养格局。

坚持以师德建设为基的原则。以正蒙导师队伍建设为引领，教师要学为人师、行为世范，以教师的人格魅力和学识魅力教育感染学生，做学生健康成长、成才的指导者和引路人。

坚持以优化整合资源为依托的原则。优化整合学院书院教育资源，形成全体教职工、全体学生及家长、校友、学产研合作基地等社会育人资源等共同参与的学校与社会、家庭协作共进的育人新格局。

坚持管理制度保障的原则。建立健全“三全育人”的各项规章制度，以构建沟通协调机制、评价考核机制等制度建设为抓手，完善协调互动的长效育人机制。

2. 基于书院制的雅乐“三全育人”模式构建

以新思政观为引领，以培养雅乐之人为基本目标。把知识体系教育同思想政治教育紧密结合起来，全面统筹学校各领域、教育教学各环节、人才培养各方面的育人资源和育人力量，从体制机制完善、项目带动引领、队伍配齐建强、组织条件保障等方面，构建一体化育人工作体系，实现各项工作的协同协作、同向同行、互联互通，构建基于书院制的雅乐“三全育人”模式。

（1）责任到人，落实“全员育人”

“全员育人”要求教师、行政人员、后勤服务人员在内的全体教职员工和正蒙导师提高育人意识，自觉承担对学生进行政治思想教育的工作任务。要将思想政治教育渗透到教学、管理、服务的各个环节中去，责任落实到每个人，形成“全员育人”的良好氛围。

（2）横向到边，推动“全方位育人”

要以学校为主导，构建学校、社会和家庭“三位一体”的德育体系。学校书院和学院配合联动，形成“全方位育人”格局，倾力构建“一体两翼、五个着眼点、二十个着力点”的外事特色德育体系。

（3）纵向到底，实施“全过程育人”

育人工作要贯穿学生从入学到毕业的全过程。要精心设计各个环节，全过程引导学生发展。

（三）具体举措

1. 充分发挥思政课主渠道在“三全育人”中的主导作用

把习近平新时代中国特色社会主义思想作为讲授重点，按照重点学科、重点课程的标准，使用最新教材，全面加强学科建设、课程建设、教材建设和教师队伍建设，做好“三进”工作。

2. 进一步发挥党团组织在“三全育人”中的重要作用

发挥各级党团组织的政治优势和组织优势，推进中华优秀传统文化教育、挖掘革命文化的育人内涵。要加强学生社团的建设和管理。积极支持大学生社团开展健康有益的活动，使学生社团成为融思想教育与能力拓展为一体的平台。

3. 不断拓展新形势下“三全育人”工作的有效途径

要大力加强书院文化建设，切实增强“鱼化龙”特色校园文化建设的感染力，深化大学生科技创新活动。学校给予相应的政策保障，鼓励学生进行科技创新，助力学生“产学研”道路发展。

深入开展社会实践活动。开展教学实践、专业实习、社会调查、志愿服务、公益活动等活动，实现社会实践与校内教育、实践育人与理论育人进行有机统一。

要进一步加强校园网建设和管理。建设好融思想性、知识性、趣味性、服务性于一体的主题教育网页，加强校园舆情引导、确保正确的舆论导向，增强大学生网络安全意识，推进网络精神文明提质升级。

要进一步加强学生书院管理，充分发挥正蒙导师的作用，使之制度化、规范化。引导学生在日常生活中团结、友善、讲奉献、讲文明，全面提高学生综合素质。

把心理健康教育课程纳入学校整体教学计划；开展宣传活动，举办大学生心理育人活动季等品牌活动；强化心理咨询服务；完善工作保障，研制师生心理健康教育工作实施方案。

4. 切实解决学生的实际困难，把解决思想问题与解决实际问题结合起来

学工部大学生资助中心要负责全校家庭经济困难学生的资助和帮扶工作，进一步完善贫困学生资助体系，坚持以多种形式对经济困难学生进行资助。

5. 进一步加强大学生思想政治教育工作队伍建设

在书院制管理模式基础上，加强党团干部、思政教师、正蒙导师、辅导员四支思想政治教育队伍建设。为加强和改进大学生思想政治教育提供组织保证，构建学校—学院—班级—宿舍四级联动抓德育教育工作网络。

三、西安外事学院基于书院制的雅乐“三全育人”模式的实践效果

（一）预期成果

1. 总结经验提升成果

专著《新时代中国大学德育体系的转型与重构》把我们的做法理论化、系统化，由实践提升为理论，为兄弟院校提供可复制的经验与模式。

2. 建设课程思政标志性成果

思政课课改项目成果。建设精品在线课程 2 门，推动思政课教学改革，提升课堂教学质量，以学生为课堂主体，增强育人实效性，引导我校大学生坚定“四个自信”。

课程思政建设。至少建设课程思政课 2 门，与创新创业教育相结合，与心理健康课程相结合，将思政学科知识与其他课程相结合，做到全课程的思政育人体系。

3. 形成完善的正蒙导师制度体系

构成“一一三四”体系，一个书院专属正蒙导师工作组，一个正蒙导师带领 50 多个学生，在学生养成教育、党员组织教育管理、团结凝聚师生三个维度开展工作，从而达到固本强基、提升素质、团结协作、传承创新四个方面的效果，其中包括正蒙导师的工作职责、正蒙导师公约、正蒙导师工作落实方案、正蒙导师工作评价制度等内容。

4. 总结“学院+书院”管理模式的经验

倡导“以生为本、立德为先”的教风和“发展个性、注重养成”的学风，强化育人意识，持续改善育人环境，实现“五结合”，努力提升学生教育管理水平，不断总结“学院+书院”的管理经验，不断提高人才培养质量。

5. 全面提升学生的自身素质

按照教育部公布的《高等学校学生行为准则》，在学生中开展“四自教育”，逐步提高学生的综合素质和协作观念，达到学生自我约束的目的。

（二）突破的重点、难点

一是围绕增强学生获得感，在有效引领上下功夫。广大教师和思政教育工作者要多俯下身子，深入学生的生活场域，倾听学生心声，把握学生需求，善于从学生的视角、联系学生实际来设计和安排思政教育内容，使其既富有时代气息又贴近学生生活，真正帮助学生解决思想上的困惑、成长中的问题，切实增强学生获得感。要引导学生树立正确的学习观，通过高质量的思政课和思政教育活动，让学生从课堂上、活动中不仅能形成基本理论认知，更重要的是学会运用马克思主义的立场、观点和方法来正确看待社会发展过程中的热点、难点问题，找准学习成长的时代坐标，从而实现思政教育对学生的有效引领。

二是围绕增强学生存在感，在主动参与上下功夫。在思政教育过程中，学生往往成为“被塑造”对象，新时代高校思政教育工作就要围绕增强学生的存在感，在学生主动参与上下功夫。要强化学生主体意识，尊重学生主体地位，为广大学生提供参与思政教育活动设计和组织的机会，提高学生在教育过程的主动参与度，充分调动学生积极性，集聚学生智慧和力量，让学生成为思政教育的“主人”，变教师“独唱”为师生“合唱”。

三是围绕增强学生方向感，在成长辅导上下功夫。当代大学生思维活跃、自主意识强，他们在中学阶段大多缺乏人生规划，学习目标就是考上大学，这往往导致学生在进入大学之后，因为缺乏新的目标，迷失了前进的方向，加上新的环境带来的一系列适应性问题，很容易产生迷茫、困惑，从而引发学习、心理等一系列的问题。

（三）形成基于书院制的雅乐“三全育人”模式

拟建立“育人目标制定—目标实现—目标评价”三级递进模式，实施正蒙导师“以生为本”的育人体系。以提升领导力为统领，分步构建全课程育人体系，以提升组织覆盖力为前提，覆盖构建全过程育人体系，以提升凝聚力为基础，构建全员育人体系。

1.“正蒙导师”模式，创新教育模式。将导师引进书院，重视言传身教和互动交流，重视理论与实践相结合，将学生由“被动灌输”转变为“主动内化”，由“单向通道”转变为“交互参与”，通过切实的实践教学，使大学生把有关信仰的理论转化为内在的行为标准、人生的价值观念。

2. 构建德育生态环境。依托校园文化——“鱼化龙”精神的优势，营造特色育人环境体系，在校园文化的基础上，依据自身优势、发展历史和文化特色等情况，结合中华优秀传统文化，创新文化育人的具体模式，引进、学习多种多样的文化有人手段和科学的文化育人理念，丰富文化育人资源，优化文化有人资源配置。创新形式灵活方法，打造精品校园文化。创新推出名著改编的话剧《白鹿原》等系列品牌，充分发挥戏剧艺术在加强思想政治教育、培养道德情操、提高审美意识等修养方面的特殊功能和潜移默化的育人效果。

（四）形成可供借鉴与复制的经验和做法

1. 创建正蒙导师队伍，实现全员育人。“正蒙导师”“教职工正蒙学习小组”工作在学校董事会、党委的领导下开展。学校成立正蒙书院，负责“正蒙导师”“教职工正蒙学习小组”工作的统筹指导，正蒙书院与七方书院结合设置，书院下设各正蒙分院。各分院作为实施主体，具体负责“正蒙导师”工作的组织实施，分院可根据需要下设“部”，“部”可下设“组”，扎实细致做好工作。有关协调工作由学工部牵头负责。各学院、工作部、直属单位负责做好“教职工正蒙学习小组”的组织实施。有关协调工作由行政部牵头负责。“正蒙导师”“教职工正蒙学习小组”组织者人事隶属关系不变，导师和学习组织工作对口接受各分院、各部门安排。作为“正蒙导师”，全面引导、帮助学生树立正确的世界观、人生观和价值观，养成良好的行为习惯；作为“教职工正蒙学习小组”组织者，负责组织其他教职员工积极学习、勇于实践，通过“比、学、赶、帮、超”，带动良好校风、教风、学风和工作作风的形成。

2. 形成“鱼化龙”特色文化育人模式。坚决贯彻习近平总书记在全国思想政治工作会议上的讲话精神，以文化人，以文育人，把高校学习、传承中华优秀传统文化制度化、规范化，把其中蕴含的思想观念、人文精神、道德规范融合社会主义核心价值追求，紧扣办学实际，坚守自己的文化根基，培育自己的文化土壤，为立德树人提供丰沛的精神支撑和强劲的前行动力。

3. 固化“学院+书院”管理模式。各实体二级学院以学生公寓为单元对应设立一个书院，在二级学院的统一领导下开展工作；借鉴国内外“书院制”成功的建设理念、运行模式和工作方法，各二级学院学生教育管理的工作重心要向书院延展，强化、细化育人职能，积极创造条件，努力将下属书院打造成学生在本院内的通识教育、专业渗透、文化推展、交流融合、个性张扬、思想教育、素质拓展和生活服务的重要阵地，最终促进学生的全面发展；各书院可根据需要从校内外聘请德高望重、知识渊博的专家学者担任名誉院长。

二级学院主管学生工作的副院长（或党总支书记、院长助理）兼任本书院院长，书院的各项建设和日常工作任务由辅导员承担；学校分阶段实现学生住宿按各书院相对集中的调整目标。在学工部指导下，加强二级学院和书院党、团、班级、学生社团、自律委员会和楼委会等学生组织建设，继续探索学生自治和自我管理机制，加强学生自立和自我完善教育，丰富学生第二课堂活动，充实校园文化生活。

附录三

新时代高校党建“双创”工作的实践与探索

一、基本情况

西安外事学院创建于1992年，是一所非营利性的国际化、应用型、综合性本科普通高校。学校于2000年成立中共西安外事职业学院党委，2005年升格为本科高校后更名为中共西安外事学院党委。党委设有办公室、组织部、宣传部、学工部、思政部、统战部、武装部、党校，下设4个分党委、4个党总支、80个党支部，现有党员2453名，实现了党组织全覆盖，形成了一支数量充足、结构合理的专兼职党务工作队伍。2015年，陕西省委在全国率先委派现职正厅级干部到民办高校担任党委书记兼督导专员，有力加强了我校党委班子建设，党建工作进入新的发展阶段。

二、重点举措

1. 创新体制机制，强化民办高校党的地位和作用

（1）建立党委参与决策机制。一是建立董事会与党委沟通协商制度，涉及学校发展规划、重大改革、人事安排等重大事项，在作出决策前由董事会与党委沟通协商，取得一致意见后，再研究决定的工作机制，强化党委对

学校重大决策的参与。二是实行党政双向进入、交叉任职制度，形成党政合理分工、相互促进、和谐高效的管理体制，解决党政脱节的问题，从决策和执行两个层面强化党组织的作用。三是建立校院党政联席会议制度，形成党组织从决策到实施全过程、全方位参与学校管理的有效形式，强化基层党组织作用的发挥，有力加强党的地位，充分发挥党委作用，保障民办高校健康发展。

（2）完善党委监督保障机制。一是强化纪委执纪责任。纪委应用监督执纪“四种形态”，深化“三转”，聚焦主业，突出主责，始终把纪律和规矩挺在前面，有效预防苗头性、倾向性问题，加强了重要环节的检查，形成了崇廉尚法的良好风气。二是成立纪检监察办公室。有效地实行事前、事中、事后的监督问责，转变了干部作风，充分发挥了党组织、纪委、审计在民办高校的执纪监督问责作用。三是成立监事会。对董事会依法治校、各机构部门和主要干部履职情况进行监督。监事会成员由纪检部门和教职工代表组成，均为党员。

（3）建立党委利益协调机制。建立党委利益协调机制，协调各方利益。一是建立健全畅通的利益诉求机制。通过相应渠道反映和表达诉求，进而整合协调学校利益，促进学校和谐稳定发展。二是建立健全利益保障机制。使教职工和学校成为利益共同体，共同享受学校发展成果，做到学校发展有奔头，个人前途有盼头，本职工作有劲头。三是建立健全利益补偿机制。解决教职工住房、交通、餐补等实际问题，以困难教职工群体为重点，体现学校的人文关怀。四是建立健全利益矛盾调处机制。坚持统筹兼顾、重点突出的维权方法，切实发挥工会的调解作用，把各类矛盾化解在基层、化解在内部、化解在萌芽状态。

2. 以“两学一做”常态化制度化为抓手，持续加强党的自身建设

（1）规范组织生活。建立和完善党委中心组学习制度，党内民主生活会制度和民主评议党员制度，扎实开展了党总支书记抓基层党建工作述职评议会，认真落实“三会一课”，就党组织生活的类型、会议程序、内容、参

会范围、年参与次数等作了明确规定，保障民主生活会和民主评议党员规范开展，取得实效。持续开展“两学一做”学习教育，着力在常态化制度化上下功夫。

(2) 支部建设出亮点，实施“七个有力到支部”工程。党委坚持党的一切工作到支部的鲜明导向，使支部在党建中主体作用切实发挥。制度保障到支部：党委建立的各项机制和形成的有关制度，使支部开展工作有了制度保证。配强书记到支部：积极推进“双带头人”及教师支部书记培育工程，把学术骨干教师培养成党员，把党员教师培养成学术骨干，任命了一批骨干教师党员担任支部书记。党建培训到支部：组织全校党务工作培训，举办各类党建专题辅导报告，实施现场问答互动教学，进行大会经验交流，开展多次分组讨论等。创新活动到支部：机关、教师支部先后到延安、八路军西安办事处、马兰等红色教育基地参观，开展党性教育。各党支部先后建立QQ群、微信群，开通微博、微信公众号、今日头条等新媒体平台，定期推送党的方针政策、基本知识和理论、支部活动及支部动态，供党员实时学习交流。从严治党到支部：把加强学生支部和教师支部建设作为党建重点工作，从严治党从支部抓起，严肃党内政治生活，严格组织生活，强化作风建设，执行党的纪律规矩，有力提升党支部的战斗力。

3. 创新思想政治工作，强化立德树人

(1) 构建特色德育体系，建立“学院+书院”学生教育管理模式。把党建工作与教育教学工作、管理服务工作和校园文化建设相结合构建外事特色德育体系，将思政课、博雅课程等相互融合，提出“一体两翼、五个着眼点、二十个着力点”的特色德育体系建设核心任务，课上学院、课下书院，线上教学、线下辅导，全覆盖，把思政工作贯穿于育人的全过程。设立必修课《品德行为养成》，规定3个学分，制定下发《关于〈品德行为养成〉课程考核工作的实施方案》，加强了对学生行为养成教育，从而提高德育工作的针对性和实效性。建立“学院+书院”学生教育管理模式，将教育教学活动特别是德育教育延伸到学生公寓，实现第一课堂与第二课堂、教学与管理、教书与育人的“三结合”，营造了“三全育人”氛围，从根本上解决了长期存在的学生教学与管理脱节的问题，完善了育人链条，提升了学生教育管理水平，取得了较好的教育效果。

（2）实施书院制，开展博雅教育。成立七方书院，凝练了“汇南北之气、凝东西之髓，顺乾坤之理、成雅乐之人”的育人理念，以社会主义核心价值观为引领，将中华优秀传统文化和以“鱼化龙”精神为核心的校园文化与学生德育有机结合起来，从学生日常行为抓起，全面推进德育和博雅教育，充分发挥学生自我管理、自我教育、自我服务的积极性，以积极健康的内容和活泼多样的形式，大力开展科技创新、社会实践、志愿服务、党建团建和校园文化活动。通过多种层面组织、引导学生社团活动，为广大学生提供一方“发挥才能，展示自我”的平台，既加强了以党团组织为主导的第二课堂德育教育，培养和提高了学生的综合能力，也潜在地把思想政治教育工作“落细、落小、落实”，确保了思想政治工作的核心地位。

（3）实施思政课教学改革，构建“四保障”模式，用好主渠道、夯实主阵地。思想政治理论课建设“四保障”模式，就是通过提升思想政治理论课教师的素质，增强思想政治理论课教育教学效果，切实将党委政治核心作用发挥到人才培养上来。这四个方面相互联系、相互作用，构成一个有机统一的整体，为切实加强和改进民办高校思想政治理论课建设提供了强有力的保障。

思想政治理论课“四保障”模式

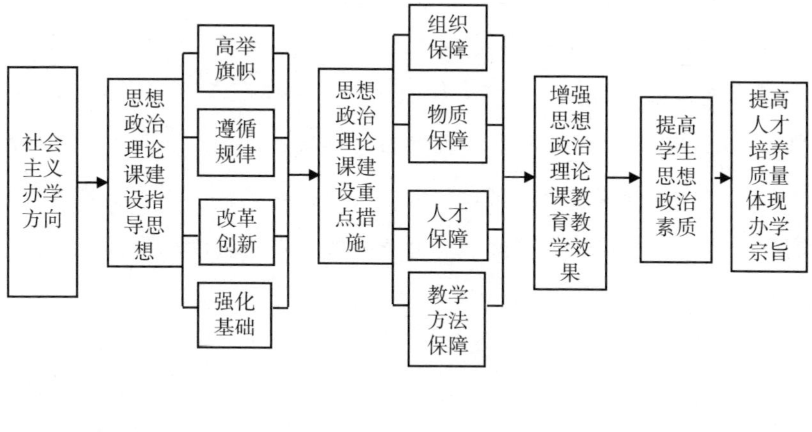

4. 加强意识形态工作，正确舆论导向传递正能量

（1）抢占引领新媒体舆论阵地。先后开通微博、微信公众号、今日头条、QQ 智慧校园号、百度百家号、企鹅媒体平台、天天快报号等官方新媒体矩阵，整合全校新媒体资源，建立了校园新媒体联盟，校园报纸、广播、电视、新闻网以及校内橱窗等宣传平台也充分发挥着旗帜作用，与新媒体一同组成了校园宣传社会主义核心价值理论体系的主要阵地。这些舆论阵地的构建，在大学生思想品德的教育、促进其健康成长与全面发展、引导他们关注国家发展、思考认识社会发挥了巨大能量。

（2）加强思想文化阵地建设管理。一是加强课堂政治纪律，要求教师严格遵守课堂讲授纪律，增强公开言论的规矩意识，有效防止了违背政治纪律的言行。二是完善思想文化阵地管理制度，制定了学校思想文化阵地管理办法，切实落实举办哲学社会科学学术报告、研讨会、讲座、论坛的"一会一报"制。三是落实校园网络实名登记制度和用网责任制度，严格执行《西安外事学院新媒体工作管理办法》，规范自媒体管理，加强校园网络不良信息的排查与监控，净化校园网络环境。四是加强对广播、校内出版物的管理。加强对订购境外书籍、报刊、学术数据库和接收捐赠境外出版物的管理。五是加强对各类读书会、学术沙龙的引导和管理，规范各类社团管理，对挂靠的社会组织实行备案制并加强活动监管。

5. 打造特色校园文化，以文化人，以文育人

党委引导学校大力弘扬社会主义核心价值观，致力于文化自信与文化创新，创造性地构建了特色鲜明的大学文化——以"多元集纳、自强创新"为核心的"鱼化龙"精神。以具有外事鲜明特质的"鱼化龙"精神为核心，融合社会主义核心价值和中华优秀传统文化，培育、发展和完善特色校园文化体系，充分发挥校园文化在价值导向、素质养成和情操陶冶方面的突出功效，通过丰富多彩的校园文化活动，开展大学生思想政治教育，弘扬优秀文化，践行社会主义核心价值。

三、成效成果

党委始终“围绕中心抓党建，抓好党建促发展”，通过加强党建，保证了党的路线方针政策的贯彻落实，充分发挥了政治核心和监督保障作用，推进了学校各项事业健康发展，成效显著。

1. 引领了学校坚持社会主义办学方向、坚定公益性办学

党委引领学校加强党的领导，全面贯彻落实党的教育方针，坚守非营利性和公益性办学，将非营利性、公益性原则写入学校章程，体现在办学的各方面。大力支持董事会、校务会积极探索符合民办高等教育发展实际的治理路径与制度，完善董事会制度，推行党委参与决策制度，实施大部制、大学院制等，建立了“董事会决策、校长负责、党委监督、教授治学、民主管理、依法治校”的符合学校发展实际的现代民办大学制度。

2. 坚持了立德树人，人才培养成效显著

党委坚持立德树人，紧紧围绕“培养什么人，怎样培养人”这个根本问题，义不容辞地发挥政治核心作用，用社会主义核心价值体系、伟大“中国梦”引导师生树立正确的世界观和人生观，学生思想政治素质不断提高，思想政治状况良好，主流积极向上，入党积极分子和发展党员数逐年递增；学生人生价值取向科学，人生态度积极向上，具有较强的社会责任感与历史使命感，追求上进、弘扬正气、乐于奉献成为校园的主流价值观，追求真善美、热心社会公益事业在全校蔚然成风，优秀学生不断涌现。

3. 形成了日益鲜明的办学特色，彰显了学校教育品牌

凝练了“汇南北之气、凝东西之髓，顺乾坤之理、成雅乐之人”的育人理念，构建了以“鱼化龙”特色校园文化为核心的德育体系，建立了“学院+书院”学生教育管理模式；创新创业教育具有示范性，被教育部评为首批“全国高校创新创业50强”；国际化教育成绩斐然，与近百所国外大学签订协议，进行教学、科研和师生交流，合作教育项目、来华与出国留

学生、外籍教师数量保持领先。

4. 构建了以“鱼化龙”精神为核心的特色大学文化

党委会同董事会、校务会大力弘扬社会主义核心价值观，致力于民族传统文化的传承和创新，“处鱼化龙之地，为鱼化龙之事，寄鱼化龙之望”，创造性地构建了特色鲜明的大学文化。“鱼化龙”特色校园文化是在传承中华优秀传统文化的基础上，融合社会主义核心价值，结合外事学院的办学实际，形成的自己独有的价值观念和文化品格，奠定了自身文化核心理念，培育、发展和完善了特色校园文化体系，为学校立德树人提供了丰沛的精神支持和强大的文化动力。

5. 党建工作受到多方肯定，荣获多项表彰奖励

学校党委被中组部确立为党建工作联系点，创新实践的“双向进入、交叉任职”“党委参与决策”等典型做法，被中央制定《关于加强民办学校党的建设工作的意见（试行）》时参考采纳。学校党委 2012 年和 2016 年分别获得全国民办高校党的建设和思想政治工作优秀成果一等奖和二等奖；2014 年、2016 年、2018 年连续三届被省委高教工委评为陕西省高校“先进基层党委”；2016 年，学校党委书记作为西部民办高校唯一代表，参加了全国高校思想政治工作会议；2018 年 7 月，在全省党组织“评星晋级、争创双强”活动中，党委获评全省“五星”级党组织。

6. 党建强促进学校发展强，学校办学业绩突出

2009 年，学校发展模式入选美国哈佛大学商学院教学案例。2013 年，接受教育部本科教学合格评估，获得总体办学水平位于民办本科院校前列的评价。2014 年，在陕西省开展的高校巡视诊断评估中，专家组一致认为学校忠诚党的教育事业，满怀使命感和责任感，办学实力和办学水平不断提升，为区域经济社会作出了重要贡献。2015 年，荣膺中国民办大学排行榜榜首。2016 年，被国家民政部授予“全国先进社会组织”，被教育部评为首批“全国高校创新创业 50 强”高校，入选教育部“数据中国，百校工程”培育院校。2017 年 6 月，陈宝生部长来校调研时指出：西安外事学院有特

色，有自己的办学理念，整体办学水平在全国民办高校中居于前列。2018年，获批陕西省“一流学院”建设单位。

四、工作方案

1. 强化政治建设，准确把关定向

（1）强化政治建设，牢牢把握社会主义办学方向。以党的政治建设为统领，坚决维护习近平总书记在党中央和全党的核心地位，坚决维护党中央权威和集中统一领导，按照全面从严治党要求，加强党对学校的政治领导，确保按照党的要求办学立校，教书育人，确保党的教育方针与中央和地方重大部署贯彻落实。将党的建设、培育和践行社会主义核心价值观、非营利性和公益性办学等明确写入学校章程，贯穿在办学治校之中。及时传达学习、贯彻落实习近平总书记重要讲话精神和上级党组织的决策部署，有效发挥职能作用，确保党的路线、方针、政策在学校得到全面贯彻落实。

（2）完善中心组学习制度，坚持知行合一，有力增强“四个意识”，坚定“四个自信”，做到“两个维护”。完善校院两级理论中心组学习制度、旁听制度，规范计划制定、组织、考核、上报的流程与细节；突出学习重点，把学习马克思主义基本理论、学习习近平总书记治国理政新理念新思想新战略放在突出位置；增强学习的针对性和实效性，加强学习的自觉性和主动性，结合党性锻炼、工作必需和兴趣爱好，提升自我，增强本领，提高能力。制定《“不忘初心、牢记使命”主题教育实施方案》，抓住用习近平新时代中国特色社会主义思想武装头脑这个根本，紧紧扭住转变作风这个要害，真正把工作指导放在推动学校建设改革发展上。注重发现和解决问题，切实以改革创新的精神，研究新情况、解决新问题，推进新发展。制定《关于推进“两学一做”学习教育常态化制度化的意见》，明确目标要求，精心安排学习内容，引导党员做到“四个合格”，坚持领导干部率先垂范，把“两学一做”学习教育纳入党支部“三会一课”等基本制度，落实好各项举措，坚持全覆盖、常态化、重创新、求实效，“学”“做”结合，落实在“做”，促进学校各项工作发展；抓住“关键少数”，抓实基层支部，坚持问题导向，发挥先进典型示范作用。

成立党委统一领导、部门分工负责、全员协同参与的习近平新时代中国特色社会主义思想“五进”工作领导小组，制定完善“五进”工作制度和办法，建立评估、奖励机制，实现习近平新时代中国特色社会主义思想“五进”整体机制的规范化、制度化。在学术方面，集合本校师资力量，就习近平教育思想进行学术研究，撰写论文，申请课题；在课程方面，编写《习近平教育思想讲义》，全校师生人手一本；针对大一新生开设“习近平教育思想”公共选修课，将习近平教育思想列进师资培训的重要内容；组织编写《习近平教育思想学习辅导读本》，供全校师生学习。

(3) 创新思想政治工作，构建“十大育人”体系，全面落实立德树人根本任务。领导思想政治和德育工作是民办高校党组织的首要责任。党委将进一步贯彻全国高校思想政治工作会议精神，按照《高校思想政治工作质量提升工程实施纲要》要求，充分发挥课程、科研、实践、文化、网络、心理、管理、服务、资助、组织等方面的育人功能，挖掘育人要素，完善育人机制，优化评价激励，强化实施保障，切实构建“十大育人”体系、精心抓好组织实施。

◆实施思政课教学改革，完善思政课“四保障”模式，构建课程育人质量提升体系。大力推动以“课程思政”为目标的课堂教学改革，优化课程设置，修订专业教材，完善教学设计，加强教学管理，梳理各门专业课程所蕴含的思想政治教育元素和所承载的思想政治教育功能，融入课堂教学各环节，实现思想政治教育与知识体系教育的有机结合。

◆建立特色鲜明的研究基地，实施重大科研项目培育工程，构建科研育人质量提升体系。与中国科学院等单位合作，建立“生命科学应用研究院”“大数据研究院”“电子智能研究所”等科研创新平台，通过联合申报科研项目等活动，加强与优秀科研人才的交流和合作；以学校的陕西（高校）

哲学社会科学重点研究基地——民办教育研究中心为龙头，与优秀行业企业合作搭建战略性科研基础条件平台；实施重大科研项目培育工程，重点在省部级重点项目、国家级项目（或研究基地）上实现新突破。

◆建立“青年红色筑梦之旅”等实践创新团队，构建实践育人质量提升体系。坚持理论教育与实践养成相结合，创新实践形式，拓展实践平台，组建西安外事学院“青年红色筑梦之旅”科技、教育、健康、电商等项目团队，广泛开展扶贫、支教、支边、志愿者服务等社会实践活动。实施大学生“三下乡”暑期社会实践活动，鼓励学生到基层去调查研究、到艰苦地区和岗位去见习实习，引导学生把专业知识与社会实践结合起来，多思考、多感悟，深化对世情、国情的认识，把大学梦、个人梦与国家梦、民族梦有机结合起来，在实现民族伟大复兴实践中，创造璀璨人生。

◆传承优秀文化，培育特色校园文化，构建文化育人质量提升体系。坚定文化自信，推动社会主义文化繁荣兴盛，是党的十九大明确提出的奋斗目标。从中华优秀传统文化中汲取涵养，融合社会主义核心价值，结合外事学院的办学实际，从培育特色鲜明、务实管用的“鱼化龙”特色校园文化入手，构建以“鱼化龙”精神为核心的特色鲜明的大学文化，铸造优秀校园文化品牌、弘扬校园文化精神，形成我校独有的价值观念和文化品格，建立自身文化核心理念，培育、发展和完善特色校园文化体系，为立德树人提供丰沛的精神支持和强大的文化动力。

把弘扬和传承优秀文化，以文化人、以文育人作为立德树人的战略举措，立体化融入教书育人全过程，开展全国优秀文化传承基地建设，实施优秀传统文化教育。建设以七方书院为核心的古琴文化艺术工作坊，通过对古琴艺术的研究阐发、教育普及、保护传承、创新发展、推广应用、传播交流等方面协同推进，建成全国高校一流的古琴文化传承基地，形成有利于优秀传统文化传承发展、可资借鉴的体制机制、方法经验和优势特色，使基地在古琴文化挖掘保护、创新发展，以及提升大学生德育教育、美育教育、行为养成、社会风尚实效性等方面发挥应有的示范作用。

◆建立“互联网+思想政治教育”新媒体平台，构建网络育人质量提升体系。推动思想政治工作传统优势同信息技术高度融合，建设集课程学习、书籍推荐、电子展馆、导师辅导、交流讨论、实践活动、行为养成、德育考核于一体的思想政治教育综合平台。以此平台为核心，推进网络教育，编制《师生网络素养指南》，建立网络文化成果评价认证体系，引导师生强化网络意识，提升网络文明素养，创作网络文化产品，传播主旋律、弘扬正能量，助力德育教育多元化、特色化发展。

◆建立“五位一体”的心理健康教育工作格局，构建心理育人质量提升体系。深度构建教育教学、实践活动、咨询服务、预防干预、平台保障“五位一体”的心理健康教育工作格局，着力培育师生理性平和、积极向上的健康心态，促进师生心理健康素质与思想道德素质、科学文化素质协调发展。成立大学生心理健康教育中心，制定《关于进一步加强和改进大学生心理健康教育的实施意见》《学生心理健康教育实施方案》《大学生心理危机干预实施方案》等制度方案；把心理健康教育课程纳入了各专业人才培养方案，面向全校学生开设《心理健康教育》课程，推广应用《中国大学生心理健康筛查量表》、“中国大学生心理健康网络测评系统”，建立普查测评工作机制；加强队伍建设，按照师生比不低于1∶4000足额配备心理健康教育专业教师，对专兼职工作人员、全体辅导员、正蒙导师进行专业培训，提升工作水平。

◆建立书院制，实施正蒙导师育人工程，构建管理育人质量提升体系。以书院为平台，深度实施“学院+书院”学生教育管理模式。成立正蒙书院，每个二级学院成立分院，每个分院下设部，建立正蒙导师制，实施正蒙导师育人工程，通过书院内党员服务站、团建中心、学生服务中心、学生实习实践中心、社团中心、先锋训练营、学生自律委员会等工作室，引导学生自我教育、自我管理、自我服务，强化落实“五个结合”；以书院活动为载体，开展习近平新时代中国特色社会主义思想、党建、“青马工程”、优秀传统文化、校园文化、科技创新、公益服务等学习实践活动。

◆建立大学生服务中心，开展“四家”建设，构建服务育人质量提升体系。建立大学生服务中心大厅，构建起一个集教育、管理、服务于一体的新的学生工作平台，以方便学生办事、解决学生困难、维护学生权益、帮助学生成才为工作目标，将涉及学生的事务统一集中办公，开展“一站式”服务，同步建设“一站式”服务新媒体平台，通过手机等移动终端实现以上满足学生服务的功能；开展民主之家、和谐之家、幸福之家、温暖之家“四家”建设，建立利益协调机制，积极帮助学生解决教职工工作学习中的合理诉求。在关心人、帮助人、服务人的过程中教育人、引导人。

◆建设“四结合、发展型”资助体系，构建资助育人质量提升体系。把“扶困”与“扶智”、“扶困”与“扶志”结合起来，建立国家资助、学校奖助、社会捐助、学生自助“四位一体”的发展型资助体系，构建物质帮助、道德浸润、能力拓展、精神激励有效融合的资助育人长效机制，实现无偿资助与有偿资助、显性资助与隐性资助的有机融合，形成“解困—育人—成才—回馈”的良性循环，着力培养受助学生自立自强、诚实守信、知恩感恩、勇于担当的良好品质。

◆加强基层党组织标准化建设，构建组织育人质量提升体系。以突出政治功能为首要，以标准化建设为牵引，以提高组织力为重点，实施“七个有力到支部”工程，把组织建设与教育引领结合起来，加强支部标准化、规范化建设。一是加强组织制度建设，以科学的制度保障党的建设，以科学的方法推进党的建设，不断推动党支部建设制度化、规范化、科学化，不断增强党支部的凝聚力和战斗力，全面提高党的建设的科学化水平。二是以扩大党组织覆盖和党的工作覆盖为着力点，突出务实、管用、有效，不断健全完善基层组织体系建设，优化组织设置，理顺隶属关系，做到应建尽建、设置规范、调整及时、体制明晰。三是以基层党组织规范化建设为抓手，强化组织的育人职责，增强工作活力、促进工作创新、示范带动工会、共青团、学生会、学生社团等组织团结凝聚师生的桥梁纽带作用，把思想政治教育贯穿各项工作和活动，促进师生全面发展。

2. 突出问题导向，参与统管大局

(1) 发挥党的工作优势，深入实施人才强校战略工作。协助董事会、校务会健全完善选人用人机制和人才评价机制，修订完善《西安外事学院人事工作条例》《西安外事学院教职工聘用实施办法》《西安外事学院学科带头人、学术骨干遴选及管理办法》等规章制度，科学规范干部聘任管理加强思想政治工作专门力量建设，优化思想政治工作队伍和党务工作队伍，加强院（系）专职组织员、专职辅导员、专职思想政治理论课教师队伍建设。加大高层次人才引进力度，出台《西安外事学院博士人才引进管理办法》，力争2年内引进博士人才200名。实施"创新团队培养计划"，组建一批由学科带头人带领的优秀博士、青年人才，组成科研和教学创新团队，实施"传、帮、带"，围绕重点课题、项目、学科和专业建设培养青年后备人才。切实加强师德师风建设，严格执行师德师风一票否决制。以培育"四有"教师为目标，以"爱岗敬业、感恩奉献"的校风和"以生为本、立德为先"的教风为要求，以弘扬高尚师德、规范教师职业行为为重点，深入开展师德学习教育活动、增强全体教师立德树人的责任感和使命感，营造崇尚师德、争先创优的良好氛围。

(2) 深入开展基层组织"对标争先"计划，履行管党治党主体责任。以"五个到位"为要求，深入实施院系党组织对标争先工作。完善院系党组织领导和运行机制，坚持民主集中制，健全完善院（系）党组织会议和党政联席会议制度；严格落实意识形态工作责任制，管好各类宣传思想文化阵地；加强和改进思想政治工作，结合院（系）专业设置，深入挖掘思政元素，统筹推进"三全育人"。按照"七个有力"要求，加强基层支部标准化建设，推动学校党建各项任务落到基层党支部。按照明晰责任主体、细化管理目标、抓好评价考核的思路和"一级抓一级、层层抓落实"原则，履行管党治党主体责任，确保党建工作责任制落实。建立领导干部联系点制度，实行校、院领导"一抓到底、直接指导"的责任制；建立完善工作例会和民主测评制度，组织有关干部和群众对责任人抓党建情况进行评议；建立党建责任制档案制度，记录学校各级党组织党建工作的绩效表现。

（3）强化意识形态工作，加强思想文化阵地管理，落实意识形态工作责任制。修订完善《西安外事学院关于意识形态工作的管理办法》，加强意识形态工作的日常督促和年终考核工作。加强课堂教学管理，落实课堂教学管理制度，建立校院两级教学督导团队，通过听课查课，保证授课质量。建立媒体统管机制，加强校园媒体特别是网络媒体与新媒体的管理，细化网络媒体、新媒体审核程序，将日常监管与年度审核、评优相结合，搭建校内和管理有效的媒体矩阵。加强对报告会、研讨会、讲座、论坛、学术沙龙、读书会等活动的场地、人员、内容等各环节进行严格把关，细化审批要求和责任分工，确保活动在政治上的正确性，不给错误思想言论传播机会。建立全校舆情分析研判长效机制和突发事件处置机制，分析与研判本单位意识形态领域面临的新形势、新情况和新问题，成立网络舆情全天候监测机制和舆情快速处置小组，对网络反映的问题，能及时有效地解决或引导。

（4）加强廉政风险防控体系建设，持续不断推进作风建设。党委领导班子承担党风廉政建设主体责任，制定并完善《西安外事学院党风廉政建设责任制实施办法》《西安外事学院在线廉政教育考核管理办法》《关于党风廉政建设责任制执行情况考核办法》《党风廉政建设主体责任清单》《关于党员干部提醒、函询和诫勉的实施办法》等制度；优化流程，查找风险点，针对不同业务岗位廉政风险点加强防控监督；建立监督员机制，在二级单位遴选监督员，开展巡视检查。驰而不息纠正“四风”，紧紧盯住大学生评优、入党、学业考试、毕业答辩、奖助学金评定等关键环节；紧紧盯住教师绩效考核、职称评审、教学评价、科研获奖等重要事项过程，加强监督执纪，规范“微权力”，整治“微腐败”；紧紧盯住基建工程、后勤管理、招标采购、选人用人等重点领域和关键环节的腐败问题，持续发力加压，加大查处力度。

3. 创新机制体制，科学组织决策

（1）完善党委参与决策机制。按照《关于加强民办学校党的建设工作的意见（试行）》要求，在全面梳理总结董事会与党委沟通协商制度、党政“双向进入、交叉任职”制度和校院两级党政联席会议制度运行经验的基础上，进一步完善党委参与决策机制，党委书记以法定程序进入董事会，党委委员兼任行政职能部门负责人，各二级学院党总支书记兼任副院长；完善相关制度，顺畅机制运行，形成党政合理分工、相互促进、和谐高效的管理体制。

（2）健全和完善集体领导与分工负责相结合的工作制度，切实加强党委班子建设。修订和完善《党委集体领导与分工负责工作制度》、制定“三重一大”研究决策制度，健全和完善班子考核考评制度、民主生活会制度和重大问题民主决策制度，修订完善党委会、校务会议事规则和院级党政联席会议实施细则，规范决策程序，细化决策事项，明确决策执行责任，科学民主决策。

（3）引领学校综合改革，推进学校持续发展。引领学校进一步完善学校法人治理结构，做好与一流学院建设相匹配的学校章程、运行机制、规章制度等的完善和优化，加强“董事会决策、校长负责、党委监督、教授治学、民主管理、依法治校”的现代民办大学制度。引领学校实施综合改革，持续深化大部制、大学院制、学分制、书院制等改革，建立全面服务“一流学院”建设、全面落实发展目标、组织文化的“管办评”工作体系，用党建引领学校全面发展，确保学校党建工作方向和推进学校内涵式发展、“一流学院”建设同向而行。

4. 服务事业发展，狠抓贯彻落实

（1）深入调查研究，求真务实推动工作。制定校院两级党组织成员深入基层开展调查研究工作的制度，并形成长效机制。要求党委委员围绕学校改革发展和人才培养等各项中心工作开展调查研究，每年不少于2次；各分党委（总支）书记和委员围绕本部门本单位的重点工作开展调研，每年不少于3次，真切了解教职工共和学校发展中存在的问题，拿出针对性的举措，求真务实推动工作。

（2）创新民办高校监督体系，构建“四位一体”监督保障机制。一是强化党委党风廉政建设主体责任，党委班子带头切实履行“第一责任人”

职责，对党风廉政建设重要工作亲自部署、重大问题亲自过问、重点环节亲自协调、重要对象亲自约谈、重要案件亲自督办，层层传导压力，把主体责任落实到基层，形成“一级抓一级、层层抓落实”的监督工作格局。二是强化纪委执纪责任。充分发挥纪委在民办高校的执纪监督问责作用，加强重要环节的检查，严格实行事前、事中、事后的监督问责，有效预防苗头性、倾向性问题，形成崇廉尚法的良好校风。三是完善监事会制度，科学设置董事会人员构成，监督学校章程的执行，董事会、校务会及有关干部履行职责情况，并提出意见建议。四是加强民主监督。对于涉及学校改革发展中的重大问题和师生员工切身利益的问题，坚持深入广泛调研听取意见，并提交教代会等民主渠道进行充分讨论后决策。通过四个层面的监督保障功能的结合，确保学校健康持续发展。

（3）强化责任担当，服务学校发展。党委班子成员强化责任担当，对事关学校事业发展和师生根本利益的工作亲自部署、重大问题亲自过问、重点环节亲自协调、重要事项亲自督办。坚持班子成员联系院（系）、基层党支部，联系专家人才、优秀青年教师等制度。严格落实校领导班子成员每学期讲党课、讲思想政治理论课制度。加强对分管部门和联系院（系）工作的指导和督查，强化学校各级领导干部责任担当，形成“一级抓一级、层层抓落实”的监督工作格局和责任体系。

附录四

西安外事学院“正蒙导师”
工作考核办法（试行）

第一章　总　则

第一条　为全面落实立德树人根本任务，构建全员、全过程、全方位育人工作机制，持续推进“鱼化龙”特色德育和校风建设，根据《关于启动“正蒙导师”和“教职工正蒙学习小组”工作的意见》（西外院〔2018〕4号）文件精神，特制定本办法。

第二条　对“正蒙导师”队伍实行动态管理，坚持能进能退，优化成员组成，保证工作的推进具有可操作性、可持续性。

第三条　“正蒙导师”工作考核坚持公平、公正、公开的原则，注重过程考核与结果考核相结合、年度考核与阶段考核相结合、考核结果与使用待遇相结合。

第二章　任职条件

第四条　全校在职在岗教职工均可申请加入“正蒙导师”队伍，采取自觉自愿和集体推荐相结合的方式产生，且需具备以下基本条件：

1. 积极主动学习践行马克思主义、中国优秀传统文化、社会主义核心价值观、习近平新时代中国特色社会主义思想和党的教育方针，做德育和校风的践行楷模。

2. 承先贤张载“为天地立心，为生民立命，为往圣继绝学，为万世开太平”之志，认真践行“明道、修身、利他、共荣”。

3. 热爱育人工作，具备开展中华优秀传统文化传播的基本素养，能全面引导、帮助学生树立正确的世界观、人生观和价值观，养成良好的行为习惯。

4. 能较好地完成本职工作，坚持自省自查，且自觉接受组织和群众的监督考核。

第三章　考核内容

第五条　坚持“立德为先，化鱼成龙”的教育理念，按照对学生“思想引导、心理疏导、生活指导”的要求，“正蒙导师”的主要工作职责如下：

1. 用“铁纪严律，和语善言，春风化雨，身先为范”作为自身行动的指南，做德育和校风的践行楷模。

2. 全面引导帮助学生树立正确的世界观、人生观和价值观，积极践行《西安外事学院德育教育和行为养成十项规定》和《大学生修养与日常行为规范》，做好学生行为养成的日常考察记录，督促学生养成良好的行为习惯。

3. 做学生的人生导师，积极开展进课堂、进宿舍、进家庭“三进”活动，从而走进学生、了解学生、关爱学生，掌握学生的学习、生活和思想动态，做学生知心的长辈、心理上的医生、生活中的益友，引导学生努力学习、文明生活、健康成才。

4. 承担学校通识课程的教学、辅导工作。

5. 每学期末将学生日常行为、综合素质考核结果按时上报，同时报送至学生所在书院、辅导员及学工部留存备案，并做好相关考核资料的归档工作。

6. 完成学校交办的其他工作。

第六条　有下列情况之一者，不能担任“正蒙导师”：

1. 未能统筹协调好导师工作与本职工作的关系，影响到本职工作的落实，造成工作失误，本职工作考核未能达到正蒙级及以上者。

2. 工作懒散，没有责任意识，对所带学生不了解。

3. 不履行“正蒙导师”工作职责的。

4. 歧视、侮辱学生，造成不良影响。

5. 在教育中存在与《新时代高校教师职业行为十项准则》要求相违背的行为。

第四章　考核方式

第七条　“正蒙导师”考核工作在学校董事会、党委的领导下开展，学校成立以各工作部部长、各学院院长为成员的“正蒙导师”考核工作领导小组，全面负责“正蒙导师”考核工作的统筹和结果审定。

领导小组下设办公室在学生教育办公室，负责“正蒙导师”的考核工作，各书院具体负责组织实施。

各工作部部长负责联系到各书院，对各书院工作的开展进行宏观的把控、督导检查及考核结果的复核，并适时提出工作的改进建议。

第八条　学校每年末对全体“正蒙导师”进行年度考核，各书院将年度考核结果报学生教育办公室，由学校“正蒙导师”工作考核领导小组审定后转行政部人力资源管理办公室。

第五章　考核结果及其使用

第九条　“正蒙导师”的年度考核结果分为优秀、称职、基本称职、不称职四个等级。

第十条　考核称职的可继续聘任，考核为不称职的不得继续“正蒙导师”工作。“正蒙导师”的增补优先选择学工人员。

第六章 附 则

第十一条 各书院根据此办法，结合工作实际，修订完善“正蒙导师”考核实施细则报学工部备案。

第十二条 本办法自颁布之日起试行，由学生工作部负责解释。

参考文献

专著：

1.《邓小平文选》第二卷，人民出版社 1994 年版。
2.《党的十九大报告辅导读本》，人民出版社 2017 年版。
3. 班华主编：《现代德育论》（第二版），安徽人民出版社 2004 年版。
4. 黄向阳：《德育原理》，华东师范大学出版社 2000 年版。
5. 赵祥麟、王承绪编译：《杜威教育论著选》，华东师范大学出版社 1981 年版。
6. 高德胜：《知性德育及其超越——现代德育困境研究》，教育科学出版社 2003 年版。
7. 高德胜：《生活德育道德论》，人民出版社 2005 年版。
8. 李泽厚：《论语今读》，生活·读书·新知三联书店 2008 年版。
9. 夏征农：《辞海（上）》，上海辞书出版社 1989 年版。
10. 檀传宝：《德育原理》，北京师范大学出版社 2007 年版。
11. 陶行知：《中国教育改造》，商务印书馆 2014 年版。
12. 徐复观：《中国艺术精神》，商务印书馆 2010 年版。
13.《张载集》，中华书局 1978 年版。
14. 余英时：《朱熹的历史世界——宋代士大夫政治文化的研究》，生活·读书·新知三联书店 2004 年版。

期刊、论文：

1. 石书臣：《现代德育理念与高校德育创新》，《思想政治教育研究》2011 年第 4 期。
2. 刘良超：《生活德育探问》，《教育理论与实践》2003 年第 24 期。
3. 王敏：《生活德育理念与高校德育创新》，《思想教育研究》2006 年第 4 期。
4. 郭凤志、胡海波：《从政治型到文化型：中国当代德育型态的嬗变路向》，《东北师大学报（哲学社会科学版）》2008 年第 4 期。

5. 宫麟丰、刘景伟、战忠丽：《德育的实践性和实践性德育》，《辽宁农业职业技术学院学报》2004 年第 4 期。
6. 张利明：《立德树人与中华优秀传统文化关系述论》，《社会科学研究》2016 年第 6 期。
7. 曾俊、吴先群：《高校学生对社会主义核心价值观认同的现状及对策》，《青年时代》2016 年第 4 期。
8. 胡瑶：《知行不一：当代大学生的道德困境研究》，《时代报告》2017 年第 16 期。
9. 郭华鸿：《大学生中国特色社会主义认同的实质、问题及其提升》，《社科纵横》2016 年第 1 期。
10. 周宏：《论大学德育的文化属性》，云南大学博士学位论文，2013 年。
11. 范玲：《当代大学生马克思主义信仰问题研究》，沈阳师范大学硕士学位论文，2013 年。
12. 王丽茹：《大学生道德认同与道德行为的双向关系研究》，成都理工大学硕士学位论文，2016 年。
13. 张婕：《对我国大学生道德知行不一的研究》，西安理工大学硕士学位论文，2013 年。

后　记

西安外事学院一直以来高度重视学生的思想政治教育工作，学校在“学院+书院”学生教育管理模式实践下，形成了以社会主义核心价值观为引领，以“鱼化龙”特色校园文化为灵魂的“12520”体系，即“一体两翼、五个着眼点、二十个着力点”。“一体”是立德树人，“两翼”是思想教育和行为养成，“五个着眼点”是爱党爱国、爱校、爱文明、爱学习、爱创造，“二十个着力点”包括节日升旗、缅怀先烈、党团活动、琴棋书画、爱心公益、文明校园等方面，权衡轻重、分类量化，纳入学生学分考核，在知行合一中全面培养提升学生的道德情操和人格品行。

学校的学生思想政治教育工作具有独特性，能够突出学校办学特色，本书旨在将西安外事学院建校以来的德育工作进行客观总结，理论提升，凝练概括。经过广泛调研、认真研究，报经学校领导审议，历经两年左右的时间，经过参编者在认真研究思考的基础上进行梳理与提炼，终于可以出版了。

编著过程中成员们付出了辛勤劳动，教授、博士、青年教师一起进行研讨，有过争论、有过困惑，也有过喜悦，大家在融洽的氛围下完成了初稿。其间，得到了学校领导的大力支持，资料收集得到了相关部门和单位的鼎力帮助。

参编人员主要有刘亚杰、杨永庚、申亚民、郭宪、朱晓晖、王会兰、辛怡萱、郝亚芬、杜红娜、吴静、赵晗芝等，在编辑出版过程中得到了胡刚、张云玲、张启云、卫攀虹等有关老师的帮助和支持，在此一并深表谢意。

由于时间仓促，水平有限，难免有一些不足，欢迎大家批评指正！

第五太卓

2019 年 6 月 2 日

责任编辑：王新明
封面设计：林芝玉
版式设计：王欢欢
责任校对：段雨菲

图书在版编目(CIP)数据

新时代高校德育体系的转型与重构:基于西安外事学院立德树人教育教学实践/第五太卓 编著. —北京:人民出版社,2020.12
(高校思想政治工作研究文库)
ISBN 978-7-01-022872-3

Ⅰ.①新… Ⅱ.①第… Ⅲ.①高等学校-德育-研究-中国 Ⅳ.①G641

中国版本图书馆 CIP 数据核字(2020)第 253037 号

新时代高校德育体系的转型与重构

XINSHIDAI GAOXIAO DEYU TIXI DE ZHUANXING YU CHONGGOU

——基于西安外事学院立德树人教育教学实践

第五太卓 编著

人民出版社 出版发行
(100706 北京市东城区隆福寺街 99 号)

中煤(北京)印务有限公司印刷 新华书店经销

2020 年 12 月第 1 版 2020 年 12 月北京第 1 次印刷
开本:710 毫米×1000 毫米 1/16 印张:18.25
字数:260 千字

ISBN 978-7-01-022872-3 定价:80.00 元

邮购地址 100706 北京市东城区隆福寺街 99 号
人民东方图书销售中心 电话 (010)65250042 65289539

版权所有 · 侵权必究
凡购买本社图书,如有印制质量问题,我社负责调换。
服务电话:(010)65250042